Regina Koreng

Entwicklung eines Patternkatalogs für Augmented Reality Interfaces in der Industrie

Entwicklung eines Patternkatalogs für Augmented Reality Interfaces in der Industrie

Regina Koreng

Universitätsverlag Ilmenau
2021

Impressum

Bibliografische Information der Deutschen Nationalbibliothek

Die Deutsche Nationalbibliothek verzeichnet diese Publikation in der Deutschen Nationalbibliografie; detaillierte bibliografische Angaben sind im Internet über http://dnb.d-nb.de abrufbar.

Diese Arbeit hat der Fakultät für Elektrotechnik und Informationstechnik der Technischen Universität Ilmenau als Dissertation vorgelegen.

Tag der Einreichung:	30. Juni 2020
1. Gutachter/-in:	Univ.-Prof. Dr. phil. Heidi Krömker (Technische Universität Ilmenau)
2. Gutachter/-in:	Univ.-Prof. Dr. habil. Angelica C. Bullinger-Hoffmann (Technische Universität Chemnitz)
3. Gutachter/-in:	Dr.-Ing. Helge Drumm (Technische Universität Ilmenau)
Tag der Verteidigung:	21. Januar 2021

Technische Universität Ilmenau/Universitätsbibliothek
Universitätsverlag Ilmenau
Postfach 10 05 65
98684 Ilmenau
https://www.tu-ilmenau.de/universitaetsverlag

readbox unipress
in der readbox publishing GmbH
Rheinische Str. 171
44147 Dortmund
https://www.readbox.net/unipress/

ISBN 978-3-86360-236-9 (Druckausgabe)
DOI 10.22032/dbt.47788
URN urn:nbn:de:gbv:ilm1-2021000028

Coverfoto: photocase.com | AlexFlint

Kurzdarstellung

Für die Gestaltung eines User Interfaces für ein Augmented Reality-System im industriellen Kontext gibt es gegenwärtig keine Vorgaben oder Richtlinien. Dabei gelten in diesem Bereich besondere Anforderungen für das Wahrnehmen und Erkennen von Inhalten, die durch die Rahmenbedingungen der industriellen Umgebung, die Mensch-Technik-Interaktion und die Arbeitsaufgabe gegeben sind. Die vorliegende Dissertation befasst sich mit dieser Forschungslücke.

Auf Basis der Anforderungsanalyse wurde mit Hilfe des modifizierten Usability Engineering Lifecycle nach Mayhew ein Designkonzept entwickelt. Dieses konzentriert sich auf die Wahrnehmung von Informationen in Augmented Reality-Systemen. Eine Evaluation mit ExpertInnen untersuchte die Sättigung von Grau- und Farbwerten, in Bezug auf die Wahrnehmung und Erkennbarkeit bei minimal und maximal zulässiger Leuchtdichte des industriellen Umfeldes. Als Ergebnis wurde deutlich, dass sich Grauwerte für dauerhafte Textdarstellungen eignen und Farben bei Hervorhebungen oder Grafiken von Vorteil sind. Ein weiteres Hauptaugenmerk der Dissertation befasste sich mit dem Layout und Interaktionsmöglichkeiten des User-Interfaces des Augmented Reality-Systems. Basisinteraktionen und de-facto Standards wurden spezifisch bezüglich der generischen Aufgaben untersucht. Daraus entstand ein Prototyp, der in einer ausführlichen Untersuchung getestet wurde. Die vier generischen Aufgaben „Auswählen aus dem Hauptmenü“, „Navigieren in Dokumenten“ „Vertiefen von Objektinformation“ und „Auswählen aus der Funktionsleiste“ wurden auf ihre Nützlichkeit und Nutzerfreundlichkeit hin evaluiert. Es wurde deutlich, dass bei der Gestaltung der Layout-Elemente demDer NutzerIn die Möglichkeit gegeben werden sollte, die Darstellung nach eigenen Erfahrungen anzupassen und bestehende Lösungen zu übernehmen.

Im Ergebnis entstand ein Patternkatalog mit elf Layout- und 18 Interaktionsvarianten. Dieser kann bei der Entwicklung eines industriellen Augmented Reality-Systems in Hinblick auf eine nutzerorientierte Darstellung des Interfaces unterstützend wirken.

Abstract

Currently, there are no guidelines or specifications for the design of a user interface for an augmented reality system in an industrial context. Special requirements such as the (DIN Norm) in fluency the perception and recognition of information in industrial environment. The conditions in turn impact the human-machine-interaction as well as the job assignment. The present dissertation explores on this research gap.

Based on a Usability Engineering Lifecycle model according to Mayhew, a design concept was developed, which deals with perception in augmented reality systems. An evaluation with experts examines the saturation of gray and color values, in terms of perception and recognizability at minimum and maximum permissible luminance of the industrial environment. The results indicate that gray values are suitable for permanent text display and colors are more suitable for highlighting or graphics. Another focus of the dissertation concerns the concept of the user interface for the augmented reality system. Basic interactions and de-facto standards were examined for the generic tasks of the industrial context. This resulted in a prototype, which was tested in a detailed evaluation. The four generic tasks "select from the main menu", "navigate in documents", "deepen object information" and "select from the function bar" were evaluated for their usefulness and usability. As a result, it became clear that when designing the layout elements, the users must be given the opportunity to adapt the presentation according to their own experience and existing solutions should be adopted.

The result of the dissertation is a pattern catalog with eleven layouts and eighteen interaction alternatives. These design solutions can support the development of user-oriented interfaces for industrial augmented reality systems.

Inhaltsverzeichnis

Abbildungsverzeichnis

Tabellenverzeichnis

Abkürzungen und Symbole

3D	dreidimensional
AR	Augmented reality
CAD	Computer Aided Design
cd/m^2	Candela pro Quadratmeter
DIN	Deutsche Industrie-Norm
E	Beleuchtungsstärke
$\bar{E}_m$	Erwartungswert der Beleuchtungsstärke
HMD	Head-Mounted Display
L	Leuchtdichte
lx	Lux
M	Mittelwert
MTI	Mensch-Technik-Interaktion
p	statistische Signifikanz
R_a	Mindestwerte der Farbwiedergabe-Indizes
SD	Standardabweichung
t	t-Test
TAM	Technology Acceptance Model
TRA	Theory of Reasoned Action
TTF	Task-Technology Fit Model
UGR_L	maximale UGR-Grenzwerte (engl: Unified Glare Rating limit)
UI	User-Interface
U_o	Mindestwerte der Gleichmäßigkeit der Beleuchtungsstärke
VR	Virtual Reality
ϱ	Reflexionsgrad

1 Einleitung

Derzeit erlebt die virtuell erweiterte Realität einen Entwicklungsschub (Plutz et al. 2016, S. 16–21). Smartphones und Computer aller Art besitzen als Grundausstattung eine Kamera und werden von der Rechenleistung stetig besser. Die Aufnahme des realen Umfeldes und das gleichzeitige Kombinieren von Inhalten wird vereinfacht. Die Realität wird durch virtuelle Informationen erweitert und lässt so neue Darstellungsvarianten zu. Die Gaming-Industrie bindet diese Visualisierungsmöglichkeiten seit langem in ihre Entwicklung ein. Spiele integrieren in ihrem Umfeld die reale Welt und interagieren mit dieser, so dass das Nutzererlebnis gesteigert wird (Karl et al. 2018, S. 3).

Die Digitalisierung im industriellen Bereich bildet die Basis für die Integration von Augmented Reality (AR, deutsch: erweiterte Realität) (Dey et al. 2016, S. 49–50). Sie fördert den Wechsel von analogen zu digitalen Daten. So werden beispielsweise Daten digital verarbeitet, die von Maschinen oder Produkte während des gesamten Produktionsprozesses an Server gesendet werden. Im nachfolgendem Entwicklungsschritt könnten AR-Systeme entstehen, die die herkömmlichen Arbeitsabläufe verändern (Jerald 2016, S. 441–442). Die technischen Gegebenheiten ermöglichen die Einbettung von CAD-Daten in ein AR-System und dessen Anbindung an die laufenden Produktionsprozesse (Takatsu et al. 2018, S. 9–10). Für die spezifischen Aufgaben im Produktionsumfeld, die das Wahrnehmen und Erkennen beinhalten, wurde lediglich ein Paper im Jahr 2003 verfasst, das sich mit der Planung komplexer Produktionssysteme beschäftigt. Es wurde nachgewiesen, dass die Arbeitsplatzgestaltung mit einem AR-System partizipativ und kostengünstig durchgeführt werden kann (Doil et al. 2003, S. 75). Allgemeines Potential für das Produktionsumfeld besaß eine Studie aus dem Jahr 2018, indem unterschiedliche Endgeräte bezüglich ihrer Nutzung im industriellen Kontext untersucht wurden. Die Ergebnisse weisen darauf hin, dass sowohl die Voraussetzungen für die inhaltliche Aufbereitung von Daten als auch die Bereitschaft der Nutzung eines AR-Systems im industriellen Kontext gegeben sind (Borisov et al. 2018, S. 15–18).

Die hohe Heterogenität des User Interfaces (UI, deutsch: Nutzerschnittstelle oder Nutzeroberfläche) in den marktüblichen Head-Mounted Displays (HMD) erschwert es den EntwicklerInnen eine ergonomisch hochwertige Lösung für die spezifischen Aufgaben im Produktionsumfeld zu finden (Koreng 2019, S. 658–659). Um ein hohes ergonomisches Niveau im UI eines AR-Systems im industriellen Kontext zu erhalten, sollten bereits erprobte

UI-Elemente und Standards verwendet werden. Im Produktionsumfeld, das durch viele aufgabenrelevante Stimuli geprägt ist, sollten Informationen in der AR-Brille sehr schnell wahrgenommen und erkannt sowie in Handlungen überführt werden (Ehrlenspiel und Meerkamm 2013, S. 312–317). Derzeit gibt es noch keine allgemeingültigen Vorschriften, die sich mit der Gestaltung eines nutzerorientierten UI befassen. In Bezug auf das industrielle Umfeld sind noch keine Erkenntnisse veröffentlicht und festgelegt worden. Diese Untersuchungslücke soll in der vorliegenden Arbeit betrachtet werden. Das Hauptaugenmerk dieser Dissertation liegt dabei in der Ausarbeitung von Gestaltungsregeln für ein AR-System im industriellen Umfeld, das für die zukünftige Entwicklung von AR-Interfaces Layoutvarianten aufzeigen soll.

2 Stand der Wissenschaft und Technik

Tabelle 2-1: Struktur der Arbeit

<table>
<tr><td>Kapitel 2</td><td colspan="5">Stand der Wissenschaft und Technik</td><td rowspan="2">Ergebnis:
Forschungslücke</td></tr>
<tr><td>Augmented Reality</td><td>Akzeptanz</td><td>Mensch-Technik-Interaktion</td><td>Wahrnehmung</td><td>Produktlebenszyklus</td><td>Pattern</td></tr>
<tr><td>Kapitel 3</td><td colspan="5">Forschungsdesign</td><td rowspan="2">Ergebnis:
Grundlagen
Anforderungsanalyse</td></tr>
<tr><td colspan="2">Forschungsfrage</td><td colspan="2">Forschungsvorgehen</td><td colspan="2">Forschungsmethoden</td></tr>
<tr><td>Kapitel 4</td><td colspan="5">Anforderungsanalyse</td><td rowspan="2">Ergebnis:
Anforderungen
Prototyp</td></tr>
<tr><td colspan="2">Persona</td><td>Arbeitsaufgabe</td><td colspan="2">AR-Endgeräte</td><td>Gestaltungsempfehlungen</td></tr>
<tr><td>Kapitel 5</td><td colspan="5">Wahrnehmung in AR-Systemen</td><td rowspan="4">Ergebnis:
Grundlagen Evaluation</td></tr>
<tr><td colspan="3">Konzeption und Durchführung</td><td colspan="3">Auswertung</td></tr>
<tr><td>Kapitel 6</td><td colspan="5">User-Interface für AR-Systeme</td></tr>
<tr><td colspan="3">Basisinteraktionen</td><td colspan="3">de-facto-Standards</td></tr>
<tr><td>Kapitel 7</td><td colspan="5">Evaluation</td><td rowspan="2">Ergebnis:
Grundlagen
Patternkatalog</td></tr>
<tr><td colspan="2">Gegenstand der Evaluation</td><td colspan="2">Layout User-Interface</td><td colspan="2">Ergebnisse der Evaluation</td></tr>
<tr><td>Kapitel 8</td><td colspan="5">Patternkatalog</td><td rowspan="2">Ergebnis:
Patternkatalog</td></tr>
<tr><td colspan="3">Gestaltungsempfehlungen</td><td colspan="3">UI-Pattern</td></tr>
</table>

Dieses Kapitel behandelt den aktuellen Stand der Wissenschaft und Technik. In diesem Zusammenhang werden, die für die Forschungsfrage relevanten, Sachverhalte definiert und beschrieben. Aus bestehender Primär- und Sekundärliteratur werden die Themenfelder Augmented Reality, Akzeptanz und Mensch-Technik-Interaktion sowie die Wahrnehmung von Augmented Reality-Systemen im industriellen Kontext erläutert. Des Weiteren wird der industrielle Produktlebenszyklus betrachtet. Zuletzt wird die Beschreibungsmethode Pattern erläutert.

2.1 Augmented Reality-Systeme

2.1.1 Augmented Reality

Augmented Reality (AR), zu Deutsch erweiterte Realität, wird als computergestützte Erweiterung der Realitätswahrnehmung angesehen. Abbildung 2-1 zeigt tabellarisch die Abgrenzungen der unterschiedlichen Realitätsformen. Die Überschneidung zwischen der Virtualität und Realität wird gelb dargestellt (Plutz 2017, S. 1).

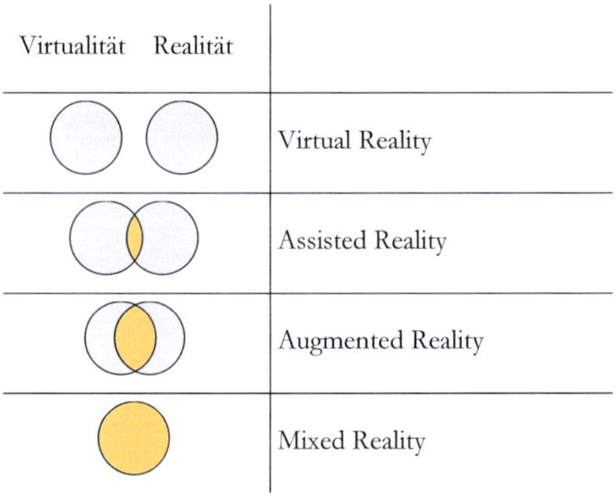

Abbildung 2-1: Veranschaulichung der unterschiedlichen Realitätsformen (vgl. (Plutz 2017, S. 1))

Virtual Reality (VR) bezeichnet die vollständige Trennung zwischen Realität und Virtualität. Es wird eine synthetische Umgebung erstellt, in dem sich derDie NutzerIn in der Ego-Perspektive bewegt. Die Umgebung muss mit 3D-Grafiken und den Visualisierungsmöglichkeiten umgesetzt werden und benötigt Eingabegeräte, deren Positionen getrackt werden. Die Realität wird vollständig ausgeblendet (Azuma 1997, S. 356; Bowman et al. 2005, S. 7; Hirsch 2018; LaViola, JR. et al. 2017, S. 8). Bei der *Assisted Reality* wird die reale Welt in einer ersten Form eingebunden, wobei sich das System als Hilfestellung für denDie NutzerIn versteht. Wie in VR wird eine virtuelle Umgebung erzeugt, die durch einzelne reale Bilddaten angereichert wird. Das Tracking der Position hat dabei nur Einfluss auf die Bewegung in Bezug auf den VR-Raum, jedoch keinen auf die Position zum realen Objekt (Hirsch 2018). Ein weiterer Schritt für die Kombination von virtuellen und realen Objekten führt zur *Augmented Reality*. An dieser Stelle erfolgt die Verbindung zwischen der Realität und der Virtualität nahezu zu 50 %. Azuma (Azuma 1997, S. 356–357) hat AR als eine Variation von Virtual Environment (VE) beschrieben. Auf diese Weise kann derDie NutzerIn die reale Welt wahrnehmen, die durch virtuelle

Objekte angereichert wird. Die Realität wird ergänzt und nicht durch die Virtualität ersetzt. Unabhängig von aktuellen Produktversionen können AR-Systeme durch die folgenden drei Merkmale charakterisiert werden (Azuma 1997, S. 356–357; Hirsch 2018; LaViola, JR. et al. 2017, S. 8):

1) Kombination aus Realität und Virtualität,
2) Interaktion in Echtzeit,
3) dreidimensionaler Bezug zwischen realen und virtuellen Objekten.

In der vorliegenden Dissertation bildet Augmented Reality die Grundlage. DerDie NutzerIn muss mit realen und virtuellen Objekten interagieren, unterstützt durch AR. Wie in Abbildung 2-2 erkennbar, kann die Unterstützung sowohl statisch als auch dynamisch erfolgen. Bei der statischen Unterstützung wird mit Informationen in Form von Texten und Bildern gearbeitet, die demDer NutzerIn zur Verfügung stehen und eingeblendet werden. DemDer NutzerIn dient das AR-Endgerät als weiterer Bildschirm. Bei der dynamischen Unterstützung können Wege aufgezeigt, schrittweise Anleitungen abgearbeitet und Handlungsausübungen dargestellt werden. Bei dieser Variante wird eine Interaktion zwischen Nutzendem und Endgerät erwartet.

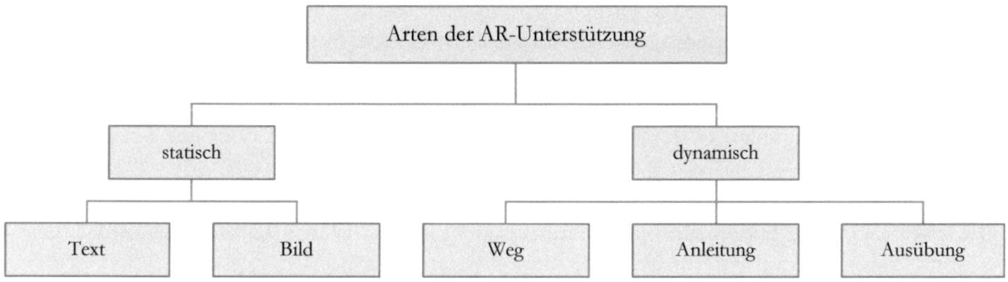

Abbildung 2-2: Arten der AR-Unterstützung

Als vierte Variante existiert die *Mixed Reality*. Sie ist die vollständige Verbindung zwischen Realität und Virtualität. DerDie NutzerIn kann nicht mehr zwischen beiden Welten unterscheiden (Hirsch 2018; LaViola, JR. et al. 2017, S. 8; Plutz 2017, S. 1).

Zusammenfassung

Auf Basis der analysierten Definitionen wird für die Dissertation von folgenden Eigenschaften eines AR-Systems ausgegangen. Das AR-System kombiniert Realität und Virtualität, reale und virtuelle Objekte stehen dreidimensional in Bezug zueinander. DerDie NutzerIn interagiert in Echtzeit mit diesen Objekten. Ein wesentlicher Teil der AR-Unterstützung beim Erfüllen der Aufgaben ist, Informationen in Form von Texten und Bildern bereitzustellen, für eine statische Unterstützung durch das AR-System. In der vorliegenden Arbeit steht die nutzerorientierte Anordnung von Texten und Bildern im AR-System im Fokus.

2.1.2 Datenbrillen

Für die Layout-Gestaltung eines AR-Systems bedarf es der Betrachtung von AR-Endgeräten, den Datenbrillen. Maßgeblich für die Art der Visualisierung und die Interaktion ist der technische Aufbau. Dieser soll im Folgenden systematisiert werden.

Grundsätzlich existieren zwei Arten wie demDer BenutzerIn die Informationen dargestellt werden können. Die Unterscheidung der Endgeräte teilt sich in monokulare und binokulare Smart Glasses. Die monokularen Smart Glasses haben ein einseitiges Mini-Display, das statische Bilder und Informationen in das Blickfeld des Betrachtenden projiziert (Ubimax GmbH 2018). Die untenstehende Tabelle 2-2 zeigt, dass die Brillen über Kameras für die Aufnahme von Videos und Bildern, eine Netzwerkverbindung, um aktuelle Informationen zu erhalten und Verbindungen zu anderen zu ermöglichen sowie eine Speicherkarte verfügen. Bei den Interaktionstechniken ist ein Mikrophon für die Sprachsteuerung und ein Lautsprecher für die Wiedergabe von Signalen vorhanden. Einige Datenbrillen verfügen über ein Touchpad oder Eingabeknöpfe, diese sind für eine schnelle Eingabe mit Funktionen hinterlegt.

Die zweite Gruppe bilden die binokularen Smart Glasses. Durch halbtransparente Displays wird das gesamte Sichtfeld des Menschen für die Einblendung von Informationen genutzt. Durch die technischen Möglichkeiten können virtuelle Informationen direkt mit den realen Objekten verknüpft werden. Durch eine Vielzahl an Sensoren sind eine Tiefenwahrnehmung sowie Gestenerkennung möglich, um die Umgebung zu scannen und Objekte perspektivisch korrekt zu platzieren. Die Interaktionsmöglichkeiten werden im Vergleich zu den monokularen Smart Glasses durch die Gestenerkennung erweitert (vgl. Tabelle 2-2).

Tabelle 2-2: Vergleich von monokularen und binokularen Smart Glasses

Smart Glasses	monokular	binokular
Basiselemente	Mini-Display Kamera Netzwerkverbindung Speicherkarte Akku	halbtransparentes Display Kamera Netzwerkverbindung Speicherkarte Akku Sensoren
Interaktion	Mikrophon Lautsprecher Touchpad Eingabeknöpfe Sprachsteuerung	Mikrophon Lautsprecher Touchpad Eingabeknöpfe Sprachsteuerung Gesten Eye-Tracking (Fokussieren)

Für die simultane Visualisierung von realen und virtuellen Bildern können zwei verschiedene Verfahren angewandt werden: video see-through und optical see-through displays (LaViola, JR. et al. 2017, S. 145–146). Bei einem video see-through display wird durch die Kopfkamera ein Echtzeit-Video aufgenommen. Beim Rendering des Videos werden die realen und virtuellen Inhalte kombiniert und demDer NutzerIn abgespielt. Dieses Verfahren hat den Vorteil eines großen Sichtfelds, da das Video flächendeckend auf der gesamten Projektionsfläche wiedergegeben wird. Bei der Wiedergabe und Aufnahme ist darauf zu achten, dass die Kameraansichten orthoskopisch sein müssen, um Verzerrungen im Bild zu vermeiden (LaViola, JR. et al. 2017, S. 145–146). Das optical see-through display verwendet eine semitransparente Projektionsfläche, die vor dem Auge platziert wird. Auf diese Weise kann derDie NutzerIn die reale Welt immer noch sehen und die virtuellen Elemente werden auf der Projektionsfläche angezeigt. Diese Darstellungsweise wird hauptsächlich bei binokularen Datenbrillen realisiert und bietet die Möglichkeit, die Realität maximal und ohne Verzögerung wahrzunehmen. Nachteile dieser Anwendung sind das kleine Sichtfeld der Brillen sowie Registrierungsprobleme bei der Integration der virtuellen Elemente auf die Realen.

Zusammenfassung

Für die vorliegende Dissertation ist das optical see-through Verfahren für die Nutzung im industriellen Bereich des Systems relevant. Es ermöglicht die Erfassung der Realität in Echtzeit und überlagert diese mit virtuellen Informationen. Da im industriellen Anwendungsbereich das freihändige Arbeiten eine besondere Rolle spielt, werden in der Dissertation die Interaktionen Gestensteuerung und Fokussieren untersucht.

2.2 Akzeptanz von Augmented Reality

2.2.1 Akzeptanzdreieck

Die Akzeptanz neuer Technologien bildet die Basis für ihren Erfolg. Akzeptanz wird als Zustimmung einer Person angesehen, die uneingeschränkt bereit ist für die Hinnahme eines neuen Sachverhaltes, einer Situation oder einer Person (Sauer und Sauer 2018). Bereits im Jahr 1995 wurde von Lucke (Lucke 1995, S. 87–93) erklärt, dass sich der Akzeptanzbegriff im Idealfall in einem analytischen Dreieck zwischen dem Subjekt, Objekt und Kontext bewegt.

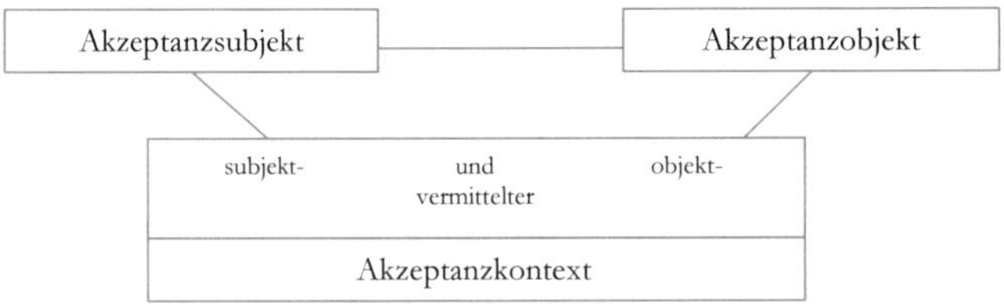

Abbildung 2-3: Akzeptanz als Beziehung zwischen Akzeptanzsubjekt, -objekt und -kontext (Lucke 1995, S. 87–93)

Aus der Abbildung 2-3 wird ersichtlich, dass eine Person (das Akzeptanzsubjekt) etwas (das Akzeptanzobjekt) unter bestimmten Bedingungen (der Akzeptanzkontext) akzeptiert. „Anzugeben ist nicht nur, was, sondern auch was von wem innerhalb welcher Gesellschaft, in welcher Situation und zu welchem Zeitpunkt sowie aus welchen Gründen und Motiven akzeptiert (oder eben abgelehnt) wird." (Lucke 1995, S. 90) Das Akzeptanzsubjekt dient als Ausgangspunkt. Dabei kann das Subjekt nur eine Person oder eine Gruppe von Personen darstellen, mit Eigenschaften in Bezug auf den Gegenstand oder das Objekt. Die Akzeptanz bezieht sich immer auf ein Ausgangsobjekt. Das Objekt kann von unterschiedlicher Art und Weise sein, ein reales Objekt, ein Konzept, eine Strategie oder ein technisches Element. Der Akzeptanzkontext kann zwischen sozialen und kulturellen Faktoren variieren. Relevant ist der Bezug zum Subjekt und Objekt, da alle Faktoren, die nicht diesen Gruppen zugeordnet werden können, zum Kontext gehören. Akzeptanzsubjekt, -objekt und -kontext stehen im direkten Zusammenhang zueinander (Lucke 1995, S. 87–93; Schäfer und Keppler 2013, S. 16–23).

Tabelle 2-3 zeigt Empfehlungen für die Akzeptanzförderung anhand der drei Akzeptanzdimensionen. Bei der Einführung neuer Systeme oder Technologien sollte für denDie EndnutzerIn der Nutzen klar erkennbar sein und der Wissensstand durch Zusatzqualifikationen und

Schulungen angepasst werden. Dazu muss das Akzeptanzobjekt, also das AR-System nutzerorientiert gestaltet werden. Dies bedeutet nicht nur eine ergonomisch hochwertige Mensch-Technik-Interaktion (MTI), sondern auch eine transparente Einbindung in die Arbeitsorganisation. Erreicht wird dies durch eine frühzeitige Partizipation und offene Kommunikation zwischen den NutzerInnen und dem Unternehmen in Bezug auf neue Systeme oder Technologien. Mit einer langfristigen Einführungsphase können die Beschäftigten in den Entwicklungsprozess eingebunden werden und sich damit identifizieren (Abel et al. 2019, S. 17–25; Krömker et al. 2015, S. 11–17; Papp und Wölfel 2019, S. 323–331; Schäfer und Keppler 2013, S. 17–19). Bei der Spezifikation des Systems sollten das physische und psychische Wohlbefinden bei den Nutzenden im Fokus stehen, um Belastungen und Beanspruchungen zu vermeiden. Die Darstellung und Bedienung des neuen Systems sollte an die EndnutzerInnen und die Arbeitsbedingungen angepasst werden. Die Akzeptanz wird gefördert, indem sich die neuen Technologien in den Arbeitsalltag einfügen (Abel et al. 2019, S. 17–25; Krömker et al. 2015, S. 11–17; Papp und Wölfel 2019, S. 323–331; Schäfer und Keppler 2013, S. 17–19).

Tabelle 2-3: Akzeptanzempfehlungen für neue Systeme oder Technologien

Akzeptanzdimension	Empfehlungen
Akzeptanzsubjekt (Abel et al. 2019, S. 17–25; Krömker et al. 2015, S. 11–13; Papp und Wölfel 2019, S. 330; Schäfer und Keppler 2013, S. 17–19)	offenkundiger Nutzen neuer Systeme Qualifizierung und Schulungen zu neuen Technologien Senkung oder Kompensation der Belastungen physisches und psychisches Wohlbefinden mit neuen Systemen Transparenz bei der Auswertung von Daten
Akzeptanzobjekt (Abel et al. 2019, S. 13–17; Krömker et al. 2015, S. 13–17; Papp und Wölfel 2019, S. 328; Schäfer und Keppler 2013, S. 19–22)	anwenderorientierte Gestaltung der Mensch-Technik-Schnittstelle in Bezug auf die Erfahrungen und Kenntnisse der Beschäftigten klare Bedienung und Anwendung neuer Technologien technisch-organisatorischer Zusammenhang zwischen Arbeitsorganisation und -bedingungen
Akzeptanzkontext (Abel et al. 2019, S. 25–31; Krömker et al. 2015, S. 13–17; Papp und Wölfel 2019, S. 329–330; Schäfer und Keppler 2013, S. 22–23)	längerfristig ausgerichteter Einführungsprozess Information und frühzeitige, offene Kommunikation frühzeitige Partizipation der Beschäftigten Identifizierung mit den Beschäftigten und dem Unternehmen

Zusammenfassung

In Bezug auf die vorliegende Dissertation kann das Akzeptanzdreieck mit den Bereichen Subjekt, Objekt und Kontext klar definiert werden. Das Akzeptanzsubjekt sind die EndnutzerInnen, die im industriellen Bereich arbeiten. Das dazugehörige Akzeptanzobjekt stellt das

Augmented Reality-System dar, das den täglichen Arbeitsablauf vereinfachen soll. Der Kontext liegt dabei auf dem industriellen Umfeld, in dem sich die NutzerInnen des Augmented Reality-Systems bewegen. Eine Integration des Akzeptanzsubjektes und -objektes in einen weiterführenden Akzeptanzkontext kann durch Akzeptanzmodelle erfolgen. Diese werden in dem nachfolgenden Kapitel beschrieben.

2.2.2 Akzeptanzmodell

Zusätzlich zum Akzeptanzdreieck helfen Akzeptanzmodelle für eine weitgefasste Betrachtung des Subjektes und des Objektes. In Bezug auf den Anwendungsfall Produktion kann zwischen verschiedenen Akzeptanzmodellen unterschieden werden. Eine grundlegende und einflussreiche Theorie ist die Theory of Reasoned Action (TRA) aus dem Jahr 1993 (Eagly und Chaiken 1993, S. 168–175; Venkatesh et al. 2003, S. 428). In dieser wird das Verhalten der NutzerInnen durch ihre Verhaltensabsichten bestimmt. Die Absichten werden aus den Einstellungen der NutzerInnen zum Verhalten und der subjektiven Norm kombiniert. Positive und negative Gefühle beeinflussen das Verhalten jedes Einzelnen. Einen anderen Ansatz hat Davis im Jahr 1986 (Davis 1985, S. 24–41; Venkatesh et al. 2003, S. 428) im Technology Acceptance-Model (TAM) zusammengefasst. Das Akzeptanzmodell TAM untersucht die wahrgenommene Nutzerfreundlichkeit und Nützlichkeit bei den NutzerInnen. Diese Nutzungsbereitschaft dient der Absicht eine Technologie oder ein System zu verwenden. TRA und TAM gehen davon aus, dass eine Person frei und uneingeschränkt handelt, wenn sie eine Handlungsabsicht hat. Eine weitere Methode ist das Task-Technology Fit-Model (TTF), das die Passfähigkeit zwischen der Aufgabe und der Technologie betrachtet (Dishaw et al. 2002, S. 1022). Die Anforderungen an die Aufgabe sollen durch die Möglichkeiten der Technologie bzw. des Systems unterstützt werden. TAM und TTF können durch ein gemeinsames Modell kombiniert werden (siehe Abbildung 2-4). Das allgemeine Argument für diese Verbindung wird in den zwei zu kombinierenden Aspekten gesehen, der Verhaltensweise der NutzerInnen und der Verwendung der Technologie. Das Modell TAM basiert auf dem Verhalten und der Überzeugung der NutzerInnen gegenüber einer Technologie. Bei kritischer Betrachtung des Modells wird deutlich, dass NutzerInnen unbeliebte Technologien nutzen, wenn die Arbeitsleistung verbessert wird. Das Modell TTF betrachtet nur die Technologie, unabhängig von der eigenen Einstellung zu dieser. Für das Modell ist nur der rationale Ansatz relevant, welche Vorteile die Technologie bietet (Dishaw et al. 2002, S. 1022).

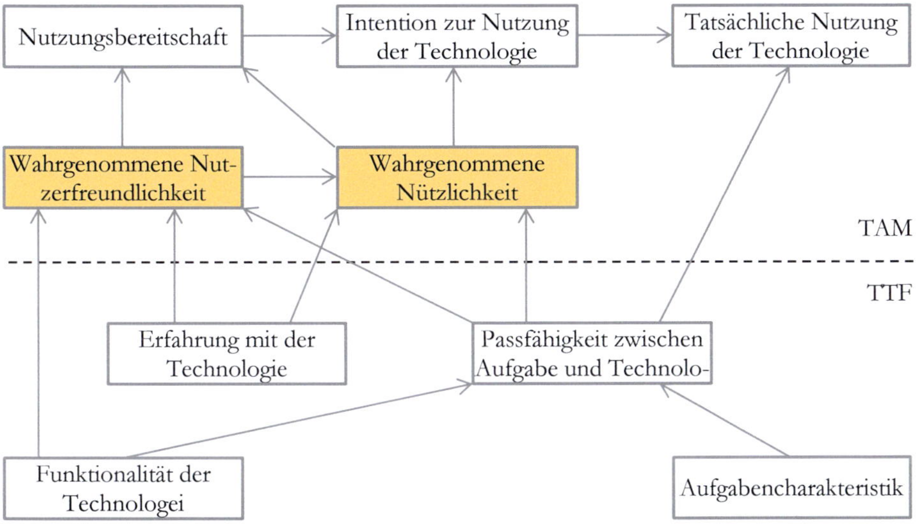

Abbildung 2-4: Integriertes Modell aus TAM und TTF in Anlehnung an Dishaw et al. (Dishaw et al. 2002, S. 1023)

Abbildung 2-4 zeigt die Kombination der Modelle TAM und TTF im Kontext Produktion. Sie heben die nutzerorientierte Entwicklung von System und Technologie hervor. Die wesentlichen Beschreibungsgrößen und Kernfragen des TTF für die Technologieakzeptanz in Bezug auf das AR-System sind nach Davis und Dishaw et al. (Dishaw et al. 2002, S. 1022):

- *Funktionalität der Technologie*
  Welche Funktionen und Möglichkeiten stehen demDer NutzerIn durch das AR-System zur Verfügung, um seine Arbeitsaufgabe zu erledigen?
  Die Grundlagen zu diesem Untersuchungspunkt folgen im Abschnitt 4.3, mit näherer Untersuchung im Kapitel 6. Die Analyse von Basisinteraktionen und de-facto-Standards soll bestehende Funktionen von AR-Systemen aufzeigen.
- *Aufgabencharakteristik*
  Welche Faktoren beeinflussen die Bearbeitung der Aufgaben? Welche Art der Aufgaben wird beeinflusst?
  Eine ausführliche Auseinandersetzung mit den Aufgaben im industriellen Kontext erfolgt im Abschnitt 2.5. Aufbauend auf den Erkenntnissen von Lindemann und Ehrlenspiel und Meerkamm werden generische Aufgaben für das AR-Interface extrahiert und in Abschnitt 4.2 durch praktische Anforderungen erweitert.

- *Erfahrung mit der Technologie*
  Welche Erfahrungen haben die NutzerInnen mit der Technologie des AR-Systems? Dieser Fragestellung widmen sich die Personas (siehe Abschnitt 4.1), indem die Endnutzer-Innen bezüglich ihrer Erfahrungen und Arbeitsbedingungen betrachtet werden.
- *Passfähigkeit zwischen Aufgabe und Technologie*
  Inwieweit stimmen die Faktoren Arbeitsaufgabe und Technologie des AR-Systems überein? Wie kann das AR-System bei der Erledigung der Aufgabe unterstützen?
  Das Aufgabenprofil, die Plattform sowie die Gestaltungsempfehlungen (siehe Abschnitte 4.2 bis 4.4) erfassen Anforderungen, die bei der nutzerorientierten Gestaltung des Layouts das AR-System unterstützen sollen.

Diese Faktoren bilden die Voraussetzung für das TAM-Modell und haben somit direkten Einfluss auf die Akzeptanz. Die Nutzerfreundlichkeit und Nützlichkeit werden von der technischen Akzeptanz beeinflusst und in der Dissertation durch folgende Beschreibungsgrößen und Kernfragen untersucht (Davis 1985, S. 24–26):

- *Wahrgenommene Nutzerfreundlichkeit*
  Inwieweit erlaubt das AR-System eine Nutzung ohne physischem und mentalem Mehraufwand?
  Diese Fragestellung wird durch zwei Studien näher untersucht, durch die Wahrnehmung in AR-Systemen in Kapitel 5 sowie das Layout des UI in Kapitel 7.
- *Wahrgenommene Nützlichkeit*
  Inwieweit stimmt die Sicht der NutzerInnen mit dem erwarteten Grad überein, bei der die Nutzung des AR-Systems bei der Aufgabenerledigung unterstützt?
  Die Durchführung einer Studie zum Layout ermöglicht eine Betrachtung der Nützlichkeit (siehe Kapitel 7). Weiterhin werden diesbezüglich Empfehlungen im Patternkatalog gegeben.

Für die vorliegende Dissertation werden die Akzeptanzfaktoren der „Wahrgenommenen Nutzerfreundlichkeit" und der „Wahrgenommenen Nützlichkeit" (Abbildung 2-4: orange hinterlegt) in den Studien zur Usability untersucht. Die Vorbedingungen und Anforderungen aus dem TTF-Modell werden innerhalb der Dissertation eruiert und dienen als Basis für die Layout-Studie im Kapitel 7. Die Ergebnisse werden anschließend in einem Patternkatalog zusammengefasst und sollen eine nutzerorientierte Gestaltung eines AR-Interfaces für den industriellen Kontext ermöglichen. Die Nutzerfreundlichkeit und Nützlichkeit sind relevant für die Bereitschaft zur Nutzung und gegenüber der Technologie.

Zusammenfassung

Für die Dissertation wird die Kombination der Modelle TAM und TTF verwendet. Das TAM-Modell betrachtet die Akzeptanz aus Sicht der Nutzenden. Innerhalb der Dissertation sollen die Beschreibungsgrößen „Wahrgenommene Nutzerfreundlichkeit" und „Wahrgenommene Nützlichkeit" ausgearbeitet werden. Sie haben einen direkten Einfluss auf die Nutzungsbereitschaft. Die Einschätzung der Nützlichkeit und die Nutzungsbereitschaft werden durch die Einstellung gegenüber der Technologie beeinflusst. Dies thematisiert das TTF-Modell, das die technischen Einflussgrößen für die Akzeptanz bzw. den Einsatz von AR systematisiert. Die Beschreibungsgrößen des TTF-Modells befassen sich mit der Funktionalität der Technologie, den Erfahrungen mit dieser sowie der Passfähigkeit in Bezug auf die Arbeitsaufgabe. Diese werden in den nachfolgenden Anforderungsanalysen ausführlich untersucht. Für die Dissertation bedeutet dies auch, dass eine positive Einstellung und Erfahrungen mit der AR-Technologie Merkmale für die Auswahl der Testpersonen sein muss.

2.2.3 Akzeptanzmethoden

Durch Untersuchungen in unterschiedlichen Entwicklungsphasen können klare Herausforderungen für die Akzeptanz aus Sicht der NutzerInnen klassifiziert werden (Krömker et al. 2015, S. 30–31). Im vorherigen Abschnitt wurde deutlich, dass das Akzeptanzsubjekt (derDie Nutzer-In) in die Entwicklung zu integrieren ist, um sein Vorwissen oder seine kognitiven Anforderungen zu erfassen. Weiterhin können unterschiedliche Interpretations- und Interaktionsmöglichkeiten auftreten, die beim Layout bedacht werden müssen. Daneben soll jedoch auch die technische Akzeptanz des AR-Systems überprüft werden (Quiring 2006, S. 9–24). Für die Akzeptanz von AR-Systemen werden im Kapitel 4 Anforderungen analysiert, die die Basis für die Extraktion von Musterlösungen bilden.

Akzeptanzmethoden befassen sich mit dem Erfassen der Akzeptanz in den verschiedenen Situationen, wie sie bei dem Einsatz von AR-Systemen in industriellen Produktionsprozessen vorkommen. Ein Auszug an möglichen Methoden wird in der nachfolgenden Tabelle gegeben. Sie sind nach ihren Einsatzmöglichkeiten in der Anforderungsanalyse sowie der heuristischen und empirischen Evaluation geordnet. Die Sammlung wurde auf ihre spezifische Eignung im industriellen Bereich untersucht und zusammengestellt (Krömker et al. 2015, S. 30–31; Quiring 2006, S. 9–24).

Tabelle 2-4: Auszug aus Methodensammlungen und Studien zur Akzeptanz im Kontext Industrie

Methoden nach (Krömker et al. 2015, S. 30–31; Quiring 2006, S. 21–24)	Einsatz in Phasen des Entwicklungsprozesses				
	Ideengenerierung	Konzeption	Entwicklung	Test	Markteinführung
Anforderungsanalyse					
Beobachtung	X	X		X	X
Best-Practice-Analyse	X	X	X		
Context of Use Description	X	X	X	X	
ExpertInneninterview	X	X		X	
Fokusgruppe	X	X			
Fragebogen	X	X		X	
NutzerInneninterview	X	X		X	
Personas	X	X		X	
Szenarios	X	X			
Heuristische Evaluation					
Checklisten			X	X	
Cognitive Walkthrough				X	
Guidelines		X	X	X	
Styleguides		X	X		
Empirische Evaluation					
Thinking Aloud				X	
Usability Testing				X	
(…)					

Die Tabelle zeigt eine erste Annäherung an den Forschungsgegenstand. Durch beispielsweise Beobachtungen, Interviews oder Personas lassen sich spezifische Anforderungen aus Nutzersicht erfassen. Für die Definition der Anforderungen wird jedoch nicht nur die Sicht der späteren NutzerInnen berücksichtigt, sondern auch die Einschätzung von ExpertInnen, meist durch Interviews oder Fokusgruppen. Als ergänzende Informationsquelle werden Best-Practice-Analysen herangezogen, aus denen das vorhandene Wissen aus dem industriellen Arbeitsalltag extrahiert werden kann. Die Methoden der Anforderungsanalyse können in allen Phasen des Entwicklungsprozesses angewandt werden und geben einen tieferen Einblick in die Merkmale und Eigenschaften des Forschungsgegenstandes. Bei der heuristischen Evaluation soll die Nutzerfreundlichkeit und Nützlichkeit eines UI beurteilt werden. Checklisten oder Styleguides helfen die vorhandenen Richtlinien und Normen in das UI zu integrieren. Durch die empirische Evaluation werden die Anforderungen umgesetzt und durch reale NutzerInnen überprüft.

Der Abschnitt 3.3 werden die in der vorliegenden Dissertation verwendeten Methoden aufge zeigt. Es werden objektive Daten durch Primär- und Sekundärliteratur erfasst sowie subjektive Daten durch die Evaluation der EndnutzerInnen.

Zusammenfassung

Es existiert eine Vielzahl an Methoden für die Akzeptanzforschung mit dem Kontext Industrie, die eine vielfältige Sichtweise auf die NutzerInnen aufzeigt, so dass eine breite Zustimmung und ein Mehrwert im Arbeitsalltag erreicht wird. Nach dem systematischen Erheben von Anforderungen muss deren Realisierung im AR-System in Hinblick auf dessen Nutzerfreundlichkeit und Nützlichkeit methodisch überprüft werden. Für die vorliegende Dissertation werden in Tabelle 2-4 Methoden aufgezeigt, die für eine heterogene ProbandInnengruppe im industriellen Umfeld geeignet sind. In welchem Umfang die angegebenen Methoden in der Dissertation angewendet werden, wird in Abschnitt 3.3 aufgezeigt.

2.3 Mensch-Technik-Interaktion in Augmented Reality

Die fortschreitende Entwicklung von AR-Systemen lässt eine immer bessere Anpassung an die industrielle Arbeitswelt zu. Für den Menschen wird der klassische, ortsgebundene Arbeitsplatz mehr und mehr an Bedeutung verlieren. Es werden vermehrt Entscheidungs- und Überwachungsprozesse getätigt, die sowohl direkt vor Ort als auch aus der Ferne erfolgen können. Die NutzerInnen erhalten auf diese Weise einen größeren Wirkungs- und Verantwortungsbereich innerhalb des Unternehmens. Maschinen und technische Werkstücke werden in zunehmendem Maße autonom organisiert und komplexe Produktionsszenarien selbständig bearbeitet. Insgesamt kann bei der MTI davon ausgegangen werden, dass der Mensch sein Tätigkeitsfeld immer mehr in das Planerische und Schöpferische verlegt und die Maschinen die ausführenden repetitiven und monotonen Tätigkeiten übernehmen (Gorecky et al. 2014,

S. 525–526). In Bezug auf das Akzeptanzmodell (siehe Abbildung 2-4) soll die Schnittstelle zwischen Menschen und AR-System die Nutzerfreundlichkeit und Nützlichkeit für denDie EndnutzerIn gewährleisten. Wie in Abschnitt 2.2 geschildert, sind diese beiden Komponenten ausschlaggebend, um die nutzerseitige Akzeptanz zu ermöglichen.

Wie Kapitel 1 verdeutlicht, dass es derzeitig noch keine erprobten Hard- oder Softwarelösungen bzw. Anwendungen für den Gebrauch einer Schnittstelle zwischen Mensch und AR-System im industriellen Kontext gibt. Einzelne Autoren weisen jedoch die Richtung für eine nutzerorientierte Mensch-Technik-Interaktion, die in die Weiterentwicklung einfließen soll. Tabelle 2-5 fasst die einzelnen Entwicklungsleitlinien der Autoren zusammen.

Tabelle 2-5: Anforderungen an die Mensch-Technik-Interaktion

Bereich	Entwicklungsleitlinien
AR-System (Adelmann 2020, S. 24–30; Lien et al. 2016, S. 12–15; Tomlein und Grønbæk 2018, S. 9–12; Schlick et al. 2014, S. 66–68)	orts- und zeitunabhängiger Zugriff soll möglich sein
	Anzahl der Freiheitsgrade soll auf die Aufgabe zugeschnitten sein
	Geräteinformation soll vernetzt und auf die Nutzung im AR-System ausgerichtet sein
Layout (Adelmann 2020, S. 24–30; Tomlein und Grønbæk 2018, S. 9–12; Schlick et al. 2014, S. 62–66)	Kontext der Inhalte muss erhalten bleiben
	Informationen müssen nutzerorientiert auf die Aufgabe zugeschnitten sein
	Erkennbarkeit der Information muss in allen Beleuchtungssituationen gegeben sein
Mensch (Lee et al. 2019, S. 256; Lien et al. 2016, S. 16; Niggemann et al. 2014, S. 173–177; Tomlein und Grønbæk 2018, S. 12–13)	alternative Techniken sollen die Interaktion unterstützen
	Belastungsgrenzen sollen berücksichtigt werden
	menschliches Expertenwissen soll bei der Aufgabenlösung einfließen
	monotone und systematisierte Aufgaben sollen automatisiert werden
	AR soll ein Werkzeug sein, das die Ausführung der Arbeitsaufgabe unterstützt

Der erste Bereich befasst sich mit den bestehenden Entwicklungsleitlinien an das AR-System. Die MTI im industriellen Umfeld integriert nicht nur Maschinen, sondern auch Computer und digitale Systeme (Lien et al. 2016, S. 12–15). Das AR-System dient als Schnittstelle zwischen Maschinen und Menschen. Relevant ist, dass direkt mit Produkten und Objekten ortsungebunden interagiert werden kann. Das System soll so die Verbindung zwischen dem Menschen und den Maschinen ermöglichen, ohne direkt vor Ort an der Maschine zu sein. Sichergestellt werden muss, dass eine minimale Reaktionszeit des AR-Systems besteht, um die Interaktion

als natürlich zu empfinden (Lien et al. 2016, S. 12–15). Bei der Darstellung von 3D-Visualisierungen, die die Realität mit der Virtualität verknüpfen, sind vor allem die Freiheitsgrade in der Interaktion wichtig. Nur dann werden diese als real empfunden. Allerdings sollten die Freiheitsgrade genau auf die Aufgabe abgestimmt werden, um die BenutzerInnen mit der Anzahl der Freiheitsgrade nicht zu überfordern. Wird beispielsweise die Rotation eines virtuellen Modells benötigt oder ist diese ein Hindernis bei dessen Platzierung (Adelmann 2020, S. 24–30). Das AR-System sollte denDie NutzerInnen in seinerIhrer Tätigkeit unterstützen und die benötigten Informationen entsprechend aufbereiten. Für eine effektive MTI sollte die Vernetzung der Geräte untereinander sichergestellt werden, so dass Aufgaben automatisch erledigt werden können (Lien et al. 2016, S. 12–15; Tomlein und Grønbæk 2018, S. 9–12).
Der zweite Bereich befasst sich mit dem Layout der AR-Schnittstelle. Unter Layout wird hier die konzeptionelle Anordnung von Information im optical see-through System verstanden. Die softwaretechnische und grafische Realisierung der Anwendung spielt eine entscheidende Rolle für die Akzeptanz des Systems (siehe Abschnitt 2.2). Wichtig ist, dass die Schnittstelle zwischen Mensch und Technik so gestaltet wird, dass AR-Anwendungen effektiv und effizient gestaltet und genutzt werden. In Bezug auf das industrielle Umfeld ist es beim UI wichtig, den Kontext vollständig zu erfassen. Es gibt diverse Möglichkeiten, die reale Welt in die Interkationen mit dem AR-System einzubinden. Jedoch sollte der Umfang der Arbeitsaufgabe entsprechend sein (Adelmann 2020, S. 24–30). Die Schnittstelle der MTI stellt sicher, dass die Menge an Informationen nutzerorientiert aufbereitet und diese für die Erledigung der Arbeitsaufgabe zugeschnitten ist. Durch situationsabhängige Filterungsmechanismen können die Informationen entsprechend eingeordnet werden. Auf diese Art und Weise kann derDie MitarbeiterIn für seineIhre Arbeitsaufgabe genau die Informationen abrufen, die an einem bestimmten Ort oder zu einer bestimmten Zeit benötigt werden (Schlick et al. 2014, S. 62–66). Mit diesem Betrachtungsbereich setzt sich der Abschnitt 4.4 genauer auseinander. Für das Layout des AR-Systems sollte der technologische Aufbau gut auf das industrielle Umfeld abgestimmt sein. Die AR-Hardware sollte auf die Arbeitsbedingungen abgestimmt und sowohl handlich als auch robust gestaltet werden. Das AR-Layout soll eine günstige Wahrnehmbarkeit und Erkennbarkeit aufweisen und generell frei von jeglichen Beeinträchtigungen für denDie NutzerInnen sein. Eine detaillierte Auseinandersetzung mit der Wahrnehmung der Informationen im AR-System speziell im industriellen Kontext erfolgt im Abschnitt 2.4. Dabei sollten auch die in-

dustriellen Beleuchtungsbedingungen beachtet werden, entsprechend der Arbeitsaufgabe können diese unterschiedliche Beleuchtungsstärken aufweisen (siehe Abschnitt 2.5) (Tomlein und Grønbæk 2018, S. 9–12).

Der letzte Bereich bezieht sich auf den Menschen, der das System verwendet. Im Allgemeinen arbeiten die NutzerInnen parallel mit verschiedenen Systemen im industriellen Kontext, dass daraus entstandene Erfahrungswissen sollte auf die aktuellen Schnittstellen des AR-Systems übertragen werden. So kann bei einem AR-System die Texteingabe in gewohnter Weise durchaus mit einer virtuellen Tastatur erfolgen. Im industriellen Bereich ist die Arbeit mit Handschuhen in vielen Bereichen Standard, durch Gestensteuerung können die Arbeitsaufgaben erleichtern werden. Mit Hilfe von Chips können Fingerbewegungen genau erkannt und verarbeitet werden, ohne die Handschuhe auszuziehen. Eine weitere Möglichkeit der Interaktion ist die Sprachsteuerung. Wenn zukünftige Systeme auch die industriellen Hintergrundgeräusche herausfiltern können und sich nur auf das gesprochene Wort der NutzerInnen fokussieren, kann die Spracheingabe einen Beitrag zur intuitiven Gestaltung des MTI leisten (Lee et al. 2019, S. 256; Lien et al. 2016, S. 16). Die Automatisierungsaufgaben gehen im Allgemeinen mit einer steigenden Komplexität der Aufgaben einher. Dies kann durch die selektive und situative Information des AR-Systems im Aufgabenerfüllungsprozess abgeschwächt werden. Bei immer komplexeren Maschinen und einer größeren Einbindung dieser in die Erledigung der Arbeitsaufgaben der NutzerInnen, ist die Kommunikation zwischen Mensch und Maschine sehr wichtig. Der Mensch muss der Maschine klare und eindeutige Signale geben und die Maschine muss diese interpretieren. Die Maschine muss die menschlichen Befehle verstehen und die Aufgaben erledigen, die mit diesen Befehlen in Verbindung gebracht werden. Bei Missverständnissen oder Fehldeutungen erfolgt eine negative Reaktion auf die MTI (Lien et al. 2016, S. 16; Tomlein und Grønbæk 2018, S. 12–13). Die MitarbeiterInnen sollten sich vor allem darauf konzentrieren, ihr Expertenwissen einzubringen. Das menschliche Expertenwissen soll so verbunden werden, dass die Kernaufgaben in den Vordergrund rücken, ohne sich mit technischen Details zu befassen. So sollte auch die Ansteuerung von Maschinen direkt in das AR-System eingebunden werden (Niggemann et al. 2014, S. 173–177).

Die hohe Heterogenität und der Abstraktionsgrad der wissenschaftlichen Beiträge zur Gestaltung der MTI in industriellen AR-Systemen zeigen, dass es noch keine Standards oder Guidelines gibt. Konkrete Gestaltungsrichtlinien finden sich lediglich in der allgemeinen 3D-UI, die jedoch nur bedingt umsetzbar sind, da sie sich grundlegend mit der Klassifikation von Aufgaben und Interaktionen in virtuellen Kontexten befassen. Eine ausführliche Auseinandersetzung mit diesen Vorgaben erfolgt im Abschnitt 4.4. Adelmann (Adelmann 2020, S. 21) weist darauf hin, dass die Richtlinien für den industriellen Kontext erst noch durch weiteren Praxiseinsatz und Untersuchungen entwickelt werden müssen. Diese Forschungslücke wird in der vorliegenden Dissertation behandelt. Der Fokus liegt auf der Entwicklung von Richtlinien und Pattern für die Gestaltung eines User-Interface in einem industriellen AR-System. Aus einer Untersuchung von User-Interfaces in AR-Systemen in Kapitel 6 werden verschiedene Systeme und Varianten abgeleitet und ihre Nutzerfreundlichkeit untersucht. Die nachfolgenden Kapitel befassen sich mit der Wahrnehmung sowie dem nutzerorientierten Layout des AR-Systems.

Zusammenfassung

Die technische Akzeptanz, wie sie im TTF-Modell beschrieben ist, ist die Grundvoraussetzungen für die im TAM-Model beschriebene nutzerseitige Akzeptanz. Für die nutzerseitige Akzeptanz sind die wahrgenommene Nutzerfreundlichkeit und Nützlichkeit wesentliche Einflussfaktoren. Allerdings sind die Gestaltungsempfehlungen zur Nützlichkeit und Nutzerfreundlichkeit in der wissenschaftlichen Literatur sehr heterogen und auf einem hohen Abstraktionsniveau thematisiert, so dass eine Operationalisierung für die Gestaltung von User-Interface von AR-Systemen kaum möglich ist. Tabelle 2-5 zeigt Bereiche auf, die darin thematisiert werden. Ein Bereich betrifft z. B. die Forderung nach einer effektiven und effizienten Anpassung an die Bedürfnisse des Menschen. In einem zweiten Bereich wird das Layout der Mensch-Technik-Interaktion näher betrachtet. Das Layout soll wiederum die Effektivität und Effizienz fördern und denDie NutzerIn bei der Erledigung der Arbeitsaufgabe entlasten. Eine ausführliche Betrachtung von Anforderungen an das Layout folgt in Kapitel 4 und Kapitel 6. In dem dritten Bereich steht der Mensch im Mittelpunkt. Eine erhöhte Belastung in physischer oder psychischer Form soll z. B. vermieden werden. Diesbezüglich soll sowohl bei der Interaktion mit dem AR-System als auch bei der inhaltlichen Umsetzung auf die Bedürfnisse der EndnutzerInnen geachtet werden. Diese Forderung geht in die Dissertation im Kapitel 5 durch die Wahrnehmungsstudie und im Kapitel 7 in Form von Evaluation der Layoutvarianten durch NutzerInnen aufgegriffen.

2.4 Wahrnehmung im Kontext Augmented Reality

Die Wahrnehmung ist ein komplexer Prozess, der im täglichen Umgang mit der Außenwelt nur bedingt bewusst wird. Damit die Nutzerfreundlichkeit und Nützlichkeit realisiert werden können, ist die visuelle Wahrnehmung der Informationen in AR eine Grundvoraussetzung. Um die einzelnen Aspekte besser zu verstehen, verdeutlicht Abbildung 2-5 den Wahrnehmungsprozess. Die Einzelschritte dieses Prozesses sind kreisförmig angeordnet, um den dynamischen Ablauf zu betonen. Die blauen Pfeile verweisen auf Stimuli, die türkisfarbenen auf Verarbeitungsprozesse und die orangefarbenen auf perzeptuelle Antworten (Goldstein et al. 2011, S. 3–8).

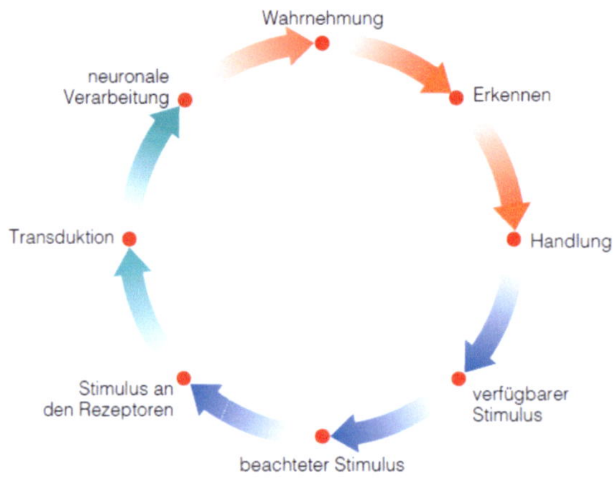

Abbildung 2-5: Wahrnehmungsprozess (Goldstein et al. 2011, S. 3–8)

Der verfügbare Stimulus besteht aus allen Dingen in unserer Umwelt, die potenziell wahrgenommen werden können. Die unterschiedlichen Einflüsse werden nicht alle gleichzeitig aufgenommen. Aus diesem Grund fokussiert derDie Nutzende die Aufmerksamkeit auf einen beachteten Stimulus. Der Fokus der Aufmerksamkeit erreicht die Retina und stimuliert die Rezeptoren im Auge. Es erfolgt eine Transformation der Stimuli. Das Bild auf der Retina wird anschließend durch die Transduktion in den Rezeptoren in ein elektrisches Signal umgewandelt und neuronal verarbeitet. Die Wahrnehmung ist eine bewusste sensorische Erfahrung. Diese erfolgt, sobald die elektrischen Signale des Gehirns ein Objekt mit der eigenen Erfahrung transformieren. Das Erkennen dient der Kategorisierung des Objekts und führt daraufhin zur Handlung. Der Wahrnehmungsprozess zeigt, dass der entsprechende Stimulus das Handeln von Personen beeinflussen kann. Abbildung 2-5 verdeutlicht, dass die Wahrnehmung von Informationen eine Grundvoraussetzung für das Erkennen von Informationen und deren Abbildung auf seine Handlungen ist (Goldstein et al. 2011, S. 6).

In einem Augmented Reality-System hat die Wahrnehmung eine große Bedeutung. Die wahrnehmungsbezogenen Reize müssen in der virtuellen Welt simuliert werden. Dabei spielen der Kontrast, die Bewegung und die Komplexität eine relevante Rolle, damit derDie NutzerIn in seinerIhrer Aufmerksamkeit gelenkt wird. DerDie NutzerIn soll in der virtuellen Welt dazu angeleitet werden, relevante Elemente wahrzunehmen, die in der Realität nicht zu sehen sind. Dies wird durch visuelle und akustische Effekte erreicht. DerDie NutzerIn wird zur Interaktion mit dem System „gezwungen", um eine reale Zusammenarbeit zu simulieren (Hale und Stanney 2014, S. 704–706).

Zusammenfassung
Die Wahrnehmung ist die Grundvoraussetzung für das Nutzen von Augmented Reality Technologien. Im Augmented Reality-System muss derDie NutzerIn Informationen schnell wahrnehmen, um sie zu erkennen und dementsprechend zu handeln. In Bezug auf das User-Interface sollten der Kontrast sowie die Farbauswahl an die Bedingungen im industriellen Raum angepasst werden, eine nähere Auseinandersetzung mit dieser Forderung erfolgt in Kapitel 5. Für die Anwendungen im Zusammenhang mit der Dissertation soll für die Wahrnehmung der Nutzenden gewährleistet werden, dass sie Informationen schnell aufnehmen und bei Bedarf reagieren können. Da die Wahrnehmung von Informationen eine wesentliche Voraussetzung für die Mensch-Technik-Interaktion ist, wird diese für den Einsatz von AR-Systemen im industriellen Kontext im Kapitel 5 gesondert betrachtet. Die konkreten Anforderungen an die Gestaltung des Layouts werden im Kapitel 4 betrachtet.

2.5 Augmented Reality in der Industrie

2.5.1 Beleuchtung im Produktionsumfeld

Für die Wahrnehmung von Informationen in AR-Systemen ist die Beleuchtung im Produktionsumfeld ein wesentlicher Einflussfaktor. Es gibt unterschiedliche Beleuchtungsszenarien, die bei einer nutzerorientierten Visualisierung beachtet werden müssen. Jedoch gibt es keine Richtlinien, wie der Kontrast von Grau- und Farbwerten im AR-System für die Beleuchtungsstandards von Arbeitsstätten gestaltet werden sollte. Die Norm DIN EN 12464-1 (Norm DIN EN 12464-1, S. 20) befasst sich genauer mit dem Licht und der Beleuchtung von Arbeitsstätten in Innenräumen. Die Norm gibt tabellarisch Anforderungen an die Beleuchtung vor, in Tabelle 2-6 wird ein Auszug davon dargestellt. In Spalte 1 wird die Referenznummer aufgelistet,

Spalte 2 beschreibt die Bereiche Aufgaben und Tätigkeiten, für die die Anforderungen spezialisiert wurden und Spalte 3 gibt den Erwartungswert der Beleuchtungsstärke ($\bar{E}m$) wieder. Diese wird in der nachfolgenden Berechnung verwendet, um die Lichtstärke zu bestimmen. Spalte 4 zeigt den maximalen UGR-Grenzwert (engl: Unified Glare Rating limit) an und Spalte 5 die Mindestwerte der Gleichmäßigkeit der Beleuchtungsstärke U_0. Die letzten beiden Spalten verdeutlichen den Mindestwert der Farbwiedergabeindizes (R_a) und spezifische Bedingungen für die Farbtemperatur (T_{CP}) (Norm DIN EN 12464-1, 20-33).

Tabelle 2-6: Beleuchtungsanforderungen für den Innenraumbereich, Auszug (Norm DIN EN 12464-1, S. 20–33)

Ref. Nr.	Art des Innenraum(bereich)s, des Bereichs der Sehaufgabe oder des Bereichs der Tätigkeit	$\bar{E}_m$ lx	UGR_L -	U_o -	R_a -	Spezifische Bedingungen
5.9.2	Materialaufbereitung, allgemeine Maschinenarbeiten	300	25	0,60	80	
5.10.3	ständig besetzte Arbeitsplätze in verfahrenstechnischen Anlagen	300	25	0,60	80	
5.10.6	Reifenproduktion	500	22	0,60	80	
5.10.8	Zuschneiden, Nachbearbeiten, Kontrollarbeiten	750	19	0,70	80	
5.10.7	Farbprüfung	1 000	16	0,70	90	4 000 K $\leq T_{CP} \leq$ 6 500 K
5.11.5	Montagearbeiten:					
	• grobe, zum Beispiel große Transformatoren	300	25	0,60	80	
	• mittelfeine, zum Beispiel Schalttafeln	500	22	0,60	80	
	• feine, zum Beispiel Telefone, Radios, IT-Produkte	750	19	0,70	80	
	• sehr feine, zum Beispiel Messinstrumente, Leiterplatten	1 000	16	0,70	80	
5.24.5	Endkontrolle	1 000	19	0,70	80	

Der Kontrast beschreibt die Unterschiede der Leuchtdichte zwischen zwei benachbarten Flächen. Um das Kontrastverhältnis bestimmen zu können, sollte der maximale Helligkeitsunterschied zwischen schwarz und weiß überprüft werden (Norm DIN 32975-12, S. 7–9). Aus der Tabelle 2-6 können die unterschiedlichen Beleuchtungsstärken und der Kontrast mit den dargestellten Visualisierungen im AR-System bestimmt werden. Die Beleuchtungsstärke ist nicht im gesamten Raum bzw. Umfeld konstant. Für eine Kontrastbestimmung ist es empfehlenswert, eine vorgegebene Fläche zu betrachten. Neben der Beleuchtungsstärke ist die Messung der Leuchtdichte (L) möglich. Bei der Umrechnung der Beleuchtungsstärke zur Leuchtdichte kann folgende Formel angewandt werden:

$$L = \frac{\rho * E}{\pi}$$

L = Leuchtdichte

ρ = Reflexionsgrad

E = Beleuchtungsstärke

Als zusätzliche Variable wird der Reflexionsgrad (ϱ), der durch die Materialeigenschaften bestimmt wird, einbezogen. Er kann zwischen 0 und 1 liegen (Mühlthaler et al. 2016, S. 14).
Für die Realisierung der virtuellen Anwendung im industriellen Kontext ist die Einbeziehung der Lichtbedingungen unumgänglich. Die Wahrnehmbarkeit der virtuellen Inhalte muss sichergestellt werden. Im Abschnitt 2.4 wurde deutlich, dass das Erkennen von Elementen eine Grundvoraussetzung dafür ist, dass derDie NutzerIn entsprechend reagieren kann. In Bezug auf eine industrielle Umgebung muss bei der Layout-Gestaltung darauf geachtet werden, dass Inhalte sowohl in einer stark als auch in einer schwach ausgeleuchteten Umgebung ohne Korrekturen wahrnehmbar sind. DerDie NutzerIn würde sowohl durch manuelles Korrigieren als auch durch häufige automatische Anpassungen der Helligkeit im AR-Endgerät von seinerIhrer Tätigkeit abgelenkt werden. Die Dissertation befasst sich mit der Untersuchung des optimalen Kontrasts und der Helligkeit von Layout-Elementen in industriellen Umgebungen.

Zusammenfassung

Die Beleuchtung ist ein wesentlicher Einflussfaktor für die Wahrnehmung der NutzerInnen. Im industriellen Umfeld gibt es für die Beleuchtung festgelegte Normen, die Abhängig von den auszuführenden Tätigkeiten. Bei der Verwendung des Augmented Reality-Systems muss sichergestellt werden, dass die NutzerInnen immer alle Informationen des User-Interface wahrnehmen und erkennen können. Auf diese Weise wird u. a. auch die technische Akzeptanz, wie sie das TTF-Modell erläutert, gewährleistet. Die Dissertation beinhaltet diesbezüglich eine spezifische Studie zum Kontrast im Display des Augmented Reality-Systems. Ziel ist es, Kontrastwerte zu definieren, das unabhängig vom Endgerät in der minimalen (300 lx) und maximalen (1000 lx) Beleuchtungsstärke der Umgebung die Wahrnehmbarkeit sichert. Dazu erfolgt eine Studie zur Wahrnehmung in Augmented Reality-Systemen im Kapitel 5. DerDie NutzerIn soll weder durch manuelle noch durch automatische Kontrastanpassung von der eigentlichen Arbeitsaufgabe abgelenkt werden.

2.5.2 Analyse bestehender Aufgaben in der Industrie

In einer Studie der KPMG (KPMG AG Wirtschaftsprüfungsgesellschaft 2016, S. 6–9) wird das Potential von AR- und VR-Anwendungen in der industriellen Umgebung untersucht. Der Schwerpunkt liegt bisher in allen Branchen bei der Fertigung. Besonders ausgereifte und großflächige Anwendungen von AR-Systemen finden sich in der Automobilbranche. Die Vorteile in anderen Aufgabenbereichen, wie zum Beispiel Transport und Logistik, sind bekannt, die Anwendung von AR-Systemen befinden sich aber in der Entwicklungsphase (KPMG AG Wirtschaftsprüfungsgesellschaft 2016, S. 6–9). Die verschiedenen Ausprägungen für den Einsatz von AR und VR in der Industrie zeigen deutlich, dass es diesbezüglich noch keine Standards gibt. Jede Branche und darin jedes Unternehmen nutzt die Technologie aufgrund eigener Erfahrungen.

Zur Analyse der unterschiedlichen Aufgaben in der Industrie, die AR-Systeme unterstützen können, betrachtet folgendes Kapitel vergleichend die Produktlebensphasen in industriellen Prozessen nach Ehrlenspiel und Meerkamm sowie Lindemann.

Tabelle 2-7: Entwicklung der AR-System relevanten Lebensphasen für die Dissertation

<table>
<tr><th colspan="8">Produktlebensphasen</th></tr>
<tr><td>Ehrlenspiel und Meerkamm</td><td>Produktverfolgung, -steuerung</td><td>Produktplanung</td><td>Produktentwicklung</td><td>Fertigung, Montage</td><td>Vertrieb, Verkauf</td><td colspan="2">Gebrauch, Rücknahme, Entsorgung</td></tr>
<tr><td>Lindemann</td><td>Voruntersuchung</td><td>Konzept</td><td>Entwicklung</td><td>Produktion</td><td>Nutzung</td><td>Unterstützung</td><td>Außendienststellung</td></tr>
<tr><th colspan="8">AR-System relevante Phasen</th></tr>
<tr><td></td><td colspan="2">Produktplanung</td><td>Entwicklung, Konstruktion</td><td>Fertigung, Montage</td><td>Vertrieb, Verkauf</td><td>Gebrauch</td><td>Rücknahme, Entsorgung</td></tr>
</table>

In ihrer Veröffentlichung „Integrierte Produktentwicklung“ teilen Ehrlenspiel und Meerkamm (Ehrlenspiel und Meerkamm 2013, S. 361) die Produktlebensphasen in sechs Phasen ein: Produktverfolgung/-steuerung, Produktplanung, Produktentwicklung, Fertigung/Montage, Vertrieb/Verkauf, Gebrauch/Rücknahme/Entsorgung. Die Autoren (Ehrlenspiel und Meerkamm 2013, 360-365) definieren für diese Produktlebensphasen folgende Aufgaben:

- *Produktverfolgung/-steuerung*
  Durch Best-Practice-Analysen über konkurrierende Unternehmen und Informationsflüsse wird neues Potential erkannt. Außerdem helfen diese Analysen bei der Meilensteinplanung für eine erste Aufgabenformulierung. Nach einer positiven Rückmeldung wird gezielt der Markt analysiert und erste Entwicklungsideen definiert.
- *Produktentwicklung*
  Eine detaillierte Anforderungsanalyse bezieht die Informationen von Vorläuferprodukten mit ein und kann bereits die Funktionsstruktur des fertigen Produkts enthalten.
- *Fertigung/Montage*
  Durch die Festlegung von Aufgaben und Terminen wird das Produkt den Richtlinien entsprechend gefertigt.
- *Vertrieb/Verkauf*
  Die Kunden sowie der Vertrieb erhalten über strukturellen Verteilwegen das Produkt. Durch eine Kosten-Nutzen-Bewertung wird das Potential des Produktes untersucht.
- *Gebrauch/Rücknahme/Entsorgung*
  Die Funktionsweise des Produktes wird sichergestellt und bei Problemen eine Rücknahme angeboten. Über die notwendige Entsorgung werden die Nutzenden informiert.

Lindemann (Lindemann 2016, S. 170–175) teilt seine Produktentwicklung in sieben Lebensphasen ein: Voruntersuchung, Konzept, Entwicklung, Produktion, Nutzung, Unterstützung sowie Außendienststellung. Er unterteilt die Phase „Gebrauch, Rücknahme und Entsorgung" von Ehrlenspiel und Meerkamm in die zwei Phasen Unterstützung und Außendienststellung. Er (Lindemann 2016, S. 170–175) beschreibt für diese sieben Lebensphasen folgende Aufgaben:

- *Voruntersuchung*
  In Abhängigkeit von den Bedürfnissen des Kunden werden Ideen und Technologien (weiter-) entwickelt.
- *Konzept*
  Die Erkenntnisse aus der Voruntersuchung werden zusammengefasst und realisierbare Produktideen ausgearbeitet.
- *Entwicklung*
  Es erfolgt eine spezifische Ausarbeitung der Systemanforderungen.

- *Produktion*
  Herstellung eines funktionsfähigen Produktes.
- *Nutzung*
  Inbetriebnahme der Produkte mit Überprüfung, ob die Bedürfnisse der Nutzenden beachtet und erfüllt wurden.
- *Unterstützung*
  Die Funktionalität des Produktes soll gewährleistet werden.
- *Außendienststellung*
  Die Lagerung, Archivierung und Entsorgung des Produktes wird dem Nutzenden vorgegeben.

Die Beschreibung der Lebensphasen weist trotz der unterschiedlichen Begrifflichkeiten große inhaltliche Ähnlichkeiten auf. Für die vorliegende Dissertation werden die einzelnen Lebensphasen so zusammengefasst, dass der Nutzen von AR-Systemen verdeutlicht werden kann. Es soll gezeigt werden, wie das AR-System an den Übergängen der Lebensphasen verbindend wirken und damit auch lebensphasenübergreifend eingesetzt werden kann:

- *Produktplanung*
  Als erste Phase wird die Produktplanung beschrieben, da hier die systemrelevanten planerischen Tätigkeiten unterstützt werden, die auch in den von den Autoren thematisierten Lebensphasen Produktverfolgung/-steuerung, Voruntersuchung sowie Konzept vorkommen. Das Marketing kann hier genauso wie die Angebotsabteilung und die damit verbundene Anforderungsermittlung von den Visualisierungen im AR-System profitieren.
- *Entwicklung und Konstruktion*
  Diese Phase wird von beiden Autoren nahezu einheitlich definiert. Als relevant für das AR-System wird hier vor allem der Übergang von der Konzeptphase in die Entwicklung gesehen, da diese frühzeitigen Visualisierungen im AR-System des Produkts sowohl die Konzeptphase als auch den Entwurf und die Ausarbeitung unterstützen.
- *Fertigung und Montage*
  Das AR-System ist aber auch hilfreich, um Entwicklungen so früh wie möglich für die Fertigung und Montage darzustellen. Änderungen und Nachbesserungen in Fertigungsprozessen können so weitgehend vermieden werden.

- *Vertrieb und Verkauf*
  Für diese Aufgabenbereiche ist es besonders wichtig über visualisierte Produktinformation im AR-System zu verfügen, um darüber mit dem Kunden zu kommunizieren.
- *Gebrauch*
  Das AR-System kann die Lebensphase Gebrauch bereits in frühen Phasen unterstützen, da die Visualisierung und entsprechende Zusatzinformationen im AR-System eine didaktisch wertvolle Grundlage für Training, Schulung, Inbetriebnahme sowie für Gebrauchsanleitungen in der Nutzungsphase liefern können.
- *Rücknahme und Entsorgung*
  Das AR-System leistet mit seinen Visualisierungen aber auch einen wertvollen Beitrag für die Dekomposition von Produkten.

Abbildung 2-6 bietet eine Übersicht über die relevanten Aufgaben für AR-Systeme im industriellen Prozess.

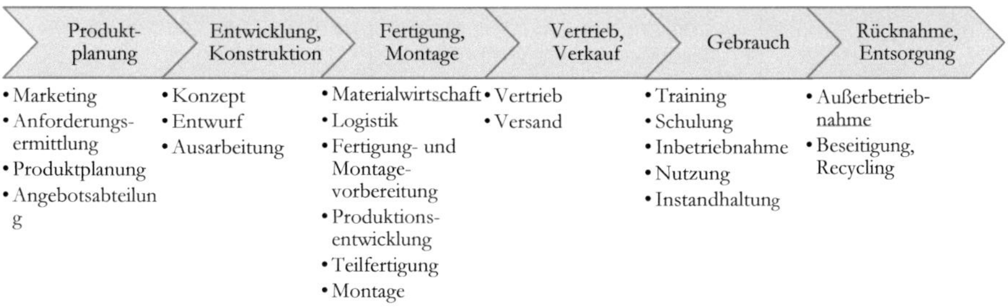

Abbildung 2-6: Relevante Aufgaben für AR-Systeme im industriellen Prozess

In der Literatur finden sich bereits zahlreiche kritische Auseinandersetzungen mit den Vor- und Nachteilen des Einsatzes von AR-Systemen in den Lebensphasen. Dabei bezieht sich die Tabelle auf die Lebensphasen und die spezifischen Aufgaben, die in Abbildung 2-6 zusammengefasst wurden. Tabelle 2-8 zeigt, die eher partiellen und heterogenen Sichtweisen, die einzelne Autoren dazu entwickelt haben. Die Vorteile werden vor allem in einzelnen Aufgaben gesehen, ohne jedoch den ganzheitlichen Nutzen des AR-Systems für die Produktlebensphasen zu thematisieren. Die Nachteile nehmen Bezug auf die Herausforderungen, die bei der Umsetzung beachtet werden müssen.

Tabelle 2-8: Vor- und Nachteile der Produktlebensphasen in Bezug auf die Nutzung von AR

Lebensphasen	Vorteil	Nachteil
Produktplanung (Hirsch 2018; Microsoft Corporation 2017; Väderstad GmbH 2018)	• Kundenakquise (Werben neuer Kunden bzw. Vorstellen neuer Produkte) • Werbung mit Printmedien (Abrufen von virtuellen Inhalten) • aktuelle und individuelle Messeauftritte • individuelle Anpassung von Produkten	• zusätzliche Anwendungen müssen installiert werden • Hardware ist nicht beim Kunden vorhanden • Überforderung der Kunden (Endgerät nicht zweckentsprechend)
Entwicklung, Konstruktion (Bitnamic GmbH 2018; Tilley 2016)	• Zusammenstellung der passenden Objekte und Produkte • aktueller Lagerbestand • Prototypüberprüfung (virtuelles Prüfen der Objektfunktionalität)	• Serverzugriff (aktuelle Daten müssen für die Entwicklung zur Verfügung stehen)
Fertigung, Montage (Eberhardt 2016; Hirsch 2018; Neue Mediengesellschaft Ulm mbH 2018; Wolfenstein 2017)	• Logistik (virtuelle Navigation und Bestandsplanung) • Funktionsüberprüfung bei Produkten • Montageanweisung (Schritt-für-Schritt-Anweisung)	• aktive Pflege der Serverdatenbank (Lagerbestand und Montageanleitungen sollen auf dem neuesten Stand sein)
Gebrauch (Konradin-Verlag Robert Kohlhammer GmbH 2018; VDI Wissensforum 2018)	• virtuelle Bedienungsanleitung (Schritt-für-Schritt-Anweisung sowie Hervorhebungen von Elementen) • virtuelle Übungsszenarien (Vielzahl an Szenarien umsetzbar)	• Wiederholung von Arbeitsschritten (Sicherstellung eines Lerneffektes bei der Nutzung)

Es wird deutlich, dass derzeit noch sowohl software- als auch hardwaretechnische Fragestellungen verhindern, dass das Potenzial von AR-Technologie im industriellen Prozess vollständig ausgenutzt wird. In Einzelfällen wird die Technologie bereits verwendet, aber im Qualitätssicherungs- sowie Fertigungsbereich können AR-Systeme die virtuelle Welt noch wesentlich stärker in den Prozess einbinden (Wright 2017). Der Fokus der vorliegenden Arbeit soll auf dem Patternkatalog für das Layout eines AR-Systems liegen. Um Patterns ableiten zu können, werden generische Aufgaben benötigt, die derDie NutzerIn bei einem Einsatz von AR-Systemen in allen Produktlebensphasen benötigt. Als Basis dafür werden die Lebensphasen aus Abbildung 2-6 auf ihre generischen Aufgaben und die dazugehörigen Basisinteraktionen untersucht.

Generische Produktlebensphasen					
Produkt-planung	Entwicklung, Konstruktion	Fertigung, Montage	Vertrieb, Verkauf	Gebrauch	Rücknahme, Entsorgung

Generische Aufgaben			
Auswählen aus dem Menü	Vertiefen von Objektinformationen	Auswählen aus der Funktionsleiste	Navigation in Dokumenten

Basisinteraktionen		
Positionieren	Auswählen	Bestätigen

Abbildung 2-7: Darstellungen der prototypischen Aufgaben in einem AR-System

Abbildung 2-7 zeigt die Abstraktion der industriellen Lebensphasen bis zu den Basisinteraktionen, die mit einem AR-System durchgeführt werden können. Dieser hohe Abstraktionsgrad ist bewusst gewählt, um den Patternkatalog nicht auf ein Tätigkeitsfeld zu beschränken. In den sechs Lebensphasen, die im oberen Bereich der Abbildung 2-7 aufgeführt sind, gibt es inhaltliche Unterschiede, bei den einzelnen Arbeitsschritten finden sich jedoch Parallelen. Jerald (Jerald 2016, S. 344–350) zeigt, dass sich diese Parallelen auch beim User-Interface widerspiegeln. So spielen die Basisinteraktion bei den generischen Aufgaben, wie zum Beispiel *das Auswählen aus dem Hauptmenü, die Vertiefung von Objektinformationen, das Auswählen aus der Funktionsleiste und das Navigieren in Dokumenten* eine relevante Rolle (siehe Kapitel 6). Die Ausführung der generischen Aufgaben muss auf hohen ergonomischen Niveau in der 3D-Umgebung ermöglicht werden (Jerald 2016, S. 344–350). Bowman u.a. und LaViola u. a. (Bowman et al. 2005, S. 142–143; LaViola, JR. et al. 2017, S. 257–259) haben Basisinteraktionen für das Ausführen dieser generischen Aufgaben definiert, die in Kapitel 6 näher betrachtet werden:

Positionieren

Bewegung eines Objekts von einem Startpunkt zu einem gewählten Ziel.

Auswählen

Selektieren oder Markieren eines Teilobjektes oder einer Teilmenge von Objekten aus der gesamten Menge der verfügbaren Objekte.

Bestätigen

Bestätigung und Auslösen einer gewählten Interaktion mit dem ausgewählten Objekt.

Im weiteren Verlauf der Arbeit werden zunächst die unterschiedlichen Varianten von Handlungsabläufen herausgearbeitet und verfeinert. Anschließend werden diese programmiertechnisch umgesetzt. Für eine allgemeine Anwendung wird ein Untersuchungsgegenstand verwendet, der nicht nur spezifisch für einen industriellen Bereich ist, sondern abstrakt für eine umfassende Nutzung angewandt werden kann. Nach der Entwicklungs- und Verfeinerungsphase entsteht eine Anwendung, die für die Handlungsschritte mindestens zwei Variationen bereitstellt. Bei der anschließenden Evaluation werden Personen, die im industriellen Bereich arbeiten und bereits AR-Erfahrung haben, das AR-System in einem realen industriellen Umfeld testen. Das Untersuchungsumfeld wird diesbezüglich direkt am Arbeitsplatz der ProbandInnen stattfinden. Auf diese Weise kann die Evaluation unter realen Umfeldbedingungen durchgeführt werden. Ziel der Arbeit ist es, in Abhängigkeit der AR-Gestaltungsrichtlinien, einen Patternkatalog zu erstellen, um Musterlösungen für weitere Anwendungsfälle im industriellen Bereich bereitzustellen.

Zusammenfassung

Im industriellen Kontext gibt es unterschiedliche Lebensphasen, die alle ein Potential für den Einsatz von AR-Systemen haben, das bisher jedoch in unterschiedlicher Weise ausgeschöpft wurde. Es soll ein Augmented Reality-User-Interface geschaffen werden, das im industriellen Umfeld verwendet wird. Dabei spielen vier generische Aufgaben bei der virtuellen Umsetzung des Augmented Reality-Systems eine Rolle: Auswählen aus dem Hauptmenü, Vertiefung von Objektinformationen, Auswählen aus der Funktionsleiste und Navigation in Dokumenten. Für diese Aufgaben konnten drei Basisinteraktionen extrahiert werden: Positionieren, Auswählen und Bestätigen. Eine detaillierte Auseinandersetzung mit diesen Aufgaben und den Interaktionen erfolgt in Kapitel 6. Dafür werden in der Anforderungsanalyse (siehe Kapitel 4) praktische Anforderungen ergänzt. Beispielsweise werden Personas für die Produktlebensphasen erstellt, die in typischen Szenarien den späteren Einsatz des AR-Systems verdeutlichen. Zusätzlich werden die Arbeitsaufgaben in ihrem Kontext der Lebensphasen über ExpertInneninterviews verfeinert. Die Anforderungen der späteren NutzerInnen an die AR-Systeme werden zusätzlich analysiert. Die Analyse bestehender Gestaltungsempfehlungen in Abschnitt 4.4 leistet einen weiteren Beitrag zur nutzerorientierten Entwicklung von Pattern.

2.6 Pattern als Beschreibungsmethode

Im Jahr 1977 haben Alexander et al. (Alexander et al. 1977, S. ix–xvii) in ihrer Veröffentlichung „A Pattern Language“ den Patternbegriff eingeführt. Bei Problemen, die in unserer Umgebung immer wieder auftreten, können Musterlösungen, sogenannte Pattern, bei der Lösung unterstützen. Pattern beschreiben nicht nur das Problem, sie beschreiben ebenfalls den Kern der Lösungen. Diese können dann unendlich häufig reproduziert werden (Alexander et al. 1977, S. ix–xvii). Diese Ansichten befürworten ebenfalls Mahemoff und Johnston im Jahre 1998 (Mahemoff und Johnston 1998, S. 135–136). Sie sehen Pattern als Kompromiss, um Designalternativen auf ihre Eignung zu untersuchen. Dabei können konkurrierende Möglichkeiten betrachtet werden, um den Fokus auf das Problem zu legen (Mahemoff und Johnston 1998, S. 136–137). Gleichfalls äußerten sich van Duyen et al. (van Duyne et al. 2005, S. 18–30) zu diesem Sachverhalt. Jede Lösung hat auch entgegenwirkende Kräfte, die thematisiert werden müssen. Dabei können diese Kräfte als verschiedene Bedürfnisse und Einschränkungen angesehen werden. Die Pattern sollen dabei Vor- und Nachteile der einzelnen Lösungsalternativen aufzeigen und als Entscheidungshilfe dienen (van Duyne et al. 2005, S. 18–30). Auch Kunert (Kunert 2009, S. 58–60) verwendet Musterlösungen zur Beschreibung von User-Interfaces. In seiner Arbeit (Kunert 2009, 134-138) entwickelte er ein Framework, das in empirischen Studien mit Entwicklern validiert wurde, mit den folgenden charakteristischen Faktoren für einen UI-Patternkatalog:

- *Qualitätskriterium für die Designlösungen*
  Sowohl EntwicklerInnen als auch NutzerInnen nennen das Qualitätskriterium Usability von DIN EN ISO 9241 am häufigsten.
- *Identifizierung von Designproblemen*
  Für die Identifikation der Probleme sollte ein Patternkatalog systematisch aufgebaut werden, um zielgerichtet Lösungen zu finden. Die Darstellungs- und Eingabemöglichkeiten sollten die Kerninformation bilden.
- *Diskussion von Designalternativen und Kompromisse*
  Der Entwicklungsprozess von Designalternativen kann als Unterstützung für die Usability verstanden werden, bei dem ein Kompromiss zwischen Nutzungskontext, -anforderung und -aufgabe gefunden wird.

- *Rechtfertigung der vorgelegten Lösungen*
  Usability Tests sind eine häufig verwendete Methode der Evaluation. Sie liefern empirische Beweise, die als Grundlage für einen Patternkatalog genutzt werden können.
- *Evaluation des Patternkatalogs*
  Der Patternkatalog sollte nicht nur auf eine spezifische Zielgruppe zugeschnitten sein, sondern so entwickelt werden, dass die Bedürfnisse möglichst vieler NutzerInnen abgedeckt werden. Der Aufbau sollte strukturiert sein und aufzeigen, für welchen Sachverhalt das Pattern verwendet werden kann.

Eine nähere Auseinandersetzung mit dem Aufbau und der Entwicklung von Pattern im Sinne der oben genannten charakteristischen Faktoren erfolgt in Kapitel 8. Die Ergebnisse der Dissertation werden zusammengefasst und in Form von Empfehlungen und Musterlösungen dargestellt.

Zusammenfassung

Für die Nutzung von neuen Gestaltungsmöglichkeiten im industriellen Bereich eignet sich deren Darstellung als Pattern. Die Beschreibungsmethode „Pattern" wurde bereits erfolgreich für die nutzerorientierte Gestaltung verschiedener neuer Technologien, wie zum Beispiel in der TV-Branche oder im E-Commerce erprobt. Ein mit den EntwicklerInnen validiertes Framework für die Aufbereitung von Pattern ist eine bewährte Grundlage.

2.7 Quintessenz: Stand der Wissenschaft und Technik

Der *Begriff Augmented Reality* wird von verschiedenen Autoren definiert und erläutert. Für die Arbeit wird Augmented Reality beschrieben als Kombination der Realität mit der Virtualität, die Möglichkeit in Echtzeit zu interagieren sowie die Visualisierung realer und virtueller Objekte in einem gemeinsamen dreidimensionalen Raum. Bei der Wahl des AR-Systems werden daher Systeme mit einem optical see-through Verfahren bevorzugt, um die Überlagerung der virtuellen Inhalte umzusetzen. Der Abschnitt 2.1 beschreibt die technische Ausgangsbasis der Dissertation.

Weiterhin wurden Modelle, mit denen *Akzeptanz von AR* beschrieben werden kann, näher betrachtet. Die Akzeptanz kann durch das Akzeptanz-Dreieck (Subjekt, Objekt, Kontext) ausgedrückt werden. Es ermöglicht die Beschreibung des Zusammenhanges zwischen demDer EndnutzerIn, des AR-Systems sowie den Anforderungen und Bedingungen im industriellen

Umfeld. Dieser Zusammenhang kann durch die Akzeptanzmodelle TAM- und TTF spezifischer beschrieben werden. Die nutzerseitige Akzeptanz (TAM-Modell) und somit die Nutzungs-bereitschaft wird bestimmt durch die Faktoren „wahrgenommenen Nutzerfreundlichkeit“ und „wahrgenommenen Nützlichkeit“ aus Sicht der EndnutzerInnen, die in der vorliegenden Dissertation untersucht werden. Die Voraussetzung für die nutzerseitige Akzeptanz ist die technische Akzeptanz, deren Faktoren im TTF-Modell beschrieben werden. Diese vier Faktoren „Funktionalität der Technologie“, „Aufgabencharakteristik“, „Erfahrung mit der Technologie“ und die „Passfähigkeit zwischen Aufgabe und Technologie“ werden für AR-Systeme im nachfolgenden Kapitel 4 im Kontext der Anforderungsanalyse näher betrachtet. Der Abschnitt 2.2 zeigt somit, dass die grundsätzliche technische Akzeptanz des AR-Systems eine Grundvoraussetzung für die nutzerseitige Akzeptanz der spezifischen Anwendung eines AR-Systems ist.

Anschließend erfolgte die Betrachtung der *Mensch-Technik-Interaktion*, um die Schnittstelle zwischen NutzerInnen und AR-System zu systematisieren. Es werden die bestehenden Entwicklungsleitlinien systematisiert, die sich allgemeinen dem AR-System bzw. dem Layout des Displays zuordnen lassen. Darüber hinaus werden auch Belastungs- und Beanspruchungsgrenzen des Menschen thematisiert. Es wird deutlich, dass für das Layout von Informationen in AR-Systemen kaum Gestaltungsempfehlungen existieren.

Die *Wahrnehmung* im industriellen Bereich bildet die wesentliche Grundlage für die Handlungen der NutzerInnen mit dem AR-System. Im industriellen Kontext muss das Wahrnehmen und Erkennen von Informationen sichergestellt werden, damit die Nutzenden ihre Arbeitsaufgaben entsprechend erledigen können. Ein wichtiger Faktor ist dabei die Beleuchtung im industriellen Umfeld, die durch festgelegte Normen und Vorgaben unterschiedliche Beleuchtungssituationen für die Arbeitsaufgaben definiert ist. Um denDie NutzerIn in der Tätigkeit nicht zu behindern, sollten weder automatische noch manuelle Helligkeitsanpassungen notwendig sein.

Die Dissertation bezieht sich auf das *Anwendungsfeld Produktion/Industrie*. Für ein Verständnis der Produktion wurden die Produktlebensphasen, wie sie verschiedene Autoren definieren, analysiert. Um das Potential von AR-Systemen zu verdeutlichen, wurde auf dieser Basis eine eigene Systematik der Lebensphasen entwickelt: Produktplanung, Entwicklung, Konstruktion, Fertigung, Montage und Gebrauch. Aus diesen Lebensphasen lassen sich generische Aufgaben und damit verbundene Basisinteraktionen, wie das Positionieren, Auswählen und Bestätigen, extrahieren. Diese sind essenzieller Bestandteil aller Interaktionen, die mit dem AR-System durchgeführt werden. Damit wird auch die Forschungslücke eingegrenzt, die in der Dissertation geschlossen werden soll: Welche Gestaltungsregeln sichern die nutzerorientierte Darstellung industrieller Inhalte in einem Augmented Reality-System?

Um die Ergebnisse so zu beschreiben, dass sie nahtlos in die Entwicklung von AR-Systemen einfließen können, wurde die *Beschreibungsmethode „Pattern“* beleuchtet. Diese dienen als Beschreibungsrahmen für verschiedene Layoutvarianten und den damit verbundenen Basisinteraktionen und sollen den EntwicklerInnen von AR-Systemen als Handlungsempfehlungen zur Verfügung gestellt werden.

3 Forschungsdesign

Tabelle 3-1: Struktur der Arbeit

<table>
<tr><td>Kapitel 2</td><td colspan="5">Stand der Wissenschaft und Technik</td><td rowspan="2">Ergebnis:
Forschungslücke</td></tr>
<tr><td>Augmented Reality</td><td>Akzeptanz</td><td>Mensch-Technik-Interaktion</td><td>Wahrnehmung</td><td>Produktlebenszyklus</td><td>Pattern</td></tr>
<tr><td>Kapitel 3</td><td colspan="5">Forschungsdesign</td><td rowspan="2">Ergebnis:
Grundlagen
Anforderungsanalyse</td></tr>
<tr><td colspan="2">Forschungsfrage</td><td colspan="2">Forschungsvorgehen</td><td colspan="2">Forschungsmethoden</td></tr>
<tr><td>Kapitel 4</td><td colspan="5">Anforderungsanalyse</td><td rowspan="2">Ergebnis:
Anforderungen
Prototyp</td></tr>
<tr><td colspan="2">Persona</td><td colspan="2">Arbeitsaufgabe</td><td>AR-Endgeräte</td><td>Gestaltungsempfehlungen</td></tr>
<tr><td>Kapitel 5</td><td colspan="5">Wahrnehmung in AR-Systemen</td><td rowspan="4">Ergebnis:
Grundlagen Evaluation</td></tr>
<tr><td colspan="3">Konzeption und Durchführung</td><td colspan="3">Auswertung</td></tr>
<tr><td>Kapitel 6</td><td colspan="5">User-Interface für AR-Systeme</td></tr>
<tr><td colspan="3">Basisinteraktionen</td><td colspan="3">de-facto-Standards</td></tr>
<tr><td>Kapitel 7</td><td colspan="5">Evaluation</td><td rowspan="2">Ergebnis:
Grundlagen
Patternkatalog</td></tr>
<tr><td colspan="2">Gegenstand der Evaluation</td><td colspan="2">Layout User-Interface</td><td colspan="2">Ergebnisse der Evaluation</td></tr>
<tr><td>Kapitel 8</td><td colspan="5">Patternkatalog</td><td rowspan="2">Ergebnis:
Patternkatalog</td></tr>
<tr><td colspan="3">Gestaltungsempfehlungen</td><td colspan="3">UI-Pattern</td></tr>
</table>

Das Kapitel befasst sich mit dem Forschungsdesign der Arbeit. Zunächst wird eine Forschungslücke und somit die Forschungsfrage ermittelt. Weiterhin widmet sich dieses Kapitel dem Vorgehen, das für die Beantwortung der Frage angewandt wird. Das Modell nach Mayhew wird diesbezüglich modifiziert. Zum Schluss werden die Methoden, die für die Bearbeitung der Dissertation genutzt werden, beschrieben.

3.1 Forschungsfrage

Wie im Kapitel 1 ersichtlich wurde, gibt es derzeit noch keine umfassenden Studien, die sich mit den spezifischen Interaktionen eines AR-User-Interfaces befassen. Kapitel 2 zeigt die vorhandenen Ansätze auf und leitet die Forschungslücke ab. Die Hardwaretechnologien von AR-Systemen werden kontinuierlich auf hohem ergonomischem Niveau weiterentwickelt, wie zum Beispiel durch die Verbesserung der Sensorik für die Gestenerkennung oder die Verwendung von leichteren Materialen. Ebenso wird im Produktionsumfeld immer mehr Sensorik eingesetzt, um Daten zu sammeln und für die virtuelle Welt verfügbar zu machen. Die Unternehmen erkennen die Potenziale, die in der Aufbereitung der Daten stecken, stehen aber vor der Herausforderung die genannten Technologien für ihre spezifischen Anwendungsfälle zu konfigurieren. Erschwerend ist, dass es keine Empfehlungen für die Gestaltung des User-Interfaces der AR-Systeme gibt. Derzeit ist jedes Unternehmen und jeder AR-Endgerätehersteller auf sich allein gestellt und entwickelt eigene Produkte. Daraus leitet sich die folgende Forschungsfrage ab:

> Welche Gestaltungsregeln sichern die nutzerorientierte Darstellung industrieller Inhalte in einem Augmented Reality-System?

Die Verwendung eines AR-Systems im industriellen Bereich sollte die MitarbeiterInnen in ihren Tätigkeiten und Entscheidungen unterstützen. Dabei sollten die Informationen im AR-System schnell wahrnehmbar sein. Ziel der vorliegenden Dissertation ist die Extraktion von Gestaltungsregeln und Pattern für die Darstellung industrieller Inhalte in einem AR-System. Das Patternkonzept hat den Vorteil, dass bestehende Designlösungen betrachtet werden können und auf bewährte Problemlösungen zurückgegriffen werden kann. Zusätzlich tragen Pattern dazu bei, dass Anpassungen bereits während des Designprozesses erfolgen können (Künnemann 2019, S. 152–155).

3.2 Forschungsvorgehen

Für das methodische Vorgehen zur Entwicklung der Pattern wird das Modell von Mayhew (Mayhew 1999, S. 5–23) modifiziert. Der Entwicklungsprozess gliedert sich dabei in drei große Bereiche: Anforderungsanalyse, Layoutdesign/Test und Feedback/Support. Abbildung 3-1 zeigt grafisch den Zusammenhang zwischen den einzelnen Bereichen sowie die Modifikation des Prozesses für die Patternentwicklung. Das Konzept von Mayhew sieht vor, dass nach jeder Iteration die Erkenntnisse in einem Styleguide bzw. Patternkatalog festgehalten und in weiteren Iterationen fortlaufend verfeinert werden. In Anlehnung an Mayhew wird dieser Prozess in der vorliegenden Dissertation mit verschiedenen Studien so gehandhabt. In dem Modell von May-hew sind Prototypen eine Kernkomponente, die in den Studien ebenfalls Verwendung finden. Die Prototypen befassen sich spezifisch mit dem Layout. Die in der Praxis für die Versionierung von Produkten wichtige Phase „Einholen des Kundenfeedbacks“ ist für die vorliegende Arbeit nicht relevant und entfällt damit.

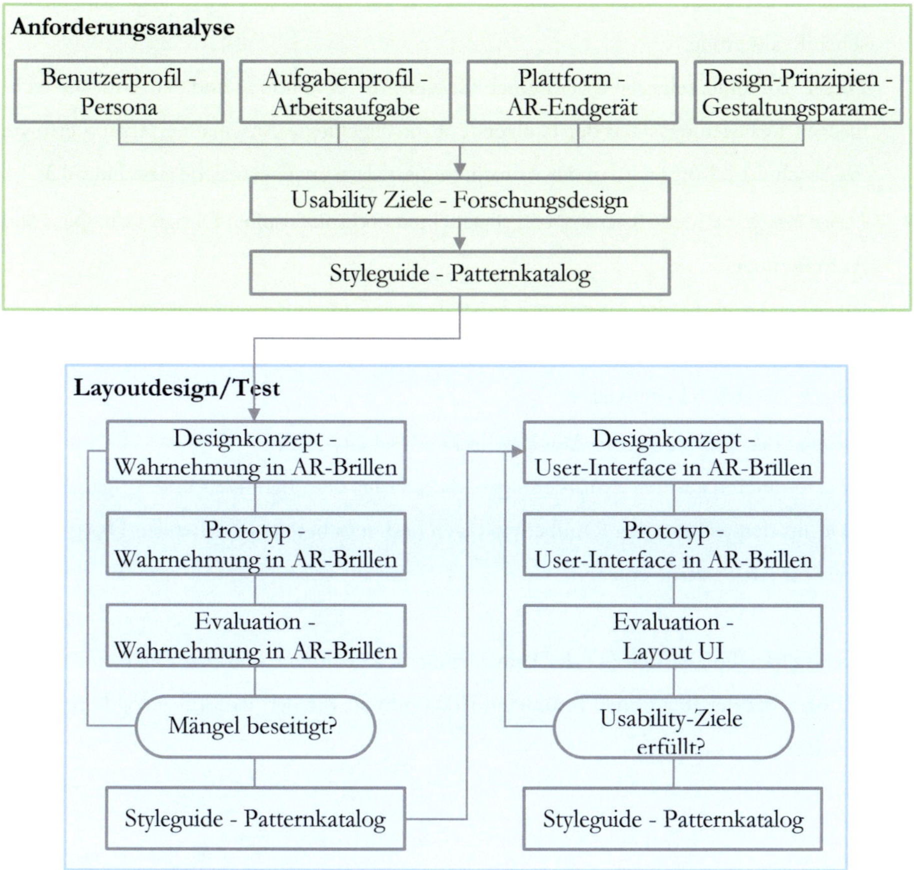

Abbildung 3-1: Modifiziertes Vorgehensmodell

Der Bereich der Anforderungsanalyse wird in vier Teilbereiche gegliedert:

- *Benutzerprofil:* Entwicklung von Persona.
  Anhand eines Stereotyps können Merkmale der Endnutzenden zusammengefasst werden. Eine detaillierte Auseinandersetzung erfolgt im Abschnitt 4.1.
- *Aufgabenprofil:* Entwicklung eines nutzerorientierten Aufgabenmodells.
  Der Fokus liegt auf den Aufgabenbereichen, die eine Nutzung der AR-Systeme unterstützen. Eine gründliche Betrachtung erfolgte im Abschnitt 2.5 und wird im Abschnitt 4.2 erweitert.

- *Plattform:* Definition von Möglichkeiten und Randbedingungen in Relation zur technischen Realisierung.
  Dieser Abschnitt zeigt die Konditionen für eine AR-Anwendung und den aktuellen technischen Realisierungsstand der Endgeräte. Eine allgemeine Auseinandersetzung erfolgte im Abschnitt 2.1 und wird in der Anforderungsanalyse erweitert (siehe Abschnitt 4.3).
- *Design-Prinzipien:* Identifizierung von allgemeinen und spezifischen Design-Prinzipien und Anforderungen.
  Ausgehend von den im Abschnitt 2.3 extrahierten Gestaltungsempfehlungen werden im Abschnitt 4.4 spezifische Gestaltungsempfehlungen für den Einsatz von AR-Systemen im industriellen Umfeld entwickelt.
- *Usability-Ziele:* Definition von AR-Spezifischen Usability-Zielen.
  Diese resultieren aus den Anforderungen, die sich aus dem Benutzer- und Aufgabenprofil sowie aus den technischen Randbedingungen und dem bereits bestehenden Design-Prinzipien für AR-Systeme ergeben.

Die zweite Phase befasst sich mit der Entwicklung des Prototyps und den Evaluationen desselben. Aus jeder der Iterationen resultieren Erkenntnisse, die den Patternkatalog kontinuierlich verfeinern.

- *Designkonzept:* Erstellen eines Grobentwurfs für AR-Layoutvarianten.
  Das Designkonzept beinhaltet zunächst einen groben Entwurf der Layoutvarianten für die Darstellung von Informationen im AR-System mit verschiedenen Kontrasten. Dieser Entwurf wird in Iterationen bis hin zum detaillierten Design verfeinert.
- *Prototyp:* Entwicklung eines Prototyps für die Evaluation von Kontrasten und Layouts.
  Die Prototypen bilden die Designkonzepte iterativ ab. Der Prototyp der ersten Iteration dient als Grundlage für die Studie zur Wahrnehmung im Kontext vorhandener Beleuchtungsrichtlinien für den industriellen Bereich. Die Studie ist im Kapitel 5 beschrieben.
  Der Prototyp mit verschiedenen Layoutvarianten in AR-Endgeräten fokussiert auf die Layoutvarianten und den damit verbundenen Basisinteraktionen.

- *Evaluation*: Nutzerzentrierte Bewertung der Prototypen.
  Für die Evaluation werden verschiedene Methoden verwendet. Die Studie zur Wahrnehmung in AR-Systemen (siehe Kapitel 5) wird mit ExpertInnen durchgeführt, die sich speziell mit der Wahrnehmbarkeit bei unterschiedlichen Beleuchtungssituationen befassen. Die Layout-Studie erfolgt mit realen EndanwenderInnen (siehe Kapitel 7) im Rahmen von Usability-Tests.
- *Patternkatalog*: Beschreibung der Musterlösungen.
  Der Patternkatalog basiert auf den Verbesserungspotenzialen der genannten Evaluationen und beschreibt die Musterlösungen für die weitere Verwendung im industriellen Entwicklungsprozess.

Der Stand der Wissenschaft und Technik aus Kapitel 2 spielt eine wichtige Rolle bei der Beantwortung der Forschungsfrage. Tabelle 3-2 zeigt auf, wie der Stand der Wissenschaft und Technik in das oben definierte Vorgehensmodell einfließt. Die indirekten Zusammenhänge beschreiben Sachverhalte, die in der vorliegenden Dissertation als Grundvoraussetzung angesehen werden. In diesen Bereichen werden keine eigenen Studien durchgeführt. Im Gegensatz dazu sind die direkten Zusammenhänge für die Untersuchungen und den Patternkatalog relevant und werden in der Arbeit ausführlich betrachtet. Für die Anforderungsanalyse im Kapitel 4 werden die Abschnitte AR und Akzeptanz indirekt benötigt, sie geben den äußeren Rahmen für die Untersuchung vor. Die Akzeptanzmodelle zeigen den Zusammenhang zur MTI auf. Die anderen Abschnitte beeinflussen die Anforderungsanalyse direkt. Wie in Abbildung 3-1 aufgezeigt wurde, befasst sich der zweite Teilbereich mit dem Layoutdesign und dem Test. Kapitel 5 befasst sich mit der Wahrnehmung in AR-Systemen. Indirekte Bedeutung haben die Akzeptanz sowie die industriellen Aufgaben. Direkten Einfluss nehmen jedoch die Standards zur Beleuchtung auf die Wahrnehmung von Informationen in AR-Systemen. Die industriellen Beleuchtungsszenarien dienen diesbezüglich als Voraussetzung für die Untersuchung in einem AR-System. Kapitel 6 befasst sich anschließend mit der Entwicklung des User-Interface, das auf den Erkenntnissen der MTI sowie den industriellen Aufgaben basiert. Durch eine eingehende Betrachtung der industriellen Aufgaben können generische Aufgaben und Basisinteraktionen extrahiert werden. Zum Schluss erfolgt die Evaluation des iterativ verfeinerten Layouts, in das alle Erkenntnisse des Standes der Wissenschaft und Technik einfließen werden (siehe Kapitel 7).

Tabelle 3-2: Der Zusammenhang der Grundlagen für die Dissertation

Stand der Wissenschaft und Technik	Anforderungsanalyse		Layoutdesign/Test					
			Wahrnehmung in AR-Systemen		User-Interface in AR-Systemen		Layout-User-Interface	
	indirekt	direkt	indirekt	direkt	indirekt	direkt	indirekt	direkt
Augmented Reality	X			X		X		X
Akzeptanz	X		X		X			X
Mensch-Technik-Interaktion		X				X		X
Wahrnehmung		X		X				X
Beleuchtung		X		X				
industrielle Aufgaben		X	X			X		X

3.3 Forschungsmethoden

Die Forschungsfrage der Dissertation wird mit verschiedenen Methoden bearbeitet, diese werden im Folgenden kurz angeführt. Eine Orientierung bildet die Sammlung der Methoden im Kontext der Akzeptanzmodelle aus Abschnitt 2.2.

Tabelle 3-3: Methodenübersicht zu dem Bereich Layoutdesign und Test

Layoutdesign/Test	Methode	Zielstellung
Designkonzept	Best-Practice-Analyse, ExpertInneninterview, NutzerInneninterview, Persona	Eruierung bestehender UI-Lösungen Entwicklung von Darstellungsalternativen
Prototyp	Szenario	Entwicklung von Untersuchungsaufgaben
Evaluation	Beobachtung, Fragebogen, Usability Testing	Untersuchung der Wahrnehmbarkeit in AR-Systemen Untersuchung von Layoutvarianten auf ihre nutzerorientierte Gestaltung

In der Dissertation von Künnemann (Künnemann 2019, S. 315–472) werden die Methoden ausführlich beschrieben. In Tabelle 3-3 werden die Methoden aufgezeigt, die in der vorliegenden Arbeit angewandt werden.

- *Designkonzept*
  Dieser Teilbereich wird in der Dissertation durch folgende Methoden untersucht: Best-Practice-Analyse, ExpertInneninterview, NutzerInneninterview, Persona. Diese vier Methoden helfen die verschiedenen Anforderungen zu klassifizieren und sie für die konzeptionelle Umsetzung aufzubereiten. Für die Anforderungen an das UI wird eine Best-Practice-Analyse durchgeführt, um bestehende Lösungen zu verwenden und diese für die Untersuchungsaufgaben aufzuarbeiten. Die Anforderungen in Bezug auf den industriellen Nutzungskontext werden durch Interviews mit ExpertInnen und späteren NutzerInnen erweitert. Damit im gesamten Entwicklungsprozess derDie EndnutzerInnen mit seinen Aufgaben präsent bleibt, werden Personas entwickelt.
- *Prototyp*
  Der Prototyp wird aus den Szenarien heraus entwickelt, die die Personas und deren generische Aufgaben beinhalten (siehe Kapitel 6).
- *Evaluation*
  In der Evaluation finden die Methoden Beobachtung, Fragebogen, Usability Testing Verwendung. Die Methoden der Evaluation ermöglichen es, subjektive und objektive Aussagen zu den Layoutvarianten zu treffen. Es soll die Umsetzung der Anforderungen aus Kapitel 4 mit Testpersonen, die den in den Personas definierten Profilen entsprechend, überprüft werden.

3.4 Quintessenz: Forschungsdesign

Da es derzeit noch keine Untersuchungen zur Gestaltung eines AR-Interfaces für den industriellen Kontext gibt, leitet sich folgende *Forschungsfrage* ab: Welche Gestaltungsregeln sichern die nutzerorientierte Darstellung industrieller Inhalte in einem Augmented Reality-System?
Zur Bearbeitung dieser Forschungsfrage wird in Anlehnung an das Usability-Lifecycle-Modell von Mayhew ein *spezifisches Vorgehensmodell* für die vorliegende Arbeit definiert. Die Anforderungsanalyse befasst sich mit dem Benutzer- und Aufgabenprofil, der Plattform und den Design-Prinzipien. Anhand dieser Betrachtungen werden anschließend Usability-Ziele aufgezeigt. Daraufhin wird das Layout erstellt und eine Evaluation durchgeführt. In diesem Zusammenhang werden unterschiedliche Studien durchgeführt, um eine nutzerorientierte Gestaltung des AR-Interfaces für den industriellen Kontext sicherzustellen. Zunächst erfolgt die Studie zur

Wahrnehmung in AR-Systemen, deren Ergebnisse eine Basis für das Designkonzept bilden. Dieses wird in weiteren Iterationen verfeinert und systematisch evaluiert.

In diesem Zusammenhang zeigt Abschnitt 3.3 die angewandten *Methoden*. Die Auswahl fokussiert sich für das Designkonzept zunächst auf die Best-Practice-Analyse, die die Grundlage für die strukturierten Interviews mit ExpertInnen und potenziellen NutzerInnen darstellt. Letztere werden durch umfangreiche Analysen mit der Persona-Methode ausgewählt. Die Szenario-Methode integriert die iterativ entstehenden Prototypen für die Evaluation im industriellen Kontext. Für die Evaluation werden die Methoden Beobachtung, Fragebögen und Usability Testing ausgewählt, damit eine Vielfalt an Perspektiven in die Untersuchung einfließen können.

4 Anforderungsanalyse

Tabelle 4-1: Struktur der Arbeit

<table>
<tr><td>Kapitel 2</td><td colspan="5">Stand der Wissenschaft und Technik</td><td rowspan="2">Ergebnis:
Forschungslücke</td></tr>
<tr><td>Augmented Reality</td><td>Akzeptanz</td><td>Mensch-Technik-Interaktion</td><td>Wahrnehmung</td><td>Produktlebenszyklus</td><td>Pattern</td></tr>
<tr><td>Kapitel 3</td><td colspan="5">Forschungsdesign</td><td rowspan="2">Ergebnis:
Grundlagen
Anforderungsanalyse</td></tr>
<tr><td colspan="2">Forschungsfrage</td><td colspan="2">Forschungsvorgehen</td><td colspan="2">Forschungsmethoden</td></tr>
<tr><td>Kapitel 4</td><td colspan="5">Anforderungsanalyse</td><td rowspan="2">Ergebnis:
Anforderungen
Prototyp</td></tr>
<tr><td>Persona</td><td colspan="2">Arbeitsaufgabe</td><td colspan="2">AR-Endgeräte</td><td>Gestaltungsempfehlungen</td></tr>
<tr><td>Kapitel 5</td><td colspan="5">Wahrnehmung in AR-Systemen</td><td rowspan="4">Ergebnis:
Grundlagen Evaluation</td></tr>
<tr><td colspan="3">Konzeption und Durchführung</td><td colspan="3">Auswertung</td></tr>
<tr><td>Kapitel 6</td><td colspan="5">User-Interface für AR-Systeme</td></tr>
<tr><td colspan="3">Basisinteraktionen</td><td colspan="3">de-facto-Standards</td></tr>
<tr><td>Kapitel 7</td><td colspan="5">Evaluation</td><td rowspan="2">Ergebnis:
Grundlagen
Patternkatalog</td></tr>
<tr><td colspan="2">Gegenstand der Evaluation</td><td colspan="2">Layout User-Interface</td><td colspan="2">Ergebnisse der Evaluation</td></tr>
<tr><td>Kapitel 8</td><td colspan="5">Patternkatalog</td><td rowspan="2">Ergebnis:
Patternkatalog</td></tr>
<tr><td colspan="3">Gestaltungsempfehlungen</td><td colspan="3">UI-Pattern</td></tr>
</table>

Das nachfolgende Kapitel befasst sich mit der Anforderungsanalyse. Das modifizierte Vorgehensmodell empfiehlt für die Beantwortung der Forschungsfrage eine Anforderungsanalyse, die die Personas, die Arbeitsaufgaben, die AR-Endgeräte sowie die Verfeinerung der Gestaltungsempfehlungen beinhaltet. Als Ergebnis dieses Kapitels sollen die Usability-Ziele abgeleitet werden.

4.1 Persona

Wie das Vorgehensmodell der Dissertation zeigt (siehe Abbildung 3-1), soll eine spezifische Auseinandersetzung mit demDer EndnutzerIn erfolgen. Für das Erfassen besonderer Bedürfnisse und Eigenschaften, eignen sich Personas. Diese geben eine fiktive, aber spezifische Darstellung der EndnutzerInnen an. Durch die Verwendung von Stereotypen lassen sich die Ziele und Verhaltensweisen realer NutzerInnen ableiten. Personas werden abgeleitet aus den Informationen zukünftiger NutzerInnen und spiegeln für das AR-System relevante Eigenschaften wider (Cooper et al. 2010, S. 77–88; Pruitt und Adlin 2006, S. 11). Miaskiewicz und Kozar haben eine Zusammenfassung der Vorteile der Personas erstellt, die die unterschiedlichen Autoren berücksichtigen (Mayas et al. 2016, S. 8–11; Miaskiewicz und Kozar 2011, S. 419–420).

Tabelle 4-2: Vorteile der Verwendung von Personas (Mayas et al. 2016, S. 8–11; Miaskiewicz und Kozar 2011, S. 420)

Quelle	Vorteile
Cooper (1999)	• stärkere Konzentration auf die BenutzerInnen und ihre Ziele • erleichterte effektive Kommunikation über die BenutzerInnen • Reduzierung der notwendigen Änderungen am Ende des Entwicklungsprozesses
Cooper und Reimann (2002)	• Konsensbildung und Engagement für das Design • Hilfe bei der Messung der Wirksamkeit eines Entwurfs • Definition des Funktionsumfangs des Produkts • erleichterte effektive Kommunikation über das Projektteam • Unterstützung anderer verwandter Maßnahmen wie Marketingpläne
Grudin und Pruitt (2002)	• Erleichterung der Fokussierung auf BenutzerInnen und Arbeitskontexte • ermöglicht die Extrapolation von Teilwissen der BenutzerInnen auf verschiedene Kontexte • explizite Annahmen über BenutzerInnen • erleichterte effektive Kommunikation über die BenutzerInnen • stärkere Konzentration auf ein bestimmtes Publikum
Long (2009)	• stärkere Konzentration auf die BenutzerInnen während der Entwicklungsphase • führt zu benutzerfreundlicherem Design • Bedürfnisse der BenutzerInnen deutlich machen • Leitfaden zur Entscheidungsfindung
Ma und LeRouge (2007)	• erleichterte effektive Kommunikation über die BenutzerInnen • Verbesserung der Identifikation mit dem EndnutzerInnen • stärkere Konzentration auf die Bedürfnisse der BenutzerInnen
Mayas, Hörold und Krömker (2016)	• ganzheitliche Integration der Benutzeranforderungen • erleichtert eine Priorisierung der Anforderungen • Methode zur adäquaten Dokumentation von Benutzeranforderungen • uneingeschränkte Identifizierung von BenutzerInnen und Szenarien • erleichtern die Validierung von Anforderungen
Pruitt und Adlin (2006)	• explizite Annahmen über BenutzerInnen • Einschränkung der Zielgruppe • führt zu besseren Designentscheidungen • verstärktes Engagement im Designteam • Empathie für die BenutzerInnen

Trotz der Betonung oft unterschiedlicher Vorteile herrscht Einigkeit darüber, dass Personas ein besseres Verständnis für die Zielgruppen in den Designteams erzeugen (Mayas et al. 2016, S. 8–11; Miaskiewicz und Kozar 2011, S. 419–420). Personas können als leistungsstarkes und vielseitiges Gestaltungswerkzeug angesehen werden. In der vorliegenden Arbeit wird die Methode der Persona über alle Lebensphasen hinweg verwendet, um kontinuierlich den Fokus auf die EndnutzerInnen und die Arbeitsaufgabe zu legen. Die Aufgaben wurden diesbezüglich in Abschnitt 2.5 aufgezeigt und sollen nachfolgend in Zusammenhang zu den Personas gesetzt werden. Die Personas stellen sicher, dass bei den nachfolgenden Entwicklungen die Endnutzer-Innen berücksichtigt werden. Weiterhin werden Ihre Anforderungen und Bedürfnisse eingebunden. So erfolgt eine Identifikation mit den BenutzerInnen, die auch noch bei der Entwicklung der Layoutvarianten von Bedeutung ist.
Die Dissertation verwendet fünf Hilfestellungen die Cooper et al. (Cooper et al. 2010, S. 78–79) in seiner Persona-Methode zusammengefasst hat. Der Fokus liegt dabei besonders auf den Zielen der NutzerInnen und der Identifikation von Verhaltensmustern (Cooper et al. 2010, S. 78–79):

- Es wird festgelegt, was ein Produkt tun und wie es sich verhalten soll. Die Basis für den Gestaltungsaufwand wird durch persönliche Ziele und Aufgaben gebildet.
- Es werden Gespräche mit Interessengruppen, EntwicklerInnen und anderen DesignerInnen geführt. Personas bieten eine Grundlage für Designentscheidungen und tragen dazu bei, dass bei jedem Entwicklungsschritt derDie NutzerIn im Fokus steht.
- Einigkeit und Engagement für das Design sollen geschaffen werden. Personas ermöglichen es, eine Sprache und somit ein gemeinsames Verständnis zu bilden. Dadurch wird der Bedarf aufwändiger und komplizierter Diagramme reduziert.
- Die Effektivität des Designs soll gemessen werden. Entscheidungen über das Design können von einer Persona ebenso gemessen werden, wie durch reale ProbandInnen. Als iterativer Punkt ermöglicht dieser Schritt eine schnelle und kostengünstige Designprüfung am Whiteboard.
- Es werden produktbezogene Aktivitäten wie Marketing- und Vertriebspläne angeführt. Mehrere Geschäftszweige innerhalb eines Unternehmens können sich an den Personas bedienen. So kann das Marketing und der Vertriebsweg an die Personas angepasst und entsprechend umgestaltet werden.

Für die Anfertigung von Personas haben sowohl Cooper et al. als auch Pruitt und Adlin Merkmale und Verhaltensvariablen identifiziert, die in einer Persona festgehalten werden sollten. Diese sollen auch in der vorliegenden Dissertation in einer angepassten Weise enthalten sein (Cooper et al. 2010, S. 98; Pruitt und Adlin 2006, S. 230–232):

- *Beschreibung:* Name und Bild
- *Eigenschaften:* Alter, Bildungsstand, Lebensstil, Rolle/berufliche Position
- *Kenntnisse:* Grundeinstellung, Technologiewissen und Technikeinstellung
- *Anliegen und Ziele:* Erwartungen, Qualifikationen und Ziele
- *Aktivitäten:* Aufgaben und Aktivitäten

Diese Personas sollen für alle Lebensphasen der Produktentwicklung identifiziert werden. Eine ausführliche Auseinandersetzung mit den einzelnen Lebensphasen erfolgte im Abschnitt 2.5 sowie in der Abbildung 2-6. In einer Studie zur Persona-Entwicklung wurden 40 Personen aus diesen Lebensphasen befragt. Mit der Interview-Methode mit FachexpertInnen und EntwicklerInnen aus dem industriellen Umfeld konnten die Verhaltensvariablen aus diesen Lebensphasen analysiert werden. Die nachfolgenden Tabellen zeigen in Anlehnung an Pruitt und Adlin, die Zusammenfassung der Eigenschaften in Bezug auf die Merkmale und Verhaltensvariablen.

Tabelle 4-3: Auswertung der Daten zur Persona-Entwicklung - Teil 1

Geschlecht	N = 40
männlich	85%
weiblich	15%
divers	0%

Alter	N = 40
< 25	12%
25 – 34	35%
35 – 44	20%
45 – 54	25%
> 54	8%

Technologiewissen	N = 40
AR	75%
AR mit Datenbrillen	20%
AR mit Smartphone/Tablet	30%

Tabelle 4-4: Auswertung der Daten zur Persona-Entwicklung - Teil 2

Branche	N = 40
Konsumgüter Fahrzeug	33%
Industriegüter Sondermaschinenbau	10%
Industriegüter Maschinenbau	33%
Forschung Produktentwicklung	24%

Fachbereiche	N = 40
Entwicklung	7%
Geschäftsführung/Leitung	15%
Ingenieur	23%
Marketing/Vertrieb	7%
Planung	10%
Qualitätsprüfung	7%
Technik	28%
Training	3%

Anhand der vorliegenden Ergebnisse der Zielgruppenuntersuchung (siehe Tabelle 4-3 und Tabelle 4-4 und Anhang A 2) werden vier Personas ausgearbeitet, die repräsentativ sind für die einzelnen Lebensphasen. Abbildung 4-1 zeigt die Aufteilung der Personas.

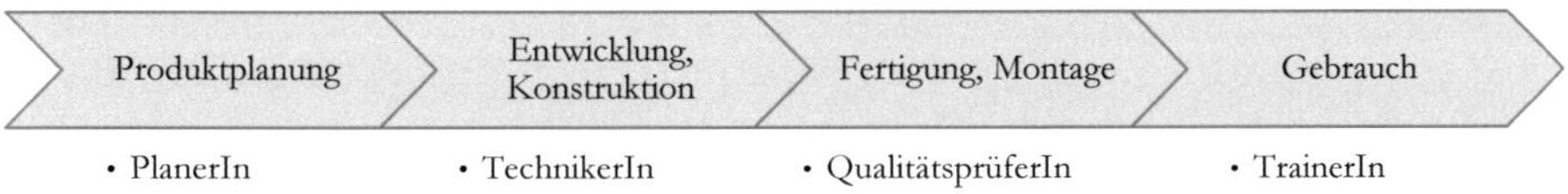

Abbildung 4-1: Lebensphasen in Bezug auf die Personas

Auf diese Weise wurden die Personas PlanerIn, TechnikerIn, QualitätsprüferIn und TrainerIn definiert. Es wurde beachtet, dass die Eigenschaften der analysierten EndnutzerInnen in den Personas wiedergegeben werden. Der Aufbau der Personas erfolgt dabei nach dem oben Beschriebenen Muster. Jede Persona erhält einen Namen und ein Alter, die fiktiv gewählt werden, und eine berufliche Position. Anschließend werden der Aufgabenbereich, die Erwartungen und die Ausbildung festgelegt. Zuletzt werden für die Persona die Persönlichkeit sowie ihre Nutzung des AR-Systems beschrieben. Nachfolgend werden die vier Persona aufgezeigt, die aus der Untersuchung extrahiert werden konnten.

Tabelle 4-5: Persona 1: Planer

Name	Roman Berger
Berufliche Position	Planer
Alter	42
Aufgabenbereich	Konzeption und Entwicklung von Produkten. Es erfolgt eine enge Zusammenarbeit mit der jeweiligen Projektleitung und dem KundenInnen. Dabei fließen die Anforderungen und Wünsche des KundenInnen in die (Neu-)Entwicklung mit ein.
Erwartungen	• ordnungsgemäße Prüf- und Messwerkzeuge • Dokumentation der vorangegangenen Projekte/Produkte
Ausbildung	• duale Berufsausbildung
Persönlichkeit	• produktorientiert • technikaffin • teamfähig
Verwendung des AR-Systems	• Präsentation des aktuellen Planungstandes • individuelles Anpassen des Produktes

Tabelle 4-6: Persona 2: Technikerin

Name	Nadine Bergmann
Berufliche Position	Technikerin
Alter	29
Aufgabenbereich	Entwicklung und Konstruktion von Maschinen und Anlagen. Die Aufgaben variieren von Montage und Instandhaltung der Maschine, die für die Herstellung der Produkte benötigt werden.
Erwartungen	• ordnungsgemäße Prüf- und Messwerkzeuge • Kenntnisse über Geräte und Produkte
Ausbildung	• duale Berufsausbildung
Persönlichkeit	• lösungsorientiert • produktorientiert • strukturiert
Verwendung des AR-Systems	• Zusammenstellung der passenden Maschinenelemente und Produkte • Kenntnisse über den aktuellen Lagerbestand

Tabelle 4-7: Persona 3: Qualitätsprüfer

Name	Filip Ziegler
Berufliche Position	Qualitätsprüfer
Alter	51
Aufgabenbereich	Prüfung der Produkte nach vorgegebenen Prüfplänen. Durch die Verwendung von mechanischen, optischen und elektronischen Geräten erfolgt die Prüfung der fertigen Produkte. Der Ablauf und die Häufigkeit der Prüfzyklen sind von den KundenInnen vorgegeben.
Erwartungen	• ordnungsgemäße Prüf- und Messwerkzeuge • Kenntnisse über Geräte und Produkte
Ausbildung	• duale Berufsausbildung
Persönlichkeit	• produktorientiert • kritisch • technikaffin
Verwendung des AR-Systems	• Funktionsüberprüfung der Produkte • Warenüberprüfung der Endprodukte

Tabelle 4-8: Persona 4: Trainerin

Name	Sandra Rothenburg
Berufliche Position	Trainerin
Alter	36
Aufgabenbereich	Trainingsszenarien für Workshops und Ausbildungen. Durch die Zusammenarbeit mit den KundenInnen können spezifische Übungsszenarien an den Produkten erstellt und durchgeführt werden. Oftmals erfolgt eine genaue Beschreibung und Anleitung der Produkte.
Erwartungen	Kenntnisse über Geräte und Produkte
Ausbildung	• duale Berufsausbildung
Persönlichkeit	• produktorientiert • teamfähig • kreativ
Verwendung des AR-Systems	• Bedienungsanleitungen der Produkte • Übungsszenarien während des Trainings

Zusammenfassung

Die Persona-Methode erlaubt es stereotypische NutzerInnen darzustellen, die während des gesamten Entwicklungsprozesses von der Anforderungsanalyse über das Design bis hin zum Testen für alle Beteiligten präsent bleiben. Sie vermitteln die typischen Eigenschaften und Erwartungen der NutzerInnen. Durch eine spezifische Untersuchung aller Lebensphasen wurden die Merkmale und Verhaltensweisen der EndnutzerInnen extrahiert. Die Namensgebung hat die Funktion, dass die Persona ganzheitlich präsent bleibt. Auf diese Weise wurden für die vorliegende Arbeit die Personas Roman Berger (Planer), Nadine Bergmann (Technikerin), Filip Ziegler (Qualitätsprüfer) und Sandra Rothenburg (Trainerin) entwickelt. Innerhalb der Dissertation werden die Ergebnisse bei der nachfolgenden Entwicklung (siehe Kapitel 6) und Layout-Studie (siehe Kapitel 7) integriert und bei der Auswahl der Testpersonen berücksichtigt.

4.2 Anforderungen aus der Arbeitsaufgabe

Während der Nutzung des AR-Systems hat jede Persona andere Aufgaben zu erledigen. Nach der Analyse des Standes der Wissenschaft und Technik soll die Aufgabenbeschreibung von ExpertInnen vervollständigt werden. Fünf ExpertInnen aus dem industriellen Bereich wurden anhand eines Leitfadeninterviews (siehe Anhang A 1), zu den im Abschnitt 2.5 definierten Aufgaben und Basisinteraktionen, befragt.

Tabelle 4-9: Anforderungen aus der Arbeitsaufgabe auf Basis empirischer und analytischer Studien

Aufgabenprofil	Kategorien	Unterkategorien
Arbeitsaufgabe (Bowman et al. 2005; Dörner et al. 2013; Norm DIN EN ISO 9241-400; Friedrich 2003; Hashemian und Riecke 2017; Jacoby und Ellis 1992; Jerald 2016; Preim und Dachselt 2010, 2015), ExpertInneninterview	die angezeigten Informationen sollen als Zusatz dienen	Das Modell des Produktes muss konsistent und die Grundstruktur selbsterklärend sein.
		Für eine realitätsnahe Darstellung sollte auf eine korrekte Verdeckung innerhalb des virtuellen Produktes geachtet werden.
	Layout	Um eine Umgewöhnung zu vermeiden, ist eine Anlehnung des Darstellungslayouts an bestehende Eingabemasken und Terminals hilfreich sowie die Orientierung an 2D-Menüs.

Ein Kernergebnis war, dass das AR-System die Arbeitsaufgabe passgenau unterstützen sollte. Zusätzliche Arbeitsschritte sind daher unbedingt zu vermeiden. Deutlich wurde, dass das AR-

System als zusätzliche Hilfe angesehen werden sollte. Bei der Layoutdarstellung sollten bestehende Eingabemasken und Terminals übernommen werden bzw. an der 2D-Darstellung orientiert werden. Dies ist im Zusammenhang mit den generischen Aufgaben und den Basisinformationen aus Abschnitt 2.5 besonders wichtig, da die Akzeptanz der NutzerInnen auch vom Anknüpfen an bestehende Aufgaben abhängt. Die Gewöhnung der NutzerInnen an eine neue Technologie erfolgt umso schneller, je vertrauter der Umgang mit den Elementen der Bedienoberfläche ist.

Zusammenfassung

Die Anforderungen, die aus der Arbeitsaufgabe entstehen, werden zu den bereits bekannten Erfahrungen aus dem Stand der Wissenschaft und Technik (siehe Abschnitt 2.5), durch ein ExpertInneninterview ergänzt. In diesem Zusammenhang wurde ein Leitfadeninterview zu den Aufgaben und den damit verbundenen Basisinteraktionen durchgeführt. So konnten weitere Anforderungen analysiert und erfasst werden. Das System soll Zusatzinformationen bieten, ohne Schritt für Schritt den täglichen Arbeitsablauf zu erklären. Es bietet sich an, bekannte Layout- und Hauptmenüstrukturen zu übertragen, um eine schnelle Erlernbarkeit zu erhalten. In Bezug auf die generischen Aufgaben und die Basisinteraktionen (siehe Abschnitt 2.5) sollen die Anforderungen bei der Entwicklung des Prototypen beachtet werden.

4.3 Augmented Reality-Endgeräte

Wie in Kapitel 1 und Kapitel 2 deutlich wurde, gibt es derzeit noch keine festgelegten Richtlinien, wie die MTI für ein industrielles AR-System gestaltet sein sollte. Durch die Analyse von Primär- und Sekundärliteratur konnten bereits spezifische Eigenschaften im industriellen Kontext ermittelt werden, die bei einem AR-Endgerät beachtet werden sollten. Diese werden durch Anforderungen an das AR-Endgerät mit Hilfe eines ExpertInneninterviews ergänzt. Die Befragung von fünf ExpertInnen aus dem industriellen Bereich wurde mit Hilfe eines Leitfadeninterviews (siehe Anhang A 1) geführt.

Tabelle 4-10: Anforderungen an das AR-Endgerät auf Basis empirischer und analytischer Studien

Plattform	Kategorien
Arbeitsmittel (Hard-/Software, Materialien) (Bowman et al. 2005; Norm DIN EN ISO 9241-303; Dörner et al. 2013; Gabbard 2001; Herout et al. 2012; Jerald 2016; Mehler-Bicher und Steiger 2014; Ong und Nee 2004; Plutz et al. 2016; Preim und Dachselt 2015; Theis et al. 2016), ExpertInneninterview	Das AR-Endgerät soll der Aufgabe entsprechend ausgewählt werden: • Die Interaktion mit dem Produkt soll freihändiges Arbeiten ermöglichen. • Beim Arbeiten mit dem Produkt ist großer Bewegungsraum notwendig, zusätzliche Kabel würden diesen begrenzen.
	Für die Verwendung des AR-Systems sollen folgende Hardwareeigenschaften beachtet werden: • Robustheit; Temperaturbeständigkeit • Festigkeit; angenehmes Tragegefühl.
	• Für die Verwendung des AR-Systems sollen folgende Softwareeigenschaften beachtet werden: • minimale Reaktionszeit; kurze Aktualisierungszeit • hohe Trackingrate; genaue Kalibrierung • Kalman-Filter, nullende Konformität.
	Hybrides Tracking ist zu bevorzugen: • Sensorbasiertes mobiles Tracking: der Sensor zeigt Zusatzinformationen, indem er die Position der AR-Endgeräte erkennt. • Kamerabasiertes Tracking: Schwarz-Weiß-Marker aktivieren Zusatzinformationen, die parallele Nutzung verschiedener Trackingmethoden ist möglich, durch vordefinierte Muster kann bereits eine Teilerkennung der Marker erfolgen, die Marker können überall befestigt werden. • Merkmalbasiertes Tracking: die Einblendung von Zusatzinformationen ist möglich durch Merkmalserkennung von Objekten und es werden keine Marker benötigt.
physische Umgebung (Bowman et al. 2005; Norm DIN EN ISO 9241-303; Preim und Dachselt 2015; Teather und Stuerzlinger 2007), ExpertInneninterview	In den Produktionshalle herrschen unterschiedliche Lichtverhältnisse: • helles künstliches Licht am Arbeitsplatz • etwas dunkleres Licht im Maschinenbereich.
	Während einer Produktionsphase sind die vorgegebenen Taktraten und Zeitvorgaben zu beachten.
	Produkt liegt in einem Abstand von 500 bis 700 mm vor demDer NutzerIn (entspricht einer Armlänge).
	Ist ein interaktives virtuelles Modell vorhanden, sollten die physikalischen Eigenschaften (Physical Engines) und eine natürliche Kollisionserkennung beachtet werden.

Die AR-Endgeräte sollen der industriellen Arbeitsaufgabe entsprechend ausgewählt werden und ein freihändiges Arbeiten der NutzerInnen ermöglichen. Der Bewegungsraum der MitarbeiterInnen in einer industriellen Halle sollte nicht durch Kabel eingeschränkt werden, die Hardware sollte den Umgebungsbedingungen entsprechend robust und temperaturbeständig sein und die Software eine minimale Reaktions- und kurze Aktualisierungszeit aufweisen. Das

Tracking hilft, das AR-System an die Bedürfnisse anzupassen und bei der Arbeitsaufgabe nicht zu behindern. Schließlich findet die physische und soziale Umgebung eine besondere Beachtung. Wird in dem AR-System ein reales Objekt virtuell abgebildet, dann sollte das virtuelle Objekt die arbeitsrelevanten Eigenschaften des realen Objektes besitzen, um Irritationen zu vermeiden. Auf diese Weise kann derDie NutzerIn mit dem System intuitiv umgehen und sich auf seine Haupttätigkeit konzentrieren. Der industrielle Kontext wird durch diese empirisch erhobenen Anforderungen sichergestellt und ist eine Erweiterung der Informationen zu den AR-Systemen aus dem Stand der Wissenschaft und Technik (siehe Abschnitt 2.1).

Zusammenfassung

Die durch Experteninterviews extrahierten Anforderungen an die Plattform erweitern die Kenntnisse, die aus dem Stand der Wissenschaft und Technik (siehe Abschnitt 2.1 und 2.3) gewonnen werden konnten. Das Augmented Reality-Endgerät soll in seiner Funktionsweise entsprechend der Arbeitsaufgabe im industriellen Kontext ausgewählt werden und ein freihändiges Arbeiten erlauben. Die Hardware soll den industriellen Gegebenheiten entsprechend robust und temperaturbeständig sein. Die physische und soziale Umgebung des industriellen Umfeldes wird bei den Anforderungen an die Plattform ebenfalls betrachtet. Das AR-System soll auf die spezifischen Lichtverhältnisse und die Zeitvorgaben im industriellen Arbeitsprozess angepasst werden.

4.4 Gestaltungsempfehlungen für Augmented Reality

4.4.1 Allgemeine Gestaltungsempfehlungen

Bei der Realisierung von Layout-Elementen in einem AR-System kann auf einige Gestaltungsregeln zurückgegriffen werden, die bereits im Kontext von 3D-User-Interface[1] entstanden sind. Grundlegende Arbeiten zur Klassifikation von Aufgaben und Interaktionen hat Bowman (Bowman et al. 2005, S. 142–143; LaViola, JR. et al. 2017, S. 257–259) vorgenommen, der zwischen Selektions-, Positionierungs- und Rotationsaufgaben unterscheidet. Diese Gestaltungsregeln von Bowman et al. aus dem Jahr 2005 wurden zwölf Jahre später von LaViola, JR et al. angepasst. Tabelle 4-11 zeigt diese Weiterentwicklung. Änderungen wurden farblich hervorgehoben.

[1] 3D-User-Interface: Benutzeroberfläche, die dreidimensionale Inhalte enthalten, zum Beispiel 3D-Menüs, CAD-Modelle

Tabelle 4-11: Vergleich der Design-Guidelines von Bowman und LaViola aus den Jahren 2005 und 2017

<table>
<tr><th>Design-Guidelines</th><th>2005 – 3D User-Interface
(Bowman et al. 2005, S. 179–181;280-282;345-346)</th><th>2017 – 3D User-Interface
(LaViola, JR. et al. 2017, S. 309-311; 412-413; 447-451)</th></tr>
<tr><td rowspan="10">Selection and Manipulation</td><td colspan="2">Use existing manipulation techniques unless a large amount of benefit might be derived from designing a new, application-specific technique.</td></tr>
<tr><td colspan="2">Use task analysis when choosing a 3D manipulation technique.</td></tr>
<tr><td colspan="2">Match the interaction technique to the device.</td></tr>
<tr><td colspan="2">Use techniques that can help to reduce clutching.</td></tr>
<tr><td colspan="2">Nonisomorphic (“magic”) techniques are useful and intuitive.</td></tr>
<tr><td>Use pointing techniques for selection and virtual hand techniques for manipulation.</td><td>Use pointing techniques for selection and grasping techniques for manipulation.</td></tr>
<tr><td>Use grasp-sensitive object selection.</td><td>Consider the use of grasp-sensitive object selection.</td></tr>
<tr><td colspan="2">Reduce degrees of freedom when possible.</td></tr>
<tr><td colspan="2">Consider the trade-off between techniques design and environment design.</td></tr>
<tr><td colspan="2">There is no single best manipulation technique.</td></tr>
<tr><td rowspan="8">System Control</td><td colspan="2">Avoid disturbing the flow of action of an interaction task.</td></tr>
<tr><td>Prevent unnecessary changes of the focus of attention.</td><td>Prevent unnecessary focus switching and context switching.</td></tr>
<tr><td></td><td>Design for discoverability.</td></tr>
<tr><td colspan="2">Avoid mode errors.</td></tr>
<tr><td colspan="2">Use an appropriate spatial reference frame.</td></tr>
<tr><td>Structure the functions in an application.</td><td>Structure the functions in an application and guide the user.</td></tr>
<tr><td colspan="2">Consider using multimodal input.</td></tr>
<tr><td></td><td>3D is not always the best solution - consider hybrid interface.</td></tr>
</table>

Design-Guidelines	2005 – 3D User-Interface (Bowman et al. 2005, S. 179–181;280-282;345-346)	2017 – 3D User-Interface (LaViola, JR. et al. 2017, S. 309-311; 412-413; 447-451)
User Comfort and Safety		Move wires and cables out of the way or use wireless solution when possible; reduce weight of the equipment.
		Provide physical and virtual barriers to keep the user and the equipment safe.
		Limit interaction in free space; provide a device resting place.
		Design public systems to be sanitary.
		Design for relatively short sessions and encourage breaks.
		Design for comfortable poses.
	Ensure temporal and spatial compliance between feedback dimensions.	
	Use constraints.	
	Consider using props and passive feedback, particularly in highly specialized tasks.	
	Use Guiard's principles in designing two-handed interface.	
	Consider real-world tools and practices as a source of inspiration for 3D UI design.	
	Consider designing 3D techniques using principles from 2D interaction.	
	Use and invent magical techniques.	
	Consider alternatives to photorealistic aesthetics.	

Die Guidelines zur *Selektion und Manipulation* (Selection and Manipulation) beginnen mit der wichtigen Forderung, bereits bestehende Techniken zu verwenden. Ausnahmen sollten nur erfolgen, wenn sich dadurch ein erkennbarer Mehrwert erschließt. Für den Patternkatalog bedeutet dies, dass bei der Entwicklung des Layouts auf bereits vorhandene Strukturen geachtet werden soll. DerDie EndnutzerIn soll sich schnell in der Oberfläche zurechtfinden. Diese allgemeinen Angaben zur Verwendung von 3D-Elementen sind in den weiteren Richtlinien deutlich sichtbar und haben sich innerhalb der Jahre nicht verändert. Die Interaktionstechniken sollen an das Endgerät angepasst werden. Deutlich wird, dass es nicht die eine beste Technik gibt. Es sollte ein Kompromiss zwischen Technik, Design und Umgebungsmodell geschaffen werden. Als Neuerung wird hervorgehoben, dass nicht nur eine Bewegung (Zeigerfunktion) zum Interagieren mit dem System verwendet wird. Vielmehr sollte die Zeigerfunktion genutzt werden, um eine Auswahl zu treffen, die anschließend mit einer Greifbewegung Objekte manipulieren kann (Bowman et al. 2005, S. 179–181; LaViola, JR. et al. 2017, S. 309–311). Ebenso lässt sich mit neueren Technologien eine Bewegung für eine Vielzahl an Aktionen als natürliche Geste anpassen.

Die vorgegebenen Richtlinien zur *Systemsteuerung* (System Control) weisen in Bowman et al. und LaViola et al. darauf hin, dass vermieden werden sollte, den Aktionsfluss während der Interaktion zu stören. Des Weiteren ist zu empfehlen, einen räumlichen Bezug herzustellen, multimodale Eingaben zu nutzen und ein Designkonzept zu verwenden. Auf einen Fokus- und Kontextwechsel sollte verzichtet werden. Die Nutzenden sollen durch die Strukturierung von Funktionen geführt werden. Der Fokus darf nicht auf reinen 3D-Lösungen liegen, sondern sollte ebenso hybride Lösungen betrachten (Bowman et al. 2005, S. 280–282; LaViola, JR. et al. 2017, S. 412–413). Durch die Neuerungen und die Anpassung der Guidelines wird die Nutzerfreundlichkeit immer mehr ausdifferenziert. DerDie NutzerIn sollte in der Interaktion mit der 3D-Welt nicht abgelenkt werden. In diesen Bereich sollte es den Nutzenden möglich sein, seine Aufgaben effizient zu lösen. Die Anpassung der Guidelines stellt sicher, dass die virtuelle Welt von demDer NutzerIn akzeptiert und im Alltag integriert wird.

Der letzte Abschnitt der Guidelines befasst sich mit dem *Benutzerkomfort und der Sicherheit* (User Comfort and Safety). Die zeitliche und räumliche Übereinstimmung der virtuellen und realen Welt muss mit dem Feedback für denDie NutzerIn koinzidieren. Gerade bei speziellen Aufgaben eignen sich zusätzliche Requisiten oder ein passives Feedback, um demDer NutzerIn eine Rückmeldung zu geben. Weiterhin wird empfohlen, reales Werkzeug zu betrachten und dieses in die 3D-Umgebung einfließen zu lassen. Zu diesen bestehenden Guidelines wurden einige neue Richtlinien hinzugefügt. So soll auf Kabel und Drähte geachtet und bevorzugt eine drahtlose Lösung für Endgeräte genutzt werden. Ergänzend dazu sollten sowohl physische als auch virtuelle Barrieren vorhanden sein, um den freien Raum zu begrenzen sowie denDie NutzerIn und die Technik zu schützen. Final wird angemerkt, dass die Nutzung der 3D-Technologie nur von kurzer Dauer und in einer angenehmen Haltung ausgeübt sein sollte (Bowman et al. 2005, S. 345–346; LaViola, JR. et al. 2017, S. 447–451). Der direkte Bezug zu den 3D-Oberflächen ist nicht eindeutig erkennbar, jedoch dienen die zusätzlichen Richtlinien klar dem physischen Wohl der Nutzenden. Es sollte überlegt werden, ob die Angaben nicht universell angewandt werden könnten. Ein barrierefreier Bewegungsraum sollte für jegliche Tätigkeit in der virtuellen und realen Welt gelten.

Neben diesen Guidelines werden weitere Grundlagen für die virtuelle Realität von Walter zusammengefasst. Das eingeschränkte Gesichtsfeld sollte bei der Platzierung der Inhalte beachtet werden. In Bezug auf den Blickwinkel sollten 94° eingehalten und Textinhalte nicht zu breit gestaltet werden. DerDie NutzerIn sollte alle Inhalte schnell und klar erfassen können (Walter 2016). Die virtuelle Welt hat keine feste Begrenzung. Bei einem Augen-Objekt-Abstand von 1,3 m können Elemente mühelos erkannt werden. Dieser Abstand kann auf bis zu 20 m erweitert werden. Vermieden werden sollte ein Abstand von weniger als 0,5 m. Die Augen werden bei dieser Entfernung zu stark beansprucht und derDie NutzerIn hat Schwierigkeiten bei der Wahrnehmung. Zur Objektauswahl wird ein Pointer empfohlen, der permanent im Sichtfeld liegt. Dieser sollte seinen Zustand ändern, wenn ein Objekt erreicht wird, das manipuliert werden kann. Für die bessere Wahrnehmung wird empfohlen, einen Ladebalken einzufügen, um den Nutzenden anzuzeigen, wann die Objektauswahl erfolgt. Werden im Layout Buttons eingesetzt, müssen diese einen geeignet großen Abstand haben. Der Pointer sollte eindeutig zwischen Buttons wechseln können und die verschiedenen Zustände anzeigen. Bei der Verwendung von Farben, sollten diese im Kontrast getestet und auf 100 % Weiß sollte im Layout verzichtet werden (Walter 2016).

Dörner et al. befassen sich mit der Vermeidung von Motion/Cyber Sickness. In der virtuellen Welt können Unwohlsein, Übelkeit und Schwindel auftreten, da das Gehirn das Gesehene mit der realen Bewegung nicht kombinieren kann. Die Reduzierung der Diskrepanz zwischen der simulierten und real empfundenen Bewegung steht dabei an oberster Stelle. Dieses Phänomen kann durch Ankerobjekte gemindert werden. Durch das Einsetzen eines Horizonts oder eines Fußbodens kann sich der Gleichgewichts- und Orientierungssinn einpendeln (Dörner et al. 2013, S. 182–184; Walter 2016).

Zusammenfassung

Die Vielzahl an Guidelines dient demDer EntwicklerIn als Hilfestellung für die Umsetzung von Anwendungen in einer 3D-Welt. Die Betrachtung von bestehenden Gestaltungsregeln für den Bereich Augmented Reality sind für die Dissertation relevant, da sie in der Umsetzung und Realisierung von Visualisierungsprinzipien eingebunden werden können. Die Guidelines zur Selektion und Manipulation fordern, dass bereits bestehende Techniken verwendet werden sollen und nur bei einem erkennbaren Mehrwert eine Ausnahme erfolgen sollte. Es sollte ein Kompromiss zwischen Technik, Design und Umgebungsmodell geschaffen werden. Die Guidelines zur Systemsteuerung berücksichtigen verschiedene Formen der Interaktionstechniken, zum Beispiel die Formen der Objektdarstellung in 3D- oder 2D-Darstellungen und die Steuerung über Gesten oder das Fokussieren. Die bestehenden Darstellungsregeln beziehen sich vor allem auf die Gestaltung des Layouts und der Sichtbarkeit des Feedbacks sowie auf die Interaktionsmöglichkeiten. Hier spielt die Wahrnehmung eine besondere Rolle. Bei der Layout-Gestaltung liegt das Hauptaugenmerk darin, demDer EndnutzerIn Inhalte zu zeigen, die gut und schnell wahrgenommen werden (siehe Kapitel 5). Die Guidelines zum Benutzerkomfort und der Sicherheit befassen sich mit der zeitlichen und räumlichen Übereinstimmung der virtuellen und realen Welt. Durch verschiedene Farben oder sichtbares Feedback kann derDie NutzerIn gelenkt werden. In diesem Zusammenhang können auch physische und virtuelle Barrieren eingesetzt werden, um den freien Raum zu begrenzen.

4.4.2 Spezifische Gestaltungsempfehlungen im industriellen Kontext

Nach den bestehenden AR-Gestaltungsrichtlinien werden spezifische Empfehlungen für die Beschreibung und Entwicklung eines AR-UI extrahiert. In diesem Zusammenhang werden die Gestaltungsempfehlungen aus den ISO-Normen 9241-110 und 9241-12 untersucht und unterstützen die Spezifikationen. Die Gestaltungsempfehlungen werden in die Bereiche Dialogprinzipien und Informationsdarstellung gegliedert. Die Erkenntnisse aus den ISO-Normen werden durch weiterführende wissenschaftliche Literatur angereichert.

AR-Dialogprinzipien

Aus der Interaktion der EndnutzerInnen mit dem Gesamtsystem ergeben sich Anforderungen für die Entwicklung von Gestaltungsregeln. In Bezug auf die relevanten Dialogprinzipien hat die DIN EN ISO 9241-110 Prinzipien definiert, die für die AR-Systeme erst noch operationalisiert werden müssen. Nachfolgend werden sieben relevante Eigenschaften aufgelistet, die bei der Gestaltung einer Oberfläche beachtet werden sollten:

- *Aufgabenangemessenheit*
  „Ein interaktives System ist aufgabenangemessen, wenn es den Nutzenden unterstützt, seine Arbeitsaufgabe zu erledigen, d. h., wenn Funktionalität und Dialog auf den charakteristischen Eigenschaften der Arbeitsaufgabe basieren, anstatt auf der zur Aufgabenerledigung eingesetzten Technologie." (Norm DIN EN ISO 9241-110, S. 8)

- *Selbstbeschreibungsfähigkeit*
„Ein Dialog ist in dem Maße selbstbeschreibungsfähig, in dem es für denDie NutzerIn zu jeder Zeit offensichtlich ist, in welchem Dialog, an welcher Stelle im Dialog erSie sich befindet, welche Handlungen unternommen und wie diese ausführt werden können." (Norm DIN EN ISO 9241-110, S. 10)
- *Erwartungskonformität*
„Ein Dialog ist erwartungskonform, wenn er den aus dem Nutzungskontext heraus vorhersehbaren NutzerInnen belangen sowie allgemein anerkannten Konventionen entspricht." (Norm DIN EN ISO 9241-110, S. 11)
- *Lernförderlichkeit*
„Ein Dialog ist lernförderlich, wenn er denDer NutzerIn beim Erlernen der Nutzung des interaktiven Systems unterstützt und anleitet." (Norm DIN EN ISO 9241-110, S. 12)
- *Steuerbarkeit*
„Ein Dialog ist steuerbar, wenn derDie NutzerIn in der Lage ist, den Dialogablauf zu starten sowie seine Richtung und Geschwindigkeit zu beeinflussen, bis das Ziel erreicht ist." (Norm DIN EN ISO 9241-110, S. 13)
- *Fehlertoleranz*
„Ein Dialog ist fehlertolerant, wenn das beabsichtigte Arbeitsergebnis trotz erkennbar fehlerhafter Eingaben entweder mit keinem oder mit minimalem Korrekturaufwand seitens des Nutzenden erreicht werden kann." (Norm DIN EN ISO 9241-110, S. 14)
- *Individualisierbarkeit*
„Ein Dialog ist individualisierbar, wenn Nutzende die Mensch-System-Interaktion und die Darstellung von Informationen ändern können, um diese an ihre individuellen Fähigkeiten und Bedürfnisse anzupassen." (Norm DIN EN ISO 9241-110, S. 15)

Für eine Verfeinerung der Dialogprinzipien für das Layout von AR-Systeme wurden analytische und empirische Studien durchgeführt. Die analytischen Studien fassen die heterogenen, in weit verstreuten Veröffentlichungen zusammengetragenen Gestaltungshinweise, zusammen. Die empirischen Studien haben die Reflexion dieser Regeln im Rahmen von ExpertInneninterviews zum Inhalt. Die gewonnen Erkenntnisse werden in Tabelle 4-12 zusammengefasst.

Tabelle 4-12: AR-System spezifische Operationalisierungen der Dialogprinzipien nach DIN EN ISO 9241-110

Kategorie	Unterkategorie
Aufgabenangemessenheit	
inhaltlicher Schwerpunkt (Bowman et al. 2005; Jerald 2016; Preim und Dachselt 2015), ExpertInneninterview	Aufbereitung der Inhalte: ohne Verbindung zu vor- und nachgelagerten Prozessen aufgabenzentriert und reduziert Störinformation vermeiden
AR-Ein- und Ausgabe (Bowman et al. 2005; Cohé et al. 2011; Norm DIN EN ISO 9241-110; Norm DIN EN ISO 9241-400; Dörner et al. 2013; Endsley und Jones 2012; Friedrich 2003; Gabbard 2001; Kratz et al. 2012; Preim und Dachselt 2015; Reisman et al. 2009; Schnurr 2009; Theis et al. 2016), ExpertInneninterview	automatischer Start des AR-Programms beim Aufsetzen der Brille
	Eingabe präzise auf die Aufgabe abstimmen: Gestensteuerung, wie zum Beispiel Hauptmenüauswahl Tab-Sensorik, wie zum Beispiel „Bestätigungen"
	Einbindung von Signalen: akustische Signale nur für wenige ausgewählte Situationen nutzen visuelle Signale bevorzugt einsetzen haptische Signale sind nicht einsetzbar
Selbstbeschreibungsfähigkeit	
Statusinformationen (Aragon und Hearst 2005; Bowman et al. 2005; Broadbent 1982; Norm DIN EN ISO 9241-13; Norm DIN EN ISO 9241-154; Dörner et al. 2013; Endsley und Jones 2012; Eriksen und Eriksen 1974; Friedrich 2003; Gabbard 2001; Jerald 2016; Ong und Nee 2004; Preim und Dachselt 2015; Schinke et al. 2010; Schmitt und Zühlke 2013; Theis et al. 2016; Uratani et al. 2005), ExpertInneninterview	Nutzung von dauerhaften Anzeigen bei: Orientierungsanzeige, Informationsmodus, Hilfesystem Hauptmenü und relevanten Objekten
	Nutzung von situativen Anzeigen bei: Funktionsweise des Systems/Bedienungsanleitungen Information zu geforderten Interaktionen rechtzeitig zur Verfügung stellen Mitteilungen klar erkennbar gestalten
	Nutzung von Feedback zur: Selektion von Objekten Skalierung von Objekten
	Nutzung von allgemeiner Gestaltung: nicht überhäufen Information aufgabengerecht abstimmen intuitive und emotionale Bedienung unterstützen
Basisinteraktion (Aragon und Hearst 2005; Broadbent 1982; Bowman et al. 2005; Diepstraten et al. 2003; Norm DIN EN ISO 9241-16; Dörner et al. 2013; Eriksen und Eriksen 1974; Friedrich 2003; Gabbard 2001; Hashemian und Riecke 2017; Jerald 2016; Preim und Dachselt 2015; Schinke et al. 2010; Uratani et al. 2005), ExpertInneninterview	Anzeige aller möglichen Interaktionen
	Interaktionsabfolgen prozess- und schnittstellenorientiert gestalten
	Gestaltung und Codierung von Manipulationstechniken, wie die Reset-Funktion
	Versteckte Informationen („Ghostviews") zur Reduktion von Information verwenden

Kategorie	Unterkategorie
Erwartungskonformität	
Beschreibung des Produktes als Modell (Hashemian und Riecke 2017; Jerald 2016), ExpertInneninterview	Produkt mit reduzierten Hintergrund- bzw. Kontextgeometrien darstellen; realistische und vertraute Objektgeometrien verwenden
	Fokus auf das Produkt legen
AR-System (Bowman et al. 2005; Norm DIN EN ISO 9241-400; Dörner et al. 2013; Preim und Dachselt 2010, 2015), ExpertInneninterview	Sichtfeld der AR-Brille soll weitgehend dem natürlichen menschlichen Sichtfeld (horizontal ~ 180° vertikal ~ 120°) entsprechen
	Interaktion mit dem AR-System konsistent gestalten, selbsterklärend sowie an bereits Gelernten orientieren
Lernförderlichkeit	
kontextspezifische Informationen (Norm DIN EN ISO 9241-13; Friedrich 2003; Jerald 2016; Schmitt und Zühlke 2013), ExpertInneninterview	Hinweise erleichtern die Bedienung/Interaktion
	vertiefende Informationen sollen bei Bedarf angezeigt
	spezifische Produktkriterien werden als Handlungshinweise für MitarbeiterInnen eingeblendet
Steuerbarkeit	
Software unterstützt die verschiedenen Aufgaben (Jerald 2016), ExpertInneninterview	AR-System enthält Hinweise auf physikalische Werkzeuge
	AR-System nutzt die Zeigemöglichkeiten des Menschen mit seinen Händen für die Interaktion
NutzerIn wird geführt (Norm DIN EN ISO 9241-13; Hashemian und Riecke 2017; Jerald 2016), ExpertInneninterview	situative Informationsanzeige in Abhängigkeit von der Arbeitstätigkeit
Tiefenhinweise (Aragon und Hearst 2005; Broadbent 1982; Eriksen und Eriksen 1974; Friedrich 2003; Gabbard 2001; Hashemian und Riecke 2017; Jerald 2016; Pohl und Waßmann 2009; Preim und Dachselt 2015; Schinke et al. 2010; Uratani et al. 2005), ExpertInneninterview	Tiefenhinweise aufgabenorientiert geben
	Wahrnehmung von Tiefenanordnungen durch Werkzeuge unterstützen
Steuerelemente (Bowman et al. 2005; Norm DIN EN ISO 9241-400; Dörner et al. 2013; Preim und Dachselt 2015), ExpertInneninterview	Gesten- und Tab-Sensorik eindeutig steuerbar gestalten

Kategorie	Unterkategorie
Fehlertoleranz	
Eingabe/Ausgabe (Bowman et al. 2005; Norm DIN EN ISO 9241-154; Friedrich 2003; Jerald 2016; Ong und Nee 2004; Preim und Dachselt 2015), ExpertInneninterview	Software erkennt bei Sprachbefehlen unvollständige Begriffe
	bei fehlerhaften Ein- und Ausgaben wird die Zuverlässigkeit durch Autovervollständigung bzw. Rückfragen unterstützt
Individualisierbarkeit	
Darstellungs- und Interaktionsweisen (Norm DIN EN ISO 9241-13; Friedrich 2003; Jerald 2016; Preim und Dachselt 2015), ExpertInneninterview	individualisierbare Anzeige von Informationen zum Produkt oder zur Interaktion
	Darstellungsvarianten: alternative 3D-Modelle zum Verständnis unterschiedliche Widgets zur Objektsteuerung, wie zum Beispiel zum Skalieren
	unterschiedliche Interaktionsmodi, wie zum Beispiel Sprache und Geste, anbieten

Die Tabelle umfasst die Operationalisierung der Dialogprinzipien nach DIN EN ISO 9241-110 für AR-Systeme.

Bei der Umsetzung des Prinzips der *Aufgabenangemessenheit* liegt beispielsweise der Schwerpunkt auf der inhaltlichen Auslegung des AR-Systems. DerDie EndnutzerIn benötigt während seiner Tätigkeit im Allgemeinen keinen Informationen zu den vor- und nachgelagerten Prozessen sowie sollte sie nicht von Störinformationen abgelenkt werden. Das AR-Programm sollte automatisch beim Aufsetzen der Datenbrille starten, die Eingabemöglichkeiten sollten präzise auf die Aufgaben abgestimmt werden und visuelle Signale sollten bevorzugt eingesetzt werden. In Bezug auf die *Selbstbeschreibungsfähigkeit* sollte deutlich zwischen dauerhaften Anzeigen (wie Hilfesysteme und relevante Objekte) und situativen Anzeigen (wie Funktionsweisen und Mittelungen) unterscheiden. Für denDie NutzerIn sollte deutlich gemacht werden, welche Interaktionen zur Verfügung stehen und instrumentalisiert werden können. Die Gestaltung der Interaktionsabfolgen sollte sich an dem Arbeitsprozess und den Schnittstellen zu anderen Systemen orientieren.

Das Prinzip der *Erwartungskonformität* beinhaltet beispielsweise die Kategorie AR-System. Diese Kategorie beschäftigt sich mit den Hardwareeigenschaften des Systems. Gibt es die Möglichkeit bei der Entwicklung sowohl die Software als auch die Hardware zu entwickeln, sollte auf diese Aspekte geachtet werden. In dieser Arbeit wird bei der Entwicklung des Patternkatalogs auf eine Festlegung spezifischer Endgeräte verzichtet, da die Entwicklung dieser Geräte sehr

schnelllebig ist. Für die Vollständigkeit der Arbeit sind diese Informationen für weitere Untersuchungen mit aufgeführt, werden jedoch nicht weiterbearbeitet.
Das Dialogprinzip der *Lernförderlichkeit* beinhaltet kontextspezifische Informationen, die sich mit der Tätigkeit der EndnutzerIn beschäftigen. Hier wird deutlich, dass durch Zusatzinformationen derDie EndnutzerIn in seinerIhrer Tätigkeit geschult werden kann.
Das Prinzip der *Steuerbarkeit* gilt der Sicherstellung, dass die Anwendung denDie EndnutzerIn in der Tätigkeit unterstützt und nicht beeinträchtigt. Durch situativen Informationsanzeigen sollte von der Arbeitstätigkeit abhängig und denDie NutzerIn führen. Dabei können Tiefenhinweise als Orientierungshilfen dienen. Neben den virtuellen Elementen sollten reale Objekte mit eingebunden werden.
Die *Fehlertoleranz* beachtet die möglichen Fehlerquellen, die bei einer neuen Darstellungsweise in Bezug auf Hardware und Software auftreten können. Durch die Möglichkeit des freihändigen Arbeitens ist eine Einbeziehung der Sprachsteuerung durchaus überlegenswert. Diese Funktionalität sollte für jeden Nutzenden leicht erlernbar sein und keine Schwierigkeiten in Bezug auf Aussprache und Dialekt bereithalten.
Das letzte Prinzip der *Individualisierbarkeit* bietet dem Nutzenden die Möglichkeit, dass er das System auf seine Tätigkeit und seinen Wissenstand anpassen kann. 3D-Modelle sollten zum besseren Verständnis eingesetzt und unterschiedliche Interaktionsmodi zur Verfügung gestellt werden. Gerade bei einer längerfristigen Nutzung ist dieser Aspekt für die Gebrauchstauglichkeit relevant.

AR-Informationsdarstellung

Wesentlich sind auch die Anforderungen an die Informationsdarstellung. Diese Eigenschaften, die eine Informationsdarstellung erfüllen soll, lassen sich folgendermaßen nach der DIN EN ISO 9241-12 gliedern:

- *Klarheit*
  „(…) der Informationsinhalt wird schnell und genau vermittelt."
  (Norm DIN EN ISO 9241-12, S. 7)
- *Unterscheidbarkeit*
  „(…) die angezeigte Information kann genau unterschieden werden."
  (Norm DIN EN ISO 9241-12, S. 7)

- *Kompaktheit*
  „(…) den Nutzenden wird nur jene Information gegeben, die für das Erledigen der Aufgabe notwendig ist." (Norm DIN EN ISO 9241-12, S. 7)
- *Konsistenz*
  „(…) gleiche Information wird innerhalb der Anwendung entsprechend den Erwartungen des Nutzenden stets auf gleiche Art dargestellt." (Norm DIN EN ISO 9241-12, S. 7)
- *Erkennbarkeit*
  „(…) die Aufmerksamkeit des Nutzenden wird zur benötigten Information gelenkt." (Norm DIN EN ISO 9241-12, S. 7)
- *Lesbarkeit*
  „(…) die Information ist leicht zu lesen." (Norm DIN EN ISO 9241-12, S. 7)
- *Verständlichkeit*
  „(…) die Bedeutung ist leicht verständlich, eindeutig, interpretierbar und erkennbar." (Norm DIN EN ISO 9241-12, S. 7)

Diese anzustrebenden Eigenschaften stellen sicher, dass die Informationsdarstellung leicht verständlich und intuitive für Interaktionen verwendbar ist. Sie werden tabellarisch mit den besonderen Gestaltungsregeln aus den ExpertInneninterviews sowie der Literatur zusammengefasst. Tabelle 4-13 zeigt einen kleinen Auszug der Ergebnisse Die vollständige Auswertung wird im Anhang A 3 zusammengefasst.

Tabelle 4-13: Auszug aus den empirischen und analytischen Anforderungen an die Informationsdarstellung

Gestaltungsbereiche	Eigenschaften der Informationsdarstellung						
	Klarheit	Unterscheidbarkeit	Kompaktheit	Konsistenz	Erkennbarkeit	Lesbarkeit	Verständlichkeit
Verwendung von Fachtermini/Terminologie (Friedrich 2003; Norm DIN EN ISO 9241-110), ExpertInneninterview	X	X	X	X	X	X	X
kontextspezifische Informationen (Friedrich 2003; Schmitt und Zühlke 2013), ExpertInneninterview	X	X	X	X	X	X	X

Gestaltungsbereiche	Eigenschaften der Informationsdarstellung						
	Klarheit	Unter-scheid-barkeit	Kom-paktheit	Konsis-tenz	Erkenn-barkeit	Lesbar-keit	Ver-ständ-lichkeit
Informationskodierung (Norm DIN EN ISO 9241-12), ExpertInneninterview	X	X	X	X	X	X	X
Basisnavigation: Vergrößerungsmöglich-keit (Diepstraten et al. 2003; Preim und Dachselt 2015), ExpertInneninterview	X						X

Die von der DIN EN ISO 9241-12 vorgeschriebenen Aspekte Klarheit, Unterscheidbarkeit, Kompaktheit, Konsistenz, Erkennbarkeit, Lesbarkeit und Verständlichkeit werden in der Tabelle 4-13 im Zusammenhang zum Gestaltungsbereich gesetzt. Beachtung finden Fachtermini, kontextspezifische Informationen und Informationskodierung. Die Empfehlungen wurden für alle drei Bereiche verfeinert und zeigen, dass bei der Informationsdarstellung von Fachtermini auf eine klare, unterscheidbare und konsistente Darstellung zu achten ist. Bei der Visualisierung von kontextspezifischen Informationen sollte beispielsweise auf gute Erkennbarkeit, Lesbarkeit und Verständlichkeit geachtet werden. Die Informationsdarstellung ist für die Layout-Darstellung wichtig, um eine nutzerorientierte und intuitive Anwendbarkeit zu gewährleisten. Im Gegensatz dazu ist es bei der Basisnavigation der Vergrößerungsmöglichkeit nur wichtig, dass die Informationen klar und verständlich sind.

Zusammenfassung

Für die spezifischen Anforderungen wurden die Dialogprinzipien aus DIN ISO 9241-110 für die Aufgabenangemessenheit, Selbstbeschreibungsfähigkeit, Erwartungskonformität, Lernförderlichkeit, Steuerbarkeit, Fehlertoleranz und Individualisierbarkeit verfeinert. Beispielsweise wird gefordert, dass Informationen im AR-System unabhängig von vor- oder nachgelagerten Prozessen verständlich sein sollten, da ansonsten die Informationsfülle für das Erfüllen der einzelnen Aufgabe zu hoch wäre. Weiterhin sollte bei den Statusinformationen klar zwischen dauerhaften und situativen Anzeigen unterschieden werden. Das Hauptmenü und die Orientierungsanzeigen sollten demDer NutzerIn immer zur Verfügung stehen, Mitteilungen hingegen sollen eingeblendet und klar erkennbar sein. Für den industriellen

Kontext sollte ebenfalls das Sichtfeld des Augmented Reality-Systems im vollen Umfang genutzt werden, um dem menschliche Sichtfeld zu entsprechen. Werden zusätzlich noch Hinweise zu physikalischen Werkzeugen über das Augmented Reality-System vermittelt, kann eine vollständige Überlagerung der Realität mit virtuellen Inhalten erfolgen.

Die Anforderungen an die Augmented Reality-Informationsdarstellung befassen sich mit den Komponenten Klarheit, Unterscheidbarkeit, Kompaktheit, Konsistenz, Erkennbarkeit, Lesbarkeit und Verständlichkeit und spezifizieren somit die Anforderung an das Layout des Augmented Reality-Systems. Mit Hilfe der ExpertInnenbefragung konnten somit die Anforderungen an die Oberfläche aus der DIN ISO 9241-12 verfeinert werden. Beispielsweise sollte bei der Gestaltung darauf geachtet werden, dass Fachtermini und Terminologien verwendet werden, die klar, unterscheidbar, konsistent und lesbar für denDie NutzerIn sind. Die Analyse der spezifischen Anforderungen an die Informationsdarstellung verdeutlicht, dass die NutzerInnen im industriellen Umfeld klar und deutlich erkennen müssen, welche Informationen das Layout darstellt. Die Informationen sollten auf einen Blick wahrnehmbar sein und keine großen Erklärungen benötigen.

Die spezifischen Gestaltungsempfehlungen wurden auf Grundlage einer Literaturanalyse durch Aussagen von fünf ExpertInnen erweitert. Die Anforderungen werden bei der Gestaltung des User-Interfaces im Kapitel 6 einfließen und eine nutzerorientierte Gestaltung für das industrielle Umfeld sicherstellen.

4.5 Quintessenz: Anforderungsanalyse

Ausgangsbasis für die Anforderungsanalyse war die Beschreibung der *Zielgruppe* des AR-Systems im industriellen Kontext. Dazu wurden die typischen Merkmale und Eigenschaften der späteren EndnutzerInnen in den einzelnen Lebensphasen analysiert und als Persona beschrieben. Jeder Lebensphase konnte eine Persona als stereotypische NutzerIn zugeordnet werden. Jede Persona ist repräsentativ für eineN typischeN NutzerIn in den Lebensphasen Produktplanung, Entwicklung/Konstruktion, Fertigung/Montage und Gebrauch. Diese Personen sind für die folgenden Phasen im Forschungsdesign relevant. Die Visualisierungsalternativen sind auf die Aufgaben der Personas abgestimmt (siehe Kapitel 6). Ebenso orientiert sich die Auswahl der Testpersonen an den Eigenschaften der Personas. So wird sichergestellt, dass im weiteren Verlauf die Eigenschaften der Personas berücksichtigt werden.

Anschließend erfolgte eine Betrachtung der *Arbeitsaufgabe*, die mit dem AR-System unterstützt werden soll. Es soll sichergestellt werden, dass derDie NutzerIn in seiner Tätigkeit und Entscheidung durch das AR-System unterstützt wird. Dazu sollen die Zusatzinformationen im Arbeitsablauf passgenau sein. Damit derDie EndnutzerIn an bestehendes Wissen anknüpfen kann, sollten bekannte Layout- und Hauptmenüstrukturen verwendet werden. Der Abschnitt 4.2 analysiert das erweiterte Aufgabenprofil für die generischen Aufgaben und Basisinteraktionen, die dann bei der Entwicklung des Layouts für das AR-System eine wesentliche Rolle spielen. Nachfolgend werden die *AR-Endgeräte* auf ihre Anwendung im industriellen Kontext analysiert. Die Grundlagen aus Abschnitt 2.1 werden durch ein Leitfadeninterview mit ExpertInnen, auf Basis von Literaturinformationen, erweitert. Für das industrielle Umfeld werden somit spezifische Anforderungen gesammelt, wie beispielweise die Beachtung des Bewegungsraumes und der damit verbundenen Vermeidung von Kabeln am AR-System. Auch sollte die Hardware und Software auf das Arbeitsumfeld angepasst sein und robust und temperaturbeständig sowie eine minimale Reaktions- und kurze Aktualisierungszeit aufweisen. Die Anforderungen an das AR-Endgerät zeigen, dass das industrielle Umfeld von dem System spezielle Eigenschaften voraussetzt, um eine Verwendung ohne Einschränkungen zu gewährleisten. Allerdings sind diese Anforderungen für die Dissertation nicht relevant, da sie keinen Bezug zur Gestaltung des Layouts im AR-System haben.

Hierzu wurden zunächst nach Bowman et al. und LaViola et al. bereits bestehende *allgemeingültige Gestaltungsempfehlungen* analysiert und dann für AR-Systeme verfeinert. Die Information zur Verfeinerung von *spezifischen Gestaltungsempfehlungen* wurde in empirischen Studien und durch ExpertInneninterviews gewonnen und aus analytischen Studien der Literatur extrahiert. Aus den Dialogprinzipien der DIN ISO 9241-110 wird beispielsweise deutlich, dass das AR-System nur Informationen anzeigt, die für die Arbeitsaufgabe relevant sind. Jede störende Information wird vermieden, um den Fokus der MitarbeiterInnen nicht zu beinträchtigen. Für den Einsatz eines AR-Systems im industriellen Kontext sollen die bestehenden Fachtermini verwendet werden, die der Tätigkeit und Qualifikation des Endnutzenden entsprechen. Die Informationsdarstellung wurde anhand der DIN ISO 9241-12 verfeinert. Beispielsweise wurde in Bezug auf die Fachtermini oder kontextspezifischen Informationen angegeben, dass diese klar, unterscheidbar und konsistent im Layout des AR-Systems dargestellt werden sollten.

Die Entwicklung der Layoutvarianten in Kapitel 6 berücksichtigt die Anforderungen und integriert sie.

Die Ergebnisse der Anforderungsanalyse zeigen, dass die Usability-Ziele entsprechend der Definition von ISO 9241-11 gewählt werden sollten. Die Maße Effektivität, Effizienz und Zufriedenheit eignen sich für die Evaluation der ergonomischen Qualität der Layoutvarianten.

5 Wahrnehmung in Augmented Reality-Systemen

Tabelle 5-1: Struktur der Arbeit

<table>
<tr><td colspan="2">Kapitel 2</td><td colspan="10">Stand der Wissenschaft und Technik</td><td rowspan="2">Ergebnis:
Forschungslücke</td></tr>
<tr><td colspan="2">Augmented Reality</td><td colspan="2">Akzeptanz</td><td colspan="2">Mensch-Technik-Interaktion</td><td colspan="2">Wahrnehmung</td><td colspan="2">Produktlebenszyklus</td><td colspan="2">Pattern</td></tr>
<tr><td colspan="2">Kapitel 3</td><td colspan="10">Forschungsdesign</td><td rowspan="2">Ergebnis:
Grundlagen Anforderungsanalyse</td></tr>
<tr><td colspan="4">Forschungsfrage</td><td colspan="4">Forschungsvorgehen</td><td colspan="4">Forschungsmethoden</td></tr>
<tr><td colspan="2">Kapitel 4</td><td colspan="10">Anforderungsanalyse</td><td rowspan="2">Ergebnis:
Anforderungen Prototyp</td></tr>
<tr><td colspan="3">Persona</td><td colspan="3">Arbeitsaufgabe</td><td colspan="3">AR-Endgeräte</td><td colspan="3">Gestaltungsempfehlungen</td></tr>
<tr><td colspan="2">Kapitel 5</td><td colspan="10">Wahrnehmung in AR-Systemen</td><td rowspan="4">Ergebnis:
Grundlagen Evaluation</td></tr>
<tr><td colspan="6">Konzeption und Durchführung</td><td colspan="6">Auswertung</td></tr>
<tr><td colspan="2">Kapitel 6</td><td colspan="10">User-Interface für AR-Systeme</td></tr>
<tr><td colspan="6">Basisinteraktionen</td><td colspan="6">de-facto-Standards</td></tr>
<tr><td colspan="2">Kapitel 7</td><td colspan="10">Evaluation</td><td rowspan="2">Ergebnis:
Grundlagen Patternkatalog</td></tr>
<tr><td colspan="4">Gegenstand der Evaluation</td><td colspan="4">Layout User-Interface</td><td colspan="4">Ergebnisse der Evaluation</td></tr>
<tr><td colspan="2">Kapitel 8</td><td colspan="10">Patternkatalog</td><td rowspan="2">Ergebnis:
Patternkatalog</td></tr>
<tr><td colspan="6">Gestaltungsempfehlungen</td><td colspan="6">UI-Pattern</td></tr>
</table>

Bereits im Stand der Wissenschaft und Forschung wurde auf die spezifische Beleuchtungssituation im industriellen Umfeld hingewiesen (siehe Abschnitt 2.4 und 2.5). Die Wichtigkeit der Nutzerfreundlichkeit und Nützlichkeit für die Nutzungsbereitschaft ist ausschlaggebend und zeigt prägnant, dass die Wahrnehmung von Informationen in AR-Systemen im industriellen Bereich separat betrachtet werden muss.

5.1 Forschungsdesign

Theoretischer Hintergrund

Der in Abschnitt 3.2 modifizierte Vorgehensmodell sieht eine Studie zur Wahrnehmung vor, um die Informationsaufnahme in AR-Systemen auch im industriellen Umfeld sicherzustellen. Im Abschnitt 2.5 wurde gezeigt, dass es für unterschiedliche Beleuchtungsszenarien, die bei der nutzerorientierten Visualisierung beachtet werden müssen, bisher keine Richtlinien gibt, zum Beispiel für den Kontrast von Grau- und Farbwerten im AR-System. Aufbauend auf dem Stand der Technik, die Richtlinien zur Beleuchtung von Arbeitsstätten in Innenräumen (Norm DIN EN 12464-1) enthält und den definierten Wahrnehmungsprozessen (Goldstein et al. 2011, S. 3–8) werden Hypothesen für die Studie in Tabelle 5-2 formuliert. Damit derDie NutzerIn reale Objekte sieht und diese mit virtuellen bereichern kann, sollten schwarz und weiß nicht verwendet werden. Im Allgemeinen wird daher auf Grauwerte zurückgegriffen. In verschiedenen Studien wird zudem empfohlen, kühle Farben für den Hintergrund und warme Farben für den Vordergrund (Microsoft Corporation 2018) zu verwenden. Allerdings sind diese Empfehlungen sehr allgemein und nicht auf die Beleuchtung in Arbeitsstätten in Innenräumen abgestimmt. Im Fokus der Hypothesen stehen der Sättigungswert für Grau- und Farbtöne.

Tabelle 5-2: Hypothesen für die Wahrnehmung in AR-Systemen

Hypothesen in Bezug auf die Farbcodierung bei unterschiedlichen Beleuchtungssituationen	
H 1-1	Dunkle Grauwerte werden den hellen Grauwerte vorgezogen.
H 1-2	Es gibt Grauwerte, deren Wahrnehmung Probleme verursachen.
H 2-1	Sehr helle Farbwerte sind von weiß kaum zu unterscheiden.
H 2-2	Farben eignen sich zur Hervorhebung von Inhalten.

Methode

Die Studie zur Wahrnehmung in AR-Systemen basiert auf einer empirischen Untersuchung. Diese umfasst ein definiertes Set an Informationsobjekten mit variierendem Sättigungswert für Grau- und Farbtöne sowie eine variierende Umgebungsbeleuchtung. Als Methode wird die ExpertInnenevaluation gewählt, wobei die ExpertInnen auf die Untersuchung und Bewertung der Usability spezialisiert sind. Der Grund dafür ist, dass die Wahrnehmbarkeit vor einem umfangreichen Erfahrungshintergrund mit User Interfaces ganzheitlich evaluiert werden kann. So können zum Beispiel langfristige Wirkungen und Prinzipien der Aufmerksamkeitslenkung in die Evaluation einfließen. Weiterhin sollten die ExpertInnen normalsichtig sein und bereits über Erfahrungen mit dem AR-System verfügen.

5.2 Konzeption und Durchführung

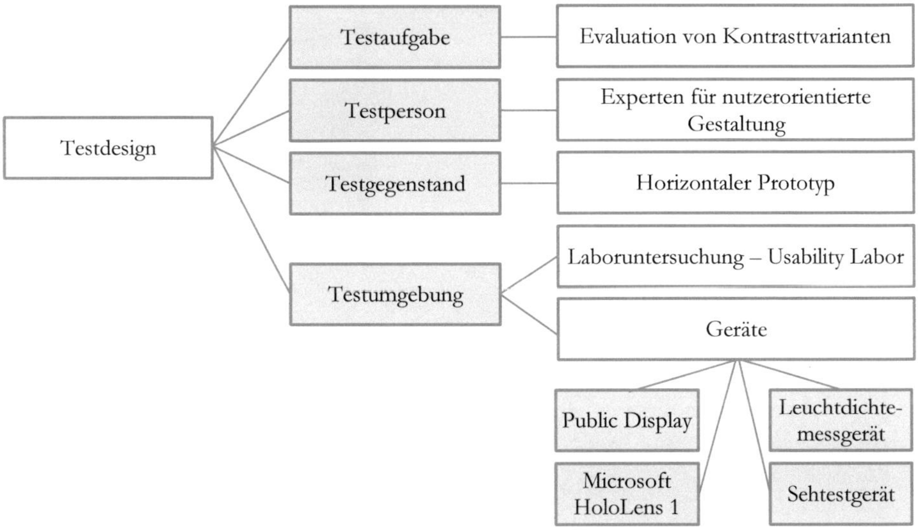

Abbildung 5-1: Grafische Darstellung der Studie zur Kontrast-UI

Die Testaufgabe bewertet die Wahrnehmung von Informationsobjekten mit den definierten Farb- und Sättigungswerten in industriellen Beleuchtungssituationen. Als Testpersonen werden für die Studie ExpertInnen für die nutzerorientierte Gestaltung gewählt. Der Testgegenstand ist ein horizontaler Prototyp, da es für die Studie nicht notwendig ist, Interaktionen über mehrere Ebenen auszuführen. Die Untersuchung erfolgt im Labor unter kontrollierten Bedingungen. Abbildung 5-2 zeigt die dafür verwendeten Geräte: das Public Display, für die Darstellung der Beleuchtung; das Leuchtdichtemessgerät, für die Kontrolle der Leuchtdichte; die Microsoft HoloLens 1, als verwendetes AR-System und ein Sehtestgerät, zur Kontrolle der Sehstärke.

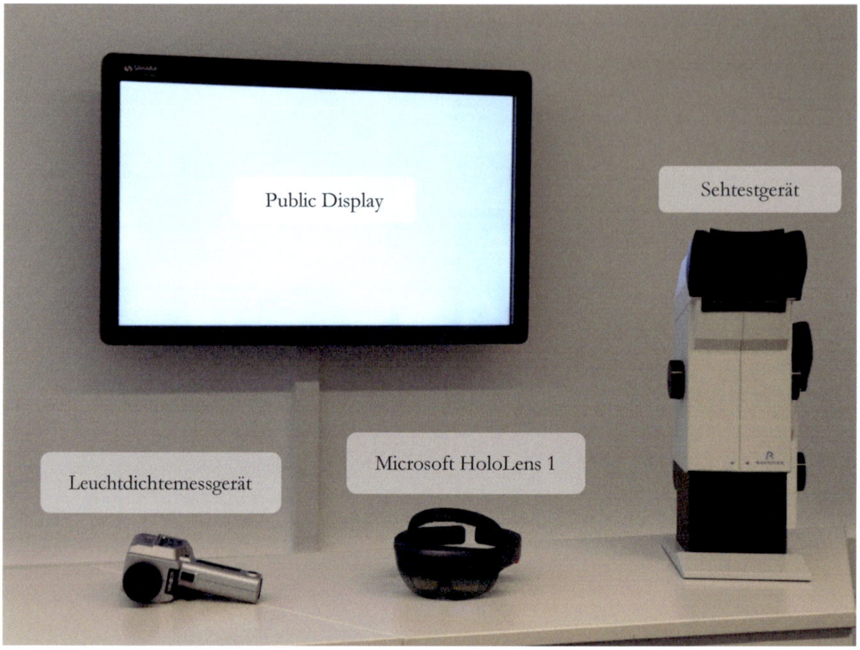

Abbildung 5-2: Technische Geräte, die während der Untersuchung verwendet werden

Hintergrundbeleuchtung – Public Display

Wie bereits in Abschnitt 2.5 beschrieben, wirkt sich die Hintergrundbeleuchtung auf die Wahrnehmung im AR-System aus. Nach den rechtlichen Vorgaben aus Tabelle 2-6 werden die Bereiche mit der kleinsten (300 lx) und der größten (1.000 lx) Beleuchtungsstärke gewählt. Die Wahl der äußeren Bereiche der Beleuchtungsstärke bietet den Vorteil, nicht die gesamte Beleuchtungsspanne abzufragen. Ist es demDer EndnutzerIn möglich, bei der minimalen und maximalen Beleuchtungsstärke, Inhalte im AR-System zu erkennen, so ist es auch möglich, diese innerhalb des Intervalls zu erkennen.

Für eine Laboruntersuchung sind definierte Parameter bedeutsam. Die Studie legt fest, dass ein Raum eine entsprechende Beleuchtungsstärke haben soll. Jedoch offenbart sich das Problem des kontrollierten Versuchsaufbaus derart, dass innerhalb des Raumes die Beleuchtungsstärke variieren und die Sicherstellung nicht gewährleistet werden kann. Um dieses Problem zu umgehen, erfolgt die Untersuchung auf einer kontrollierbaren Fläche mit fest eingestellter Leuchtdichte. Wie in Abbildung 5-2 erkennbar, wird dafür ein Public Display verwendet. Zur Messung der Leuchtdichte wird das Leuchtdichtemessgerät aus Abbildung 5-2 verwendet. Aus den Angaben der Beleuchtungsstärken, die die Beleuchtung von Arbeitsstätten in Innenräumen vorsehen, werden für die Fläche des Public Displays die entsprechenden minimalen und maximalen Leuchtdichten berechnet. Bei der Berechnung der Leuchtdichte (L) des Public Displays in Abhängigkeit von Beleuchtungsstärke (E) wird die folgende Formel verwendet:

$$L = \frac{\rho * E}{\pi}$$

Tabelle 5-3: Berechnung der minimalen und maximal Leuchtdichte für das Public Display

	Minimum	Maximum
ϱ	0,2	0,8
E in lx	300	1 000
L in cd/m²	19	255

Als zusätzliche Variable wird der Reflexionsgrad (ϱ), der durch die Materialeigenschaften der Laborumgebung bestimmt wird, einbezogen. Er kann zwischen 0 und 1 liegen (Mühlthaler et al. 2016, S. 14).

Tabelle 5-3 zeigt die vordefinierten Werte des Reflexionsgrades, der Beleuchtungsstärke und der berechneten Werten für die Leuchtdichte des Public Displays, die für die Untersuchung verwendet werden.

Farbwahrnehmung

Stimuli sind relevant für das Wahrnehmen und Handeln der Endnutzenden (siehe Abschnitt 2.4). Für die Studie werden die Grundlagen der aktuellen Design-Guidelines von Microsoft (Microsoft Corporation 2018) und Android (Android Open Source Project 2018) verwendet. In beiden Plattformen finden sich umfassende Gestaltungserfahrungen der Hersteller. Die Herausforderung bei der Gestaltung eines AR-Systems ist die Randbedingung, dass die in den Displays verwendeten optical see-through Verfahren, für die Überlagerung der Realität mit virtuellen Objekten Schwarz als transparent und weiß als leuchtend dargestellt. Damit wird erreicht, dass die Realität uneingeschränkt wahrgenommen werden kann. Für die Studie ist die Nutzung des Android Material Design-Color Tools[2] möglich. So werden standardisierte Farben mit Sättigungswerten für die Umsetzung benutzt, siehe Abbildung 5-3. Die Farbwerte

[2] Frei verfügbar unter https://material.io/design/color/the-color-system.html#tools-for-picking-colors

mit hohem Wert sind eher an eine dunkle Farbe angelehnt. Eine Farbe mit einem Sättigungswert von mehr als 900 wird in der Untersuchung nicht berücksichtigt, da der Farbwert zu sehr in dunkle bzw. schwarze Darstellungen führt und eine klare Abtrennung nicht mehr möglich ist. Im Gegensatz dazu werden Farben mit einem Sättigungswert unter 50 nicht betrachtet. In diesem Fall bewegt sich der Farbwert in Richtung Weiß.
Im Folgenden werden die Farben mit den englischen Begriffen bezeichnet, um eine präzise Zuordnung zu den in der Farbpalette verwendeten Farbbezeichnungen von Android-Material Design Color Tool (Android Open Source Project 2018) zu ermöglichen.

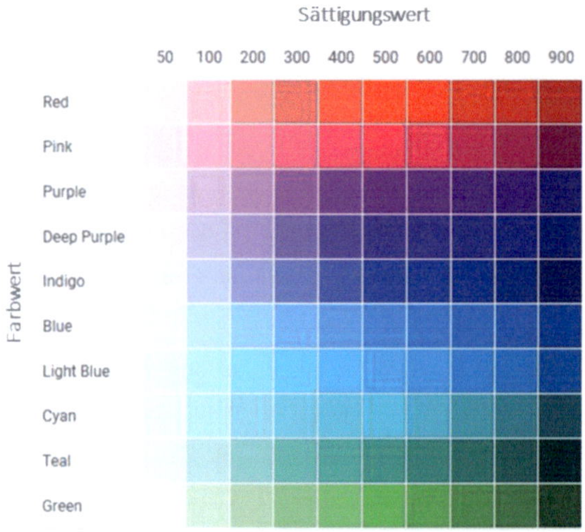

Abbildung 5-3: Auszug aus der Android-Material Design Color Tool (Android Open Source Project 2018)

Testdesign

Für die Visualisierung im AR-System sind abstrakte Informationsobjekte zu verwenden, da diese keine positiven oder negativen Assoziationen bei den ProbandInnen hervorrufen. Darüber hinaus muss es möglich sein, die Informationsobjekte in unterschiedlichen Farb- und Sättigungswerten darzustellen. Tabelle 5-4 zeigt die Variablen, die während der Studie untersucht werden.

Tabelle 5-4: Variablen, die in der Studie untersucht werden

Variable	Attribute
Informationsobjekt	Grauwerte mit Sättigungswerten von 50 bis 900
	Farbwerte mit Sättigungswerten von 50 bis 900
Umgebungsbeleuchtung	minimale Leuchtdichte 19 cd/m^2
	maximale Leuchtdichte 255 cd/m^2

Für die Studie werden Informationsobjekte aus dem Bereich der Optik gewählt: die Landolt Ringe (G. Rodenstock Instrumente GmbH 2013). Für die Analyse werden die Ringe in Reihen und Spalten zusammengestellt. Der erste Teil der Untersuchung überprüft die Hypothesen aus Tabelle 5-2.

Als Testdesign werden die unterschiedlichen Graustufen, wie in Abbildung 5-4, ausgewählt. Die ProbandInnen erhalten unterschiedliche Visualisierungen mit abweichenden Sättigungswerten und sollen diese bewerten.

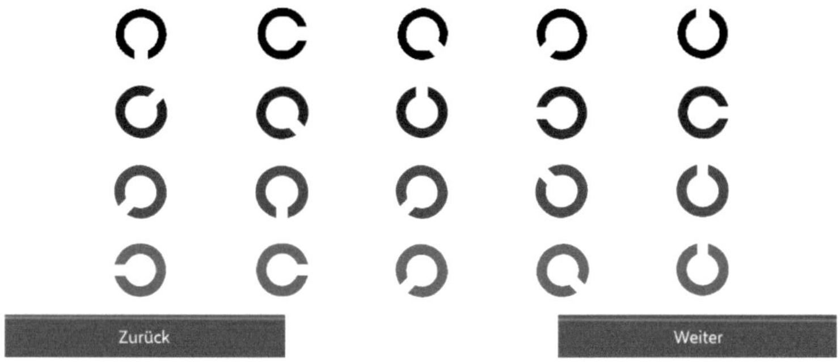

Abbildung 5-4: Landolt Ringe in unterschiedlichen Graustufen

Anschließend werden im zweiten Teil unterschiedliche Farbwerte untersucht. Den Empfehlungen der Studie von Microsoft Corporation (Microsoft Corporation 2018) folgend, werden warme Farben für den Vordergrund bei der Gestaltung des Layout des AR-Systems gewählt. Die ExpertInnen bewerten die Wahrnehmbarkeit der Landolt Ringe mit unterschiedlichen Sättigungswerten die Farben rot, pink, orange, gelb und grün vor minimaler und maximaler Leuchtdichte des Hintergrunds. Abbildung 5-5 zeigt je vier Farben mit unterschiedlichen Sättigungswerten.

Abbildung 5-5: Landolt Ringe in unterschiedlichen Farben und Sättigungsstufen

Für die Darstellung der Landolt Ringe in einem AR-System wird die Microsoft HoloLens 1 verwendet.

Testablauf

Tabelle 5-5: Testablauf: Wahrnehmung in AR-Systemen

Versuchsabschnitt		Methode	objektive Daten	subjektive Daten
1	Begrüßung Fragebogen zum Profil Fragebogen 1 zum Wohlbefinden Sehtest	Befragung, Sehtest	Sehtest	Einverständniserklärung Demografie Sehvermögen AR-Erfahrungen Wohlbefinden
2	Teil 1 - Grauwerte	Befragung, Beobachtung, Thinking Aloud	Landolt Ringe in unterschiedlichen Grauwerte	Bewertung der Grauwerte
3	Fragebogen 2 zum Wohlbefinden	Befragung		Wohlbefinden
4	Teil 2 - Farbwerte	Befragung, Beobachtung, Thinking Aloud	Landolt Ringe in unterschiedlichen Farbwerten	Bewertung der Farbwerte
5	Fragebogen 3 zum Wohlbefinden	Befragung		Wohlbefinden

Der Test beginnt mit einem kurzen Fragebogen (siehe Tabelle 5-5). In diesem werden neben den demografischen Aspekten, Fragen zum Sehvermögen und die Erfahrungen in der Ver wendung von AR-Systemen abgefragt. Anschließend unterzieht sich jeder ProbandInnen einem kurzen Sehtest, um die Normalsichtigkeit mit einem Visus von 0,8 bzw. 1,0 festzustellen. Für den Sehtest wurde die Landolt Ringe herangezogen, mit denen sowohl das binokulare als auch das monokulare Sehen überprüft werden kann.

Die Untersuchung mit der Microsoft HoloLens 1 beginnt mit der Bewertung von unterschiedlichen Graustufen (Grey 900 bis Grey 50) in beiden Beleuchtungsszenarien, danach folgt die Bewertung der unterschiedlichen Farbtöne. Die Versuchsperson befindet sich in einem Abstand von 1,5 m bis 2 m vom Public Display, auf dem der Testleiter die Leuchtdichten manuell variieren kann. Die Landolt Ringe in der Microsoft HoloLens 1 werden durchgängig auf dem Public Display dargestellt, eine konstante Leuchtdichte im Hintergrund ist zu gewährleisten. Abbildung 5-6 zeigt im linken Beispiel den Testdurchlauf bei minimaler Leuchtdichte und im rechten Beispiel den Testdurchlauf bei maximaler Leuchtdichte.

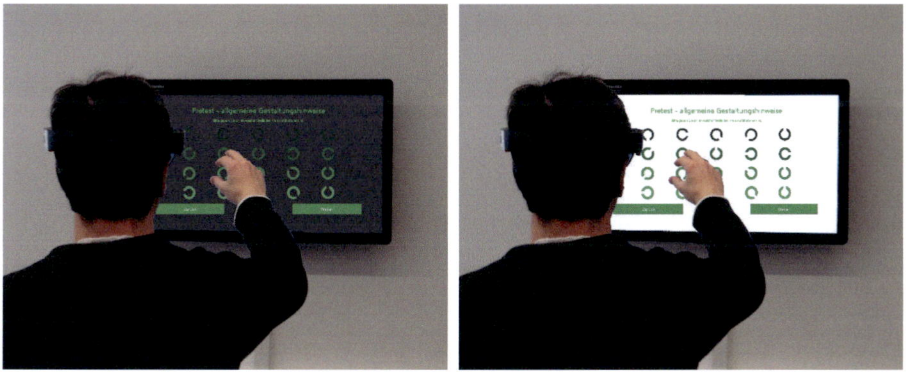

Abbildung 5-6: Beispielhafter Testablauf mit einem Probanden. (Für eine bessere Visualisierung wurden die virtuellen Inhalte in grün nachträglich eingefügt.)
links: Testablauf mit der minimalen Leuchtdichte von 19 cd/m²;
rechts: Testablauf mit der maximalen Leuchtdichte von 255 cd/m²

5.3 Ergebnisdarstellung

Testpersonen

Die 18 ExpertInnen der vorliegenden Untersuchung entsprachen alle dem definierten Anforderungsprofil. Tabelle 5-6 zeigt, dass alle Erfahrungen mit AR-Systemen hatten. Lediglich die Hälfte der ProbandInnen verfügten über Erfahrungen mit AR-Anwendung auf dem Smartphone oder mit einer Datenbrille. Alle ProbandInnen haben bei der Sehtestuntersuchung den benötigten Visus erreicht (siehe Tabelle 5-7). Bei der Verwendung von AR-Systemen kann es zur Motion Sickness kommen. Um diese zu beobachten, wurde das Wohlbefinden an drei Stellen abgefragt (siehe Tabelle 5-8). Direkt zu Beginn der Untersuchung, nach der Untersuchung zu den Grauwerten und am Ende nach der Eruierung der Farbwerte. Bei den ProbandInnen konnte bis auf einen, keine Veränderung des Wohlbefindens festgestellt werden. Der Proband, bei dem die Motion Sickness aufgetreten ist, hatte zum ersten Mal eine Datenbrille benutzt und hatte Probleme bei der Helligkeitsdarstellung des AR-Displays. Dies entspricht auch den Hinweisen in der Literatur, dass gerade die hellen Farben zu Kopfschmerzen führten.

Tabelle 5-6: Auswertung der Daten zur Wahrnehmungsstudie - Teil 1

Geschlecht	N = 18
männlich	6
weiblich	12
divers	0

Technologiewissen	N = 18
AR	17
AR mit Datenbrillen	11
AR mit Smartphone/Tablet	8

Tabelle 5-7: Auswertung der Daten zur Wahrnehmungsstudie - Teil 2

Sehvermögen	N = 18
keine Sehhilfe	9
Sehhilfe: ja; beim Test: kein	3
Sehhilfe: ja; beim Test: Brille	3
Sehhilfe: ja; beim Test: Kontaktlinsen	3

Sehtest	N = 18	
	Ferne	Nähe
Visus = 0,3	0	0
Visus = 0,5	0	0
Visus = 0,7	0	0
Visus = 0,8	3	5
Visus = 1,0	15	13

Tabelle 5-8: Auswertung der Daten zur Wahrnehmungsstudie - Teil 3

Wohlbefinden	N = 18		
	zu Beginn	nach Teil 1 (Grauwerte)	nach Teil 2 (Farbwerte)
sehr gut	6	5	4
gut	10	9	12
neutral	2	3	1
schlecht	0	1	1
sehr schlecht	0	0	0

Beantwortung der Hypothesen

Beantwortung H 1-1 und H 1-2

Dunkle Grauwerte werden den hellen Grauwerte vorgezogen.

Es gibt Grauwerte, deren Wahrnehmung Probleme verursachen.

Die Auswertung der Grauwerte erfolgte zunächst bezüglich der Leuchtdichte des Public Displays im Hintergrund. Um einen Gewöhnungseffekt bei den ExpertInnen zu vermeiden, wurden die Farbwerte der Landolt Ringe nicht in der Größenreihenfolge der Sättigungswerte angewandt, sondern zufällige Kombinationen gewählt. Tabelle 5-9 zeigt die Unterscheidung der Grauwerte, vom hellsten Wert von Grey 50 bis zum dunkelsten Wert von Grey 900. Die einzelnen Werte wurden auf einer Skala von 1 (sehr schlecht) bis 5 (sehr gut) von den ProbandInnen bewertet.

Tabelle 5-9: Auswertung der Grauwerte (Grey n) bei minimaler Leuchtdichte

N = 18	Leuchtdichte 19 cd/m²	
	M	SD
Grey 50	4,56	0,51
Grey 100	4,56	0,51
Grey 200	4,56	0,51
Grey 300	4,56	0,51
Grey 400	4,94	0,24
Grey 500	4,94	0,24
Grey 600	4,56	0,51
Grey 700	4,94	0,24
Grey 800	4,61	0,61
Grey 900	4,61	0,84

Die Tabelle zeigt den Mittelwert (M) und die Standardabweichung (SD) für jeden Grauwert (Grey n). Die einzelnen Grauwerte wurden bei einer geringen Leuchtdichte von 19 cd/m² im Hintergrund im Durchschnitt sehr gut wahrgenommen. Dabei erzielten Grey 400 und 500 mit 4,94 im Durchschnitt die beste Bewertung mit der geringsten Abweichung. Ein minimaler Abfall der Bewertungen erfolgt ab Grey 300 bis 50 bei denen der Mittelwert auf 4,51 sinkt und eine größere Standardabweichung erzielt wurde. Durch den dunklen Hintergrund von 19 cd/m² ist der entstandene Kontrast im AR-System hoch genug, dass alle 18 ProbandInnen eine gute Wahrnehmung erreichten.

Im Gegensatz zur minimalen Beleuchtungsstärke zeigt Tabelle 5-10 die maximale Leuchtdichte von 255 cd/m². In diesem Diagramm wurden die Grauwerte von Grey 50 nach Grey 900 angeordnet, die Bewertung erfolgte ebenfalls auf einer Skala von 1 (sehr schlecht) bis 5 (sehr gut).

Tabelle 5-10: Auswertung der Grauwerte (Grey n) bei maximaler Leuchtdichte

N = 18	Leuchtdichte 255 cd/m²	
	M	SD
Grey 50	4,72	0,46
Grey 100	4,72	0,46
Grey 200	4,72	0,46
Grey 300	4,67	0,49
Grey 400	4,89	0,32
Grey 500	4,78	0,55
Grey 600	4,50	0,62
Grey 700	4,72	0,57
Grey 800	4,11	1,08
Grey 900	2,44	1,25

Bei der hohen Leuchtdichte des Hintergrunds wurden größere Differenzen zwischen den Grauwerten erkennbar. Der dunkle Grauwert von Grey 900 erzielte einen Durchschnitt von 2,44 dies entspricht einer schlechten Wahrnehmbarkeit von Seiten der ProbandInnen. Wie bereits erwähnt, wird schwarz in einem AR-System als transparent wiedergegeben. Durch den schmalen Grat zwischen dunklem grau und schwarz wurde das Erkennen problematisch und als nicht empfehlenswert angesehen. Alle weiteren Grauwerte wurden gut bis sehr gut wahrgenommen. Grey 400 und 500 erzielten die besten Ergebnisse, jedoch konnte keine klare Unterscheidung zu den anderen erfolgen. Bei einem sehr hellen Hintergrund hatten die ProbandInnen bei einem Wert von Grey 900 und 800 Schwierigkeiten in der Wahrnehmung. Diese beiden Werte erzielten die größte Abweichung unter den Bewertungen, was gegen eine allgemeine Empfehlung spricht.

Beantwortung H 2-1 und H 2-2

> Sehr helle Farbwerte sind von weiß kaum zu unterscheiden
>
> Farben eignen sich zur Hervorhebung von Inhalten.

Von den ProbandInnen wurden acht Farbwerte (rot, pink, grün, hellgrün, gelb, lime, orange, dunkelorange) von 1 (sehr schlecht) bis 5 (sehr gut) bewertet. Die Auswertung der Farben rot und gelb erfolgt in den nachfolgenden Tabellen. Die weiteren Auswertungen werden im Anhang A 2 dargestellt. Die Farbe rot (siehe Tabelle 5-11) wurde bei beiden Beleuchtungssituationen zum Großteil sehr gut erkannt. Einzig Red 50 wird bei beiden Leuchtdichten sehr schlecht bewertet. Red 100 wird bei heller Hintergrundbeleuchtung schlecht wahrgenommen und erzielt bei den ProbandInnen die höchste Abweichung. Die Farbe gelb wird bei einem dunklen Hintergrund sehr gut erkannt (siehe Tabelle 5-12), Yellow 50 bildet diesbezüglich die Ausnahme, da sie nicht wahrgenommen wurde. Bei einer hellen Hintergrundbeleuchtung wurden die Sättigungswerte bis 200 von den ProbandInnen gut bis sehr gut wahrgenommen, bei dieser Leuchtdichte wurden Yellow 100 und 50 nicht wahrgenommen.

Tabelle 5-11: Auswertung des Farbwertes rot (Red n): deskriptive Kennwerte

N = 18	Leuchtdichte 19 cd/m²		Leuchtdichte 255 cd/m²	
	M	SD	M	SD
Red 50	1,00	0,00	1,44	1,33
Red 100	4,11	1,76	3,67	2,00
Red 200	5,00	0,00	4,56	1,33
Red 300	5,00	0,00	5,00	0,00
Red 400	5,00	0,00	4,78	0,67
Red 500	5,00	0,00	5,00	0,00
Red 600	5,00	0,00	5,00	0,00
Red 700	5,00	0,00	5,00	0,00
Red 800	5,00	0,00	5,00	0,00
Red 900	5,00	0,00	5,00	0,00

Tabelle 5-12: Auswertung des Farbwertes gelb (Yellow n): deskriptive Kennwerte

N = 18	Leuchtdichte 19 cd/m²		Leuchtdichte 255 cd/m²	
	M	SD	M	SD
Yellow 50	1,00	0,00	1,00	0,00
Yellow 100	4,11	1,76	2,78	2,11
Yellow 200	5,00	0,00	4,11	1,76
Yellow 300	5,00	0,00	5,00	0,00
Yellow 400	5,00	0,00	4,78	0,67
Yellow 500	5,00	0,00	4,78	0,67
Yellow 600	5,00	0,00	5,00	0,00
Yellow 700	5,00	0,00	5,00	0,00
Yellow 800	5,00	0,00	5,00	0,00
Yellow 900	5,00	0,00	5,00	0,00

Die Auswertung der untersuchten Farbpalette zeigt ähnliche Ergebnisse wie bei Rot und Gelb. Die Farben im Bereich der Sättigungswerte um die 900 wurden von den ProbandInnen vor einem dunklen Hintergrund als sehr dunkel angesehen, es war jedem möglich, die Farben zu erkennen. Bei einem dunklen Hintergrund wurden Farben bis zu einem Sättigungswert von 200 mit sehr gut bewertet. Die Farben erzielten bei dunklem Hintergrund einen starken Kontrast zur Umgebung. Die Farben mit dem Sättigungswert 100 erzielten teilweise einen guten Mittelwert, jedoch waren unter den ProbandInnen große Abweichungen, so dass keine allgemeine Empfehlung ausgesprochen werden kann. Farben mit dem Sättigungswert 50 erzielten bei allen Farben eine sehr schlechte Bewertung und sollten nicht im AR-System umgesetzt werden. Bei den hellen Farbenwerten erkannten die ExpertInnen zwar noch die Farben, jedoch wurden diese oft wegen ihres hohen Weißanteils mit Pastellfarben verglichen. Sollten die Farben als Hervorhebung in der Umsetzung eines AR-Systems verwendet werden, sollte dieser Bereich daher ungenutzt bleiben, da keine präzise Wahrnehmung sichergestellt werden kann. Bei dem abschließenden Interview mit den Testpersonen wurde deutlich, dass die Wahrnehmbarkeit mit jeder Helligkeitsstufe bei dunklem Hintergrund schwieriger wurde.

Bei einem hellen Hintergrund wurden die Farben bis zu einem Sättigungswert von 300 gut bis sehr gut wahrgenommen. Die Ergebnisse zeigen, dass der Kontrast zwischen den Farben und dem hellen Hintergrund bei niedrigen Sättigungswerten der Farben nicht mehr vollständig gegeben war. Einer Anwendung in Bezug auf farbliche Hervorhebungen ist abzuraten, da die

ExpertInnen den Weißanteil zu dominant fanden und keine klaren Farben erkennbar waren. Erreichten die Farben den Sättigungswert von 200 und niedriger, konnten die Farben nicht klar erkannt und abgegrenzt werden, durch ihre hohe Standardabweichung werden sie nicht empfohlen. Die Werte 100 und 50 werden von den ProbandInnen als sehr schlecht und schlecht bewertet und sollten in dem Layout des AR-System nicht angewandt werden.
Die vollständige Auswertung aller untersuchten Farben wird im Anhang A 2 dargestellt.

Interpretation der Ergebnisse

Bei der Verwendung von Grauwerten wurde festgestellt, dass die maximalen und minimalen Sättigungswerte von Grey 900 und Grey 800 sowie Grey 100 und Grey 50 für den industriellen Bereich nicht empfehlenswert sind. Sowohl bei der minimalen als auch der maximalen Leuchtdichte von 19 cd/m^2 und 255 cd/m^2 sorgten die Sättigungswerte bei Grau für unzureichenden Kontrast. In den maximalen Sättigungswerten von Grau hatten die ExpertInnen teilweise Schwierigkeiten, die Informationsobjekte zu erkennen, da ein Vergleich zu schwarz und damit eine Transparenz deutlich wurde. In den minimalen Sättigungswerten von Grau wurden die Informationsobjekte als zu hell oder strahlend beschrieben. Durch den großen Kontrast empfanden einige der ExpertInnen diese Darstellung bei längerer Nutzungsdauer als unangenehm. Bei beiden Beleuchtungsszenarien eignen sich die mittleren Grauwerte zwischen Grey 600 und Grey 300. Dabei kann bei wechselnder Beleuchtung der Kontrast erhalten bleiben und die Endnutzenden müssen die Darstellung nicht anpassen (Koreng und Krömker 2019, 6-8).
In Bezug auf die Sättigungswerte bei Farben kann festgestellt werden, dass gerade die Farben mit einem hohen Sättigungswert von den ExpertInnen sehr gut wahrgenommen wurden. Dabei waren sowohl bei minimaler Leuchtdichte von 19 cd/m^2 als auch bei maximaler Leuchtdichte von 255 cd/m^2 die Farben deutlich erkennbar und für Hervorhebungen geeignet. Je geringer der Sättigungswert der Farben wurde, desto schwieriger wurde es für die ExpertInnen, die Farben als solches zu erkennen. Gerade bei der maximalen Leuchtdichte von 255 cd/m^2 war der Kontrast zum Display im AR-System nicht groß genug. Sind die Sättigungswerte in den Farbwerten zu niedrig, kann keine klare Unterscheidung erfolgen. Sollen Farben als Hervorhebungen oder als Hinweise eingesetzt werden, so werden in den Beleuchtungsszenarien die Sättigungswerte von 900 bis 400 empfohlen. Dabei unterscheiden sich die Farben etwas in der Intensität, dies schwächt nicht die Erkennbarkeit (Koreng und Krömker 2019, S. 6–8).
Für eine gute Usability ist die Farbwahl, die keine manuelle Anpassung benötigt, die beste Wahl für einen ungestörten Arbeitsablauf (Koreng und Krömker 2019, S. 6–8).

Tabelle 5-13: Beantwortung der Hypothesen für die Wahrnehmung in AR-Systemen

Hypothesen in Bezug auf die Farbcodierung bei unterschiedlichen Beleuchtungssituationen		Ergebnis
H 1-1	Dunkle Grauwerte werden den hellen Grauwerte vorgezogen.	Abgelehnt
H 1-2	Es gibt Grauwerte, deren Wahrnehmung Probleme verursachen.	Angenommen
H 2-1	Sehr helle Farbwerte sind von weiß kaum zu unterscheiden.	Angenommen
H 2-2	Farben eignen sich zur Hervorhebung von Inhalten.	Angenommen

5.4 Quintessenz: Wahrnehmung in Augmented Reality-Systemen

Im industriellen Umfeld gibt es für die Beleuchtung von Arbeitsstätten in Innenräumen ISO-Normen (DIN EN 12464-1), die eingehalten werden müssen. Diesbezüglich wurde eine Untersuchung mit ExpertInnen auf dem Gebiet der Usability durchgeführt, um eine möglichst ganzheitliche Bewertung der Wahrnehmung zu erreichen. Das Ergebnis der Studie ist, dass sich sowohl bei minimaler Leuchtdichte von 19 cd/m^2 als auch bei maximaler Leuchtdichte von 255 cd/m^2 die Grauwerte von Grey 600 bis Grey 300 am besten eignen. Diese Grauwerte werden am häufigsten für dauerhafte Anzeigen eingesetzt, dies entspricht auch den Empfehlungen der Literatur. Für die farbliche Untersuchung wurden warme Farben verwendet, die ebenfalls in Bezug zur minimalen sowie maximalen Leuchtdichte untersucht wurden. Werden Informationen vermittelt, die ein sofortiges Einschreiten erfordern, so sollten diese einen Sättigungswert von 600 bis 400 aufweisen. Bei grafischen Darstellungen sollte hingegen eher ein Sättigungswert von 900 bis 700 angewandt werden.

Die Ergebnisse werden als Gestaltungempfehlung in Kapitel 8 aufgenommen und fließen in den Patternkatalog ein.

6 User-Interface für Augmented Reality-Systeme

Tabelle 6-1: Struktur der Arbeit

Kapitel 2	**Stand der Wissenschaft und Technik**						Ergebnis: Forschungslücke
Augmented Reality	Akzeptanz	Mensch-Technik-Interaktion	Wahrnehmung	Produktlebenszyklus	Pattern		
Kapitel 3	**Forschungsdesign**						Ergebnis: Grundlagen Anforderungsanalyse
Forschungsfrage	Forschungsvorgehen	Forschungsmethoden					
Kapitel 4	**Anforderungsanalyse**						Ergebnis: Anforderungen Prototyp
Persona	Arbeitsaufgabe	AR-Endgeräte	Gestaltungsempfehlungen				
Kapitel 5	**Wahrnehmung in AR-Systemen**						Ergebnis: Grundlagen Evaluation
Konzeption und Durchführung	Auswertung						
Kapitel 6	**User-Interface für AR-Systeme**						
Basisinteraktionen	de-facto-Standards						
Kapitel 7	**Evaluation**						Ergebnis: Grundlagen Patternkatalog
Gegenstand der Evaluation	Layout User-Interface	Ergebnisse der Evaluation					
Kapitel 8	**Patternkatalog**						Ergebnis: Patternkatalog
Gestaltungsempfehlungen	UI-Pattern						

Das in Abschnitt 3.2 modifizierte Vorgehensmodell sieht ein Designkonzept für die Prototypen zu Layoutvarianten in AR-Systemen vor. Dabei sollen aus den vorhandenen de-facto-Standards Layoutvarianten abgeleitet werden. In diesem Kapitel werden Basisinteraktionen in AR-Systemen aus den generischen Aufgaben in den Produktlebensphasen abgeleitet. Anschließend erfolgt eine Analyse der bestehenden de-facto-Standards von AR-Systemen. Aus diesen beiden Themenbereichen entstehen einzelne Layoutvarianten, die dann einer Evaluation unterzogen werden (siehe Kapitel 7).

6.1 Basisinteraktionen

Um diese Basisinteraktionen zu extrahieren, werden die Produktlebensphasen aus dem Abschnitt 2.5 in Hinblick auf generische Aufgaben untersucht. Abbildung 6-1 zeigt die Systematik sowie die Ergebnisse der Aufgabenanalyse, die aus den Lebensphasen Produktplanung, Entwicklung, Konstruktion, Fertigung, Montage und Gebrauch separiert werden.

Generische Produktlebensphasen					
Produktplanung	Entwicklung	Konstruktion	Fertigung	Montage	Gebrauch

Generische Aufgaben			
Auswählen aus dem Hauptmenü	Vertiefen von Objektinformationen	Auswählen aus der Funktionsleiste	Navigation in Dokumenten

Basisinteraktionen		
Positionieren	Auswählen	Bestätigen

Abbildung 6-1: Darstellungen der generischen Aufgaben und Basisinteraktionen in einem AR-System im Produktionsumfeld

Es werden zunächst die generischen Aufgaben, die bei dem Einsatz von AR in den Produktlebensphasen vorhanden sind, extrahiert:

- *Auswählen aus dem Hauptmenü*
  Die komplexen industriellen Inhalte werden über Menüeinstiegspunkte arbeitssituiert aufbereitet. Im Durchschnitt sind es ca. fünf Menüoptionen, zwischen denen eine Auswahl getroffen werden soll. Das Menü wird dabei zu Beginn im AR-System den NutzerInnen aufgezeigt und wird anschließend ausgeblendet, damit das Display für die Anzeige von weiter Inhalten zur Verfügung steht. Im Verlauf des Arbeitsprozesses muss es dann wieder bewusst aufgerufen werden. Die Menüoptionen des Hauptmenüs stehen damit nur situativ zur Verfügung.
- *Vertiefen von Objektinformation*
  Zu den Arbeitsobjekten der realen Welt werden Zusatzinformationen angeboten, wie zum Beispiel häufige Fehler bei Prüfaufgaben. Die Zusatzinformationen werden nur im Zusammenhang mit einem 3D-Modell demDer NutzerIn bereitgestellt und stehen nur situativ zur Verfügung.

- *Auswählen aus der Funktionsleiste*
  Hier sind grundlegende Funktionen angeordnet, wie zum Beispiel Minimieren, Maximieren, Zurück, Schließen, Hilfe, Speichern, die häufig genutzt werden. Sobald derDie NutzerIn eine Auswahl im Hauptmenü getroffen hat, steht ihmIhr die Funktionsleiste permanent zur Verfügung. Sie ermöglicht die Interaktion mit der aktuellen Ansicht, Dokumenten oder Modellen.
- *Navigieren in Dokumenten*
  Fertigungsunterlagen oder Montageanweisungen sind im Allgemeinen lange Dokumente mit einer durchschnittlichen Seitenanzahl von ca. 20-30 DIN-A4-Seiten. Sie werden gezielt von demDer NutzerIn aufgerufen und müssen über Blättern oder Scrollen erschlossen werden.

Aus diesen generischen Aufgaben wurden in Anlehnung an Bowman et al. (Bowman et al. 2005, S. 142–143) Basisinteraktionen extrahiert (siehe Abschnitt 4.4), die immer wieder in unterschiedlichen Aufgabenkontexten der Produktlebensphasen vorkommen:

- *Positionieren*
  Der Cursor wird auf Schaltflächen, wie zum Beispiel Funktionsleisten bewegt.
- *Auswählen*
  Die gewünschte Schaltfläche wird ausgewählt, das System zeigt die Auswahl durch eine entsprechende Markierung an.
- *Bestätigen*
  Die Eingabe bestätigt die Auswahl.

Um die Akzeptanz zu erhöhen, ist es in Anlehnung an Kapitel 2 erforderlich, bekannte Visualisierungsmöglichkeiten zu nutzen. In diesem Zusammenhang ist die Wiedererkennbarkeit bedeutsam, da sie die Einarbeitungszeit desDer NutzersIn in das AR-System verkürzt. Diesbezüglich werden im nachfolgenden Abschnitt bestehende Systeme in Bezug auf de-facto Standards betrachtet, mit denen sie die Ausführung von generischen Aufgaben funktional unterstützen.

6.2 De-facto-Standards

Die Analyse bestehender Systeme dient als Grundlage für die weitere Untersuchung und Umsetzung. Für die Studie wurden vier Datenbrillenhersteller betrachtet. Microsoft HoloLens 1[3] und Daqri[4] sind Vertreter von Brillen, die sich bereits im Bereich der Produktion und in der industriellen Anwendung wiederfinden. Meta 2[5] und Magic Leap One[6] werden im Consumer-Bereich verwendet. Die nachfolgende Tabelle zeigt einen Auszug des direkten Vergleiches der verschiedenen Datenbrillentypen. Hauptaugenmerk wurde dabei auf die vier generischen Aufgaben „Auswählen aus dem Hauptmenü“, „Navigieren in Dokumenten“, „Vertiefen von Objektinformation“ und „Auswählen aus der Funktionsleiste“ gelegt. Eine ausführlichere Analyse der bestehenden Layout-Lösungen befindet sich im Anhang A 6. Die Tabelle 6-2 zeigt die bereits verwendeten Arten von Visualisierungen.

Tabelle 6-2 zeigt den Visualisierungsvergleich der vier Datenbrillenhersteller für die generischen Aufgaben „Auswählen aus dem Hauptmenü“ und „Navigieren in Dokumenten“. In Bezug auf die Hauptmenüdarstellung setzt Microsoft auf das Kachelsystem, das bereits bei Windows PCs verwendet wird. Durch das gleiche Konzept bei der Darstellung von Inhalten, setzt Windows auf die Wiedererkennung beim Nutzenden. Daqri wählt die Listendarstellung für das Hauptmenü. Diese Art der Darstellung wird in unterschiedlichen Formen bereits in anderen Endgeräten genutzt und ist von demDer NutzerIn akzeptiert. Bei Meta 2 wird das Hauptmenü in einem Regal dargestellt. Alle relevanten Kategorien werden demDer NutzerIn aufgezeigt. Magic Leap One setzt auf kreisförmige Anzeigen. Im Zentrum wird die Hauptkategorie bzw. Überschrift angezeigt, um dieses herum werden weitere Hauptmenüpunkte angeordnet. Jedoch wird in den Unterpunkten zur listenförmigen Anordnung gewechselt.

---

[3] Microsoft HoloLens1 - Hersteller: Microsoft, Erscheinungsjahr 2016

[4] Daqri - Hersteller: Daqri, Erscheinungsjahr 2017

[5] Meta 2 - Hersteller: Meta, Erscheinungsjahr 2016

[6] Magic Leap One- Hersteller: Magic Leap, Erscheinungsjahr 2017

Tabelle 6-2: Auszug aus der Anforderungsanalyse von Datenbrillen

<table>
<tr><th colspan="2">Datenbrillen</th></tr>
<tr><td colspan="2">Auswählen aus dem Hauptmenü[7]</td></tr>
<tr><td>Microsoft HoloLens 1
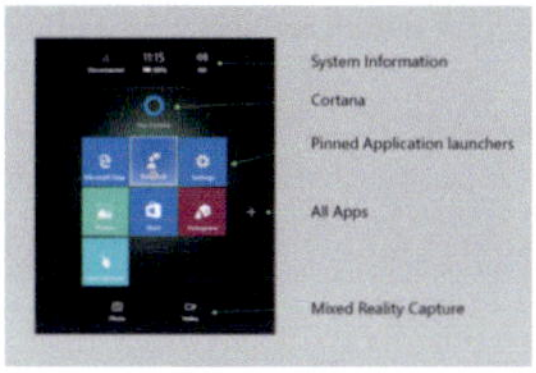
</td><td>Daqri
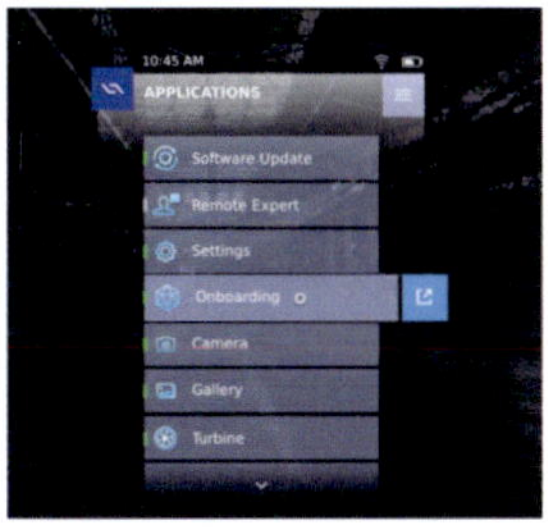
</td></tr>
<tr><td>Meta 2
</td><td>Magic Leap One

</td></tr>
</table>

[7] Informationen abgerufen 05.04.2019:
Microsoft HoloLens 1: https://docs.microsoft.com/de-de/windows/mixed-reality/app-model
Daqri: https://support.daqri.com/#!/content/vos-user-guide#browser
Meta 2: https://www.weforum.org/agenda/2017/08/dogfooding-or-why-this-start-ups-employees-have-to-wear-an-ar-headset/
Magic Leap One: https://circuitstream.com/deploy-magic-leap-one-unity/

Datenbrillen

Navigieren in Dokumenten[8]

Microsoft HoloLens 1	Daqri

Meta 2	Magic Leap One
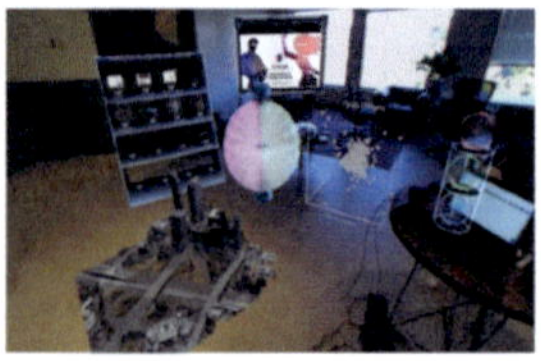	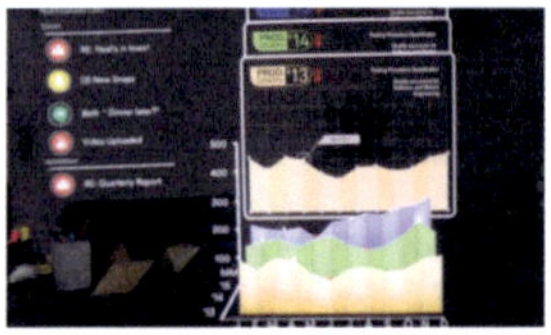

Auch bei der Navigation durch die Dokumente gibt es erhebliche Unterschiede. Microsoft und Daqri ermöglichen es, die Auswahl des Dokuments in Abhängigkeit von dem fokussierten Objekt in der Realität vorzunehmen. Beide bevorzugen für die Dokumente einen dunkleren Hintergrund. Microsoft HoloLens 1 legt Wert auf den Wiedererkennungswert von Windows. Navigationsfunktionen werden in Form von Icons oberhalb der kontinuierlich scroll- bzw. blätterbaren Dokumenten dargestellt. Bei Daqri werden Inhalte in Abschnitte zerlegt. Auf der linken Seite befindet sich der Gesamtkontext der Dokumentenabschnitt in Form von Tabellenstrukturen, der eigentliche Inhalt des Dokumentes wird auf der rechten Seite dargestellt. Alle inhaltlich relevanten Informationen werden bei Meta 2 und Magic Leap One ermöglichen keine Auswahl des Dokumentes in Abhängigkeit von dem fokussierten Objekt in der Realität, da diese Datenbrille aus dem Spielebereich kommen und diese Funktion irrelevant ist. Sie zerlegen jedoch ebenfalls die Dokumente in kleinere Untereinheiten, die einzeln aufgerufen und flexibel platziert werden können.

Nach näherer Auseinandersetzung mit den vier Datenbrillentypen werden die vielfältigen Lösungen für das Layout deutlich. Dies zeigt, dass es noch keine ideale Lösung gibt, die sich in

[8] Informationen abgerufen 05.04.2019:
Microsoft HoloLens 1: https://dynamics.microsoft.com/de-ch/mixed-reality/layout/
Daqri: https://3dprintingindustry.com/news/augemented-reality-startup-daqri-3d-prints-holograms-106165/
Meta 2: https://www.businesswire.com/news/home/20170601005952/en/Meta-Introduces-AR-Workspace-Augmented-World-Expo
Magic Leap One: https://www.blippar.com/blog/2016/04/22/magic-leaps-impressive-new-demo-weekly-mashup-131

allen Systemen durchsetzt. Für den Patternkatalog werden die bestehenden Lösungsansätze verwendet und in Darstellungen für die Einzelkomponenten umgesetzt. Für das Ausführen der Basisinteraktionen im AR-Systems wurden alternative Lösungen extrahiert. Tabelle 6-3 zeigt die generischen Aufgaben und die damit verbundenen Basisinteraktionen mit den verschiedenen Layout- und Interaktionsvarianten (Koreng 2019, S. 657–658).

Tabelle 6-3: Generische Aufgaben und Basisinteraktionen

Generische Aufgabe	Basisinteraktionen	Layoutvarianten	Interaktionsvarianten
Auswählen aus dem Hauptmenü	Positionieren, Auswählen, Bestätigen	Kachel, Liste, Kreis	Geste, Fokussieren
Vertiefen von Objektinformationen	Positionieren, Auswählen, Bestätigen	objektnah, objektfern	Geste, Fokussieren
Auswählen aus der Funktionsleiste	Positionieren, Auswählen, Bestätigen	oben, unten, rechts, links im Bildschirm	Geste, Fokussieren
Navigation in Dokumenten	Positionieren, Auswählen, Bestätigen	Blättern, Scrollen	Geste und Fokussieren

Beim „Auswählen aus dem Hauptmenü" werden die Layoutvarianten Kachel, Liste und Kreis verglichen. Wie Abbildung 6-2 zeigt, sind die Inhalte in allen Layoutvarianten identisch, nur die Form unterscheidet sich.

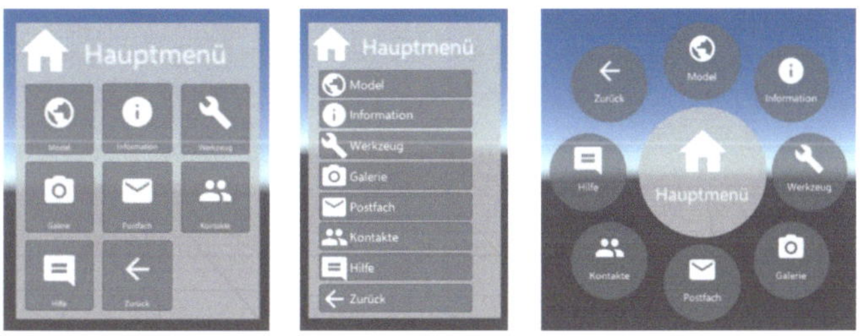

Abbildung 6-2: Layoutvariante: Auswählen aus dem Hauptmenü

Für die generische Aufgabe „Vertiefen von Objektinformation" werden die Informationen objektnah und objektfern dargestellt. Die zusätzlichen Inhalte können direkt am Objekt oder gebündelt über dem Objekt als Liste angezeigt werden (siehe Abbildung 6-3).

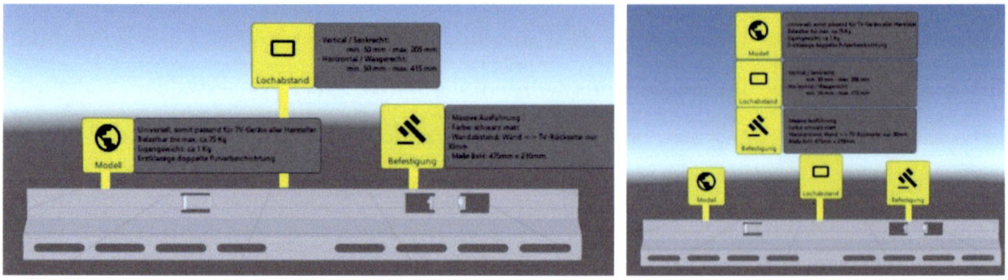

Abbildung 6-3: Layoutvariante: Vertiefen von Objektinformationen

Die Aufgabe „Auswählen aus der Funktionsleiste" untersucht die Position der Funktionsleiste. Abbildung 6-4 zeigt dabei die vier unterschiedlichen Anordnungen der Leiste.

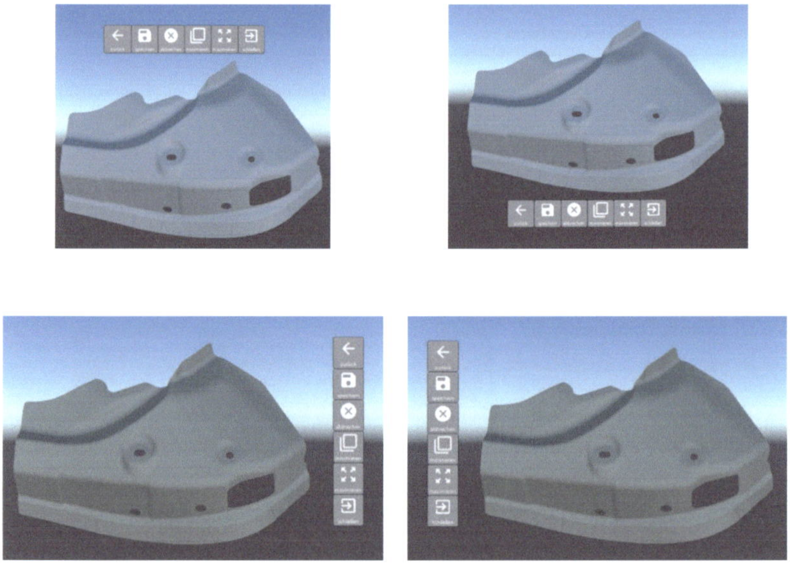

Abbildung 6-4: Layoutvariante: Auswählen aus der Funktionsleiste

Für die generische Aufgabe „Navigieren in Dokumenten" werden die Alternativen „Blättern" zwischen Schaltflächen und „Scrollen" in einer Scrollbar in mehrseitigen Dokumenten untersucht (siehe Abbildung 6-5). Für diese Aufgabe wird die Textnavigation sowohl bei einem Split Screen als auch bei einem Full Screen untersucht.

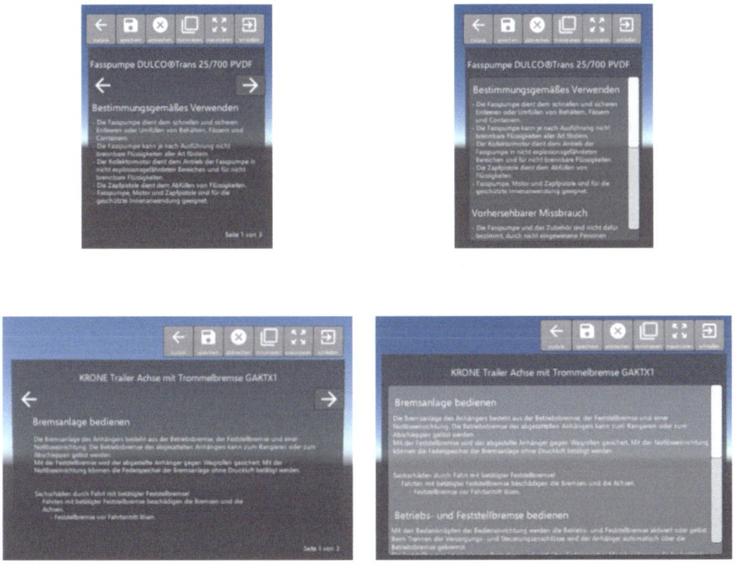

Abbildung 6-5: Layoutvariante: Navigation in Dokumenten (oben: Split Screen; unten: Full Screen)

Für die Basisinteraktionen sind neben dem Layout die Interaktionsvarianten von Bedeutung. Eingabemodus sind Positionieren, Auswählen und Bestätigen durch definierte Gesten, ein anderer Modus ist das Ausführen dieser Interaktionen durch das Fokussieren der Schaltflächen mit dem Auge. Beim Fokussieren wird die entsprechende Schaltfläche nach 2-3 Sekunden Betrachtungszeit aktiviert. Die Layoutvarianten werden ebenso auf diese Art der Interaktion analysiert. Eine Ausnahme bildet die Aufgabe „Navigieren in Dokumenten", beim Scrollen müssen beide Interkationen gleichzeitig angewandt werden, um Dokumentenabschnitte angezeigt zu bekommen. Diese Aufgabe wird nur hinsichtlich ihrer Darstellungsvariante untersucht (Koreng 2019, S. 657–658).

Für die prototypische Darstellung der Layoutvarianten wird die Microsoft HoloLens 1 gewählt, da diese sowohl eine Steuerung durch Gesten als auch durch das Fokussieren erlaubt.

6.3 Quintessenz: User-Interface für Augmented Reality-Systeme

Durch die Unterteilung der Produktlebensphasen aus Abschnitt 2.5 in generische Aufgaben und Basisinteraktionen werden die einzelnen Schritte, die mit dem AR-System ausgeführt werden sollen, deutlich. Der Abschnitt 6.1 verdeutlicht die vier Aufgaben, die generisch auf alle sechs Produktlebensphasen anwendbar sind. Beispielsweise wird das „Auswählen aus dem Hauptmenü" extrahiert. Diese Aufgabe ist relevant für denDie NutzerIn, um sich über das Hauptmenü die zur Verfügung stehenden Optionen zu erschließen. Weiterhin muss es möglich sein, Zusatzinformationen der Objekte sowie die Funktionsleiste aufzurufen. Final ist das „Navigieren in Dokumenten" relevant, damit derDie NutzerIn alle Unterlagen bei sich führen kann und diese jederzeit gezielt auf diese zugreifen kann. Alle generischen Aufgaben enthalten die Basisinteraktionen Positionieren und Auswählen mit dem Cursor und der anschließenden Bestätigung der Eingabe. Der Abschnitt 6.1 beschreibt die Ableitung dieser Basisinteraktionen aus den generischen Aufgaben. Diese werden in Kapitel 7 als Testaufgaben für die Evaluation der Layoutvarianten verwendet. Für die Gestaltung der Layoutvarianten wurden vier vorhandene Datenbrillen-Layouts betrachtet, um alle Gestaltungskomponenten für eine hohe Nutzerfreundlichkeit und Nützlichkeit berücksichtigt. Der Abschnitt 6.2 beleuchtete die elf extrahierten Layout- und die dazugehörigen Interaktionsvarianten (siehe Tabelle 6-3). Ein Set aus Variationen wird im Kapitel 7 ausgewertet.

7 Evaluation

Tabelle 7-1: Struktur der Arbeit

<table>
<tr><td>Kapitel 2</td><td colspan="5">Stand der Wissenschaft und Technik</td><td rowspan="2">Ergebnis:
Forschungslücke</td></tr>
<tr><td>Augmented Reality</td><td>Akzeptanz</td><td>Mensch-Technik-Interaktion</td><td>Wahrnehmung</td><td>Produktlebenszyklus</td><td>Pattern</td></tr>
<tr><td>Kapitel 3</td><td colspan="5">Forschungsdesign</td><td rowspan="2">Ergebnis:
Grundlagen Anforderungsanalyse</td></tr>
<tr><td colspan="2">Forschungsfrage</td><td colspan="2">Forschungsvorgehen</td><td colspan="2">Forschungsmethoden</td></tr>
<tr><td>Kapitel 4</td><td colspan="5">Anforderungsanalyse</td><td rowspan="2">Ergebnis:
Anforderungen Prototyp</td></tr>
<tr><td colspan="2">Persona</td><td>Arbeitsaufgabe</td><td colspan="2">AR-Endgeräte</td><td>Gestaltungsempfehlungen</td></tr>
<tr><td>Kapitel 5</td><td colspan="5">Wahrnehmung in AR-Systemen</td><td rowspan="4">Ergebnis:
Grundlagen Evaluation</td></tr>
<tr><td colspan="2">Konzeption und Durchführung</td><td colspan="4">Auswertung</td></tr>
<tr><td>Kapitel 6</td><td colspan="5">User-Interface für AR-Systeme</td></tr>
<tr><td colspan="2">Basisinteraktionen</td><td colspan="4">de-facto-Standards</td></tr>
<tr><td>Kapitel 7</td><td colspan="5">Evaluation</td><td rowspan="2">Ergebnis:
Grundlagen Patternkatalog</td></tr>
<tr><td colspan="2">Gegenstand der Evaluation</td><td colspan="2">Layout User-Interface</td><td colspan="2">Ergebnisse der Evaluation</td></tr>
<tr><td>Kapitel 8</td><td colspan="5">Patternkatalog</td><td rowspan="2">Ergebnis:
Patternkatalog</td></tr>
<tr><td colspan="2">Gestaltungsempfehlungen</td><td colspan="4">UI-Pattern</td></tr>
</table>

Das nachfolgende Kapitel befasst sich mit der Evaluation der Layoutvarianten für das AR-System, die aus den de-facto-Standards abgeleitet wurden. Die Resultate aus der Studie zur Wahrnehmung in AR-Systemen fließen hier ebenfalls ein. Die Analyse der generischen Aufgaben ist die Basis für die Definition der Testaufgaben. Die Ergebnisse aus dem Test der Layoutvarianten bilden die Basis für den Patternkatalog in Kapitel 8.

7.1 Forschungsdesign

Theoretischer Hintergrund

Das in Abschnitt 3.2 modifizierte Vorgehensmodell sieht eine Evaluation der Layoutvarianten vor. Es wurden 18 Hypothesen erstellt, die sich mit den Layoutvarianten in AR-Systemen befassen. Zur Evaluation der unterschiedlichen Varianten wurden vergleichende Hypothesen erstellt.

Tabelle 7-2: Hypothesen für das nutzerorientierte Interface

Hypothesen zum nutzerorientierten Interface in Bezug auf die Aufgaben, die im AR-System auftreten	
H 3-1	Bei der Auswahl der Hauptmenüdarstellung wird das Format der Kachel gegenüber der Liste bevorzugt.
H 3-2	Bei der Auswahl der Hauptmenüdarstellung wird das Format des Kreises gegenüber der Liste bevorzugt.
H 3-3	Bei der Auswahl der Hauptmenüdarstellung wird das Format der Kachel gegenüber dem Kreis bevorzugt.
H 4	Bei der Vertiefung der Objektinformationen wird die objektnahe Darstellung gegenüber der Objektfernen bevorzugt.
H 5-1	Bei der Auswahl der Funktionsleiste wird eine Positionierung „oben“ im Gegensatz zu „rechts“ bevorzugt.
H 5-2	Bei der Auswahl der Funktionsleiste wird eine Positionierung „unten“ im Gegensatz zu „links“ bevorzugt.
H 5-3	Bei der Auswahl der Funktionsleiste wird eine Positionierung „rechts“ im Gegensatz zu „links“ bevorzugt.
H 5-4	Bei der Auswahl der Funktionsleiste wird eine Positionierung „oben“ im Gegensatz zu „unten“ bevorzugt.
H 6-1	Bei Dokumenten, die als Split Screen dargestellt werden, wird die Navigation durch Blättern gegenüber dem Scrollen bevorzugt.
H 6-2	Bei Dokumenten, die als Full Screen dargestellt werden, wird die Navigation durch Scrollen gegenüber dem Blättern bevorzugt.

Tabelle 7-3: Hypothesen für die nutzerorientierte Interaktion

Hypothesen zur nutzerorientierten Interaktion in Bezug auf die Aufgaben, die im AR-System auftreten	
H 7-1	Bei der Hauptmenüdarstellung „Kachel" wird die Interaktion durch Gesten gegenüber dem Fokussieren bevorzugt.
H 7-2	Bei der Hauptmenüdarstellung „Liste" wird die Interaktion durch Fokussieren gegenüber den Gesten bevorzugt.
H 7-3	Bei der Hauptmenüdarstellung „Kreis" wird die Interaktion durch Gesten gegenüber dem Fokussieren bevorzugt.
H 8-1	Bei den Objektinformation „am Objekt" wird die Interkation durch Fokussieren gegenüber den Gesten bevorzugt.
H 8-2	Bei den Objektinformation „über dem Objekt" wird die Interaktion durch Gesten gegenüber dem Fokussieren bevorzugt.
H 9-1	Bei der Auswahl der Funktionsleiste „oben" wird die Interaktion durch Gesten gegenüber dem Fokussieren bevorzugt.
H 9-2	Bei der Auswahl der Funktionsleiste „unten" wird die Interkation durch Fokussieren gegenüber den Gesten bevorzugt.
H 9-3	Bei der Auswahl der Funktionsleiste „rechts" wird die Interaktion durch Gesten gegenüber dem Fokussieren bevorzugt.
H 9-4	Bei der Auswahl der Funktionsleiste „links" wird die Interkation durch Fokussieren gegenüber den Gesten bevorzugt.

Methoden

Die Studie zur Evaluation von Layoutvarianten in AR-Systemen basiert auf einer empirischen Untersuchung. Ziel ist es, erprobte Lösungen zu extrahieren und diese in Pattern zu beschreiben. Die Layoutvarianten bilden mögliche Varianten für Gestaltungsmöglichkeiten. Es wird die Methode des Usability Testings mit einer hohen ProbandInnenanzahl gewählt. Die Testpersonen entsprechen den Benutzerprofilen, der in Abschnitt 4.1 beschrieben Persona, nämlich demDer „PlanerIn", „TechnikerIn", „QualitätsprüferIn" und „TrainerIn".

7.2 Konzeption und Durchführung

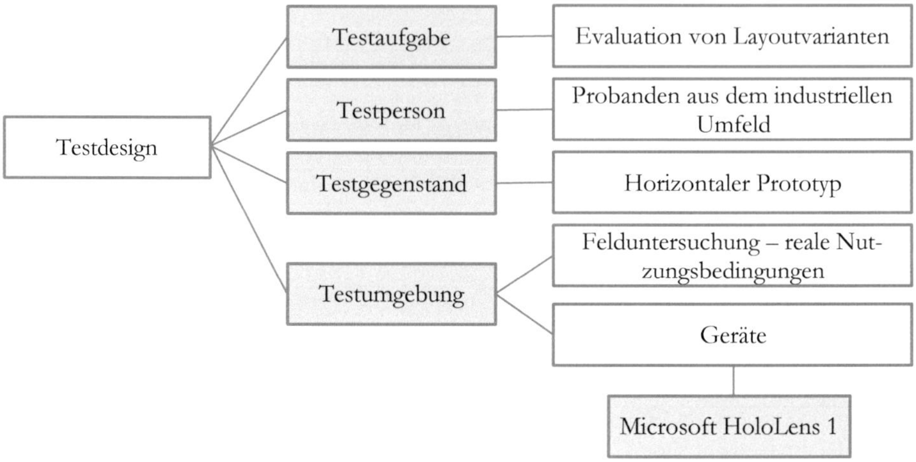

Abbildung 7-1: Grafische Darstellung der Studie-Layout-UI

Die Testaufgabe beinhaltet die generischen Basisinteraktionen, die im Kapitel 6 extrahiert wurden. Zur Bewertung werden die bereits im Akzeptanzmodell aus Abschnitt 2.2 definierten Kriterien „wahrgenommene Nützlichkeit" und „wahrgenommene Nutzerfreundlichkeit" herangezogen. Nielsen (Nielsen 1993, S. 24–25) beschreibt die Nützlichkeit mit der Frage, ob die Funktionalität des Systems das leistet, was benötigt wird. Das AR-System sollte demDer Nutzer-Innen die Funktionalitäten zur Verfügung stellen, die für seineIhre Arbeitsaufgabe nützlich sind. Das Kriterium für das Vorhandensein von Nützlichkeit ist damit die subjektiv wahrgenommene Unterstützung bei der Durchführung der Aufgabe.
In der DIN EN ISO 9241-11 wird die Nutzerfreundlichkeit als „Ausmaß, in dem ein Produkt durch bestimmte Benutzer in einem bestimmten Nutzungskontext genutzt werden kann, um bestimmte Ziele effektiv, effizient und zufriedenstellend zu erreichen." (Norm DIN EN ISO 9241-11, S. 4) Das AR-System wird somit von den NutzerInnen im Rahmen der Arbeitsaufgabe im industriellen Umfeld genutzt. Um festzustellen, ob das Ziel der Nutzerfreundlichkeit erreicht wird, werden die Usability-Maße zur Hilfe genommen. Die drei Begrifflichkeiten werden dabei durch die ISO-Norm 9241-11 definiert:

- *Effektivität*
  „Die Genauigkeit und Vollständigkeit, mit der die Nutzenden ein bestimmtes Ziel erreichen." (Norm DIN EN ISO 9241-11, S. 4)

- *Effizienz*
  „Der im Verhältnis zur Genauigkeit und Vollständigkeit eingesetzte Aufwand, mit dem Nutzende ein bestimmtes Ziel erreichen." (Norm DIN EN ISO 9241-11, S. 4)
- *Zufriedenheit*
  „Freiheit von Beeinträchtigung und positiver Einstellung gegenüber der Nutzung des Produktes." (Norm DIN EN ISO 9241-11, S. 4)

Die Testpersonen entsprechen den Benutzerprofilen der Personas aus Abschnitt 4.1, die für das industrielle Umfeld entwickelt wurden. Der Testgegenstand ist ein horizontaler Prototyp, der es ermöglicht verschiedene Layoutvarianten zu untersuchen, ohne dass dabei vertiefte Funktionalität zum Einsatz kommt (siehe Abbildung 7-2).

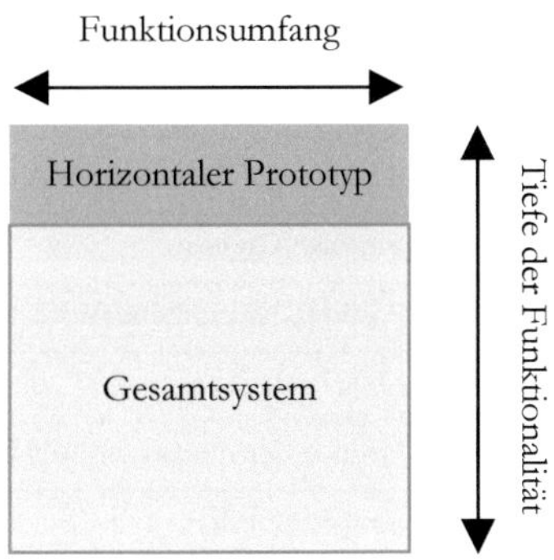

Abbildung 7-2: Horizontaler Prototyp (Krömker 2017)

Der horizontale Prototyp findet besonders in Layout-Studien seinen Einsatz. Bei der Evaluation der Layoutvarianten geht es vorrangig um Orientierungsaufgaben, die ohne vertiefte Funktionalität durchzuführen sind.
Die Testumgebung für die Layout-Studie mit der Microsoft HoloLens 1 ist direkt am Arbeitsplatz.

Testdesign

Für die Evaluation der Layoutvarianten werden spezifische Informationsobjekte verwendet, die sich aus den Gestaltungsempfehlungen (siehe Abschnitt 4.4), den Basisinteraktionen (siehe Abschnitt 6.1) und den de-facto-Standards (siehe Abschnitt 6.2) ableiten. Tabelle 7-4 zeigt die generischen Aufgaben und die Layoutvarianten, die während der Studie analysiert werden.

Tabelle 7-4: Generische Aufgaben, die in der Studie untersucht werden

generische Aufgaben	Alternative Darstellungen	
Auswählen aus dem Hauptmenü	Form des Hauptmenüs: Kachel	
	Eingabe: Gesten	Eingabe: Fokussieren
	Form des Hauptmenüs: Liste	
	Eingabe: Gesten	Eingabe: Fokussieren
	Form des Hauptmenüs: Kreis	
	Eingabe: Gesten	Eingabe: Fokussieren
Vertiefen von Objektinformationen	Position der Information: objektnah	
	Eingabe: Gesten	Eingabe: Fokussieren
	Position der Information: objektfern	
	Eingabe: Gesten	Eingabe: Fokussieren
Auswählen aus der Funktionsleiste	Position der Funktionsleiste: oben	
	Eingabe: Gesten	Eingabe: Fokussieren
	Position der Funktionsleiste: unten	
	Eingabe: Gesten	Eingabe: Fokussieren
	Position der Funktionsleiste: rechts	
	Eingabe: Gesten	Eingabe: Fokussieren
	Position der Funktionsleiste: links	
	Eingabe: Gesten	Eingabe: Fokussieren
Navigation in Dokumenten: Split Screen	Art der Navigation: Blättern	
	Eingabe: Gesten und Fokussieren	
	Art der Navigation: Scrollen	
	Eingabe: Gesten und Fokussieren	
Navigation in Dokumenten: Full Screen	Art der Navigation: Blättern	
	Eingabe: Gesten und Fokussieren	
	Art der Navigation: Scrollen	
	Eingabe: Gesten und Fokussieren	

Nachfolgend werden zur Illustration zwei generische Aufgaben beschrieben, eine Darstellung aller Untersuchungsaufgaben erfolgt im Anhang A 7. Beispiel 1 befasst sich mit der generischen Aufgabe „Auswählen aus dem Hauptmenü", Beispiel 2 zeigt die Interaktion mit dem Hauptmenü.

Layoutvarianten

Beispielaufgabe 1: Auswählen aus dem Hauptmenü

<table>
<tr><td>Nützlichkeits-Maß</td><td>Unterstützung bei der Durchführung der Aufgabe</td><td colspan="2">DerDie ProbandIn schätzt die Unterstützung als positiv oder negativ ein.</td></tr>
<tr><td rowspan="3">Usability-Maß</td><td>Effektivität</td><td colspan="2">Aufgabe ohne Hilfe erfüllt; Aufgabe mit Hilfe erfüllt; Aufgabe nicht erfüllt</td></tr>
<tr><td>Effizienz</td><td colspan="2">DerDie ProbandIn löst die Testaufgabe in ca. 20 Sekunden.</td></tr>
<tr><td>Zufriedenheit</td><td colspan="2">DerDie ProbandIn äußert sich verbal zur Zufriedenheit.</td></tr>
<tr><td>Untersuchungsziel</td><td colspan="3">Mit welcher Form der Hauptmenüdarstellung wird das Ziel am schnellsten erreicht, wenn der Inhalt gleichbleibt?</td></tr>
<tr><td>Aufgabe</td><td colspan="3">Bitte wählen Sie den Hauptmenüpunkt „Werkzeug“ aus.</td></tr>
<tr><td rowspan="3">Varianten</td><td colspan="2">Gemeinsamkeiten</td><td>Unterschiede</td></tr>
<tr><td colspan="2">Inhalt => Icon + Bezeichnung
• Model
• Information
• Galerie
• Postfach
• Werkzeug
• Hilfe
• Kontakte
• Einstellungen</td><td>Form
• Kachel
• Liste
• Kreis</td></tr>
<tr><td></td><td></td><td></td></tr>
</table>

Interaktionsvarianten

Beispielaufgabe 2: Interaktion mit dem Hauptmenü

<table>
<tr><td>Nützlichkeits-Maß</td><td colspan="2">Unterstützung bei der Durchführung der Aufgabe</td><td colspan="2">DerDie ProbandIn schätzt die Unterstützung als positiv oder negativ ein.</td></tr>
<tr><td rowspan="3">Usability-Maß</td><td colspan="2">Effektivität</td><td colspan="2">Ansteuerung erfolgt ohne Hilfe; Ansteuerung erfolgt mit Hilfe; Ansteuerung erfolgt nicht</td></tr>
<tr><td colspan="2">Effizienz</td><td colspan="2">Zeit für die Steuerung bleibt unter 15 Sekunden.</td></tr>
<tr><td colspan="2">Zufriedenheit</td><td colspan="2">DerDie ProbandIn äußert sich positiv oder negativ über die Steuerung.</td></tr>
<tr><td>Untersuchungsziel</td><td colspan="4">Mit welcher Art der Interaktionsmöglichkeit wird das Ziel am schnellsten erreicht, wobei der Inhalt gleichbleibt?</td></tr>
<tr><td>Aufgabe</td><td colspan="4">Bitte wählen Sie den Hauptmenüpunkt „Postfach“ aus.</td></tr>
<tr><td rowspan="2">Varianten</td><td colspan="2">Gemeinsamkeiten</td><td colspan="2">Unterschiede</td></tr>
<tr><td colspan="2">Inhalt
• Menü</td><td colspan="2">Interaktion
• Geste
• Fokussierung</td></tr>
<tr><td rowspan="2">Unteraufgaben</td><td>6.1 Kachel</td><td colspan="2">6.2 Liste</td><td>6.3 Kreis</td></tr>
<tr><td></td><td colspan="2"></td><td></td></tr>
</table>

Testablauf

Die Untersuchung mit ProbandInnen beginnt mit einem kurzen Fragenbogen (siehe Tabelle 7-5). Dieser beinhaltet demografischen Aspekte, Fragen zum Sehvermögen sowie die Erfahrungen mit der Verwendung von AR-Systemen. Anschließend erfolgt eine kurze Einführung in die Bedienung und Nutzung der Microsoft HoloLens 1, die als AR-System verwendet wird. Für die Bedienung erfolgt eine kurze spielerische Interaktion, bei der die ProbandInnen die Eingabe mit dem System erlernen. Die Studie wird am tatsächlichen Arbeitsplatz der ProbandenInnen durchgeführt. Während des Tests (Aufgabe 1 bis 8) wird die Thinking-Aloud-Methode angewandt. Zu jeder Aufgabe wird ein Fragebogen mit einer fünfstufigen Likert-Skala mit dem Nützlichkeits-Maß „Unterstützung bei der Durchführung der Aufgabe" sowie den Usability-Maßen „Effektivität", „Effizienz" und „Zufriedenheit" von demDer ProbandenIn ausgefüllt. Nach Abschluss der Evaluation werden in einem kurzen Interview kritische Punkte besprochen sowie Anmerkungen desDer ProbandenIn erfasst.

Tabelle 7-5: Testablauf: Layout-UI

Versuchsabschnitt		Methode	objektive Daten	subjektive Daten
1	Begrüßung Fragebogen zum Profil	Befragung		Einverständniserklärung Demografie Sehvermögen AR-Erfahrungen Wohlbefinden
2	Einführung	Interaktion mit der Microsoft HoloLens 1		
3	Aufgabe 1 – Auswählen aus dem Hauptmenü Fragebogen 1 zur summativen Bewertung	Befragung, Beobachtung, Thinking Aloud	Zeiterfassung	Varianteneinschätzung (Likert-Skala)
4	Aufgabe 2 – Vertiefen von Objektinformationen Fragebogen 2 zur summativen Bewertung	Befragung, Beobachtung, Thinking Aloud	Zeiterfassung	Varianteneinschätzung (Likert-Skala)
5	Aufgabe 3 – Auswählen aus der Funktionsleiste Fragebogen 3 zur summativen Bewertung	Befragung, Beobachtung, Thinking Aloud	Zeiterfassung	Varianteneinschätzung (Likert-Skala)
6	Aufgabe 4 – Navigation in Dokumenten – Split-Screen Fragebogen 4 zur summativen Bewertung	Befragung, Beobachtung, Thinking Aloud	Zeiterfassung	Varianteneinschätzung (Likert-Skala)

Versuchsabschnitt		Methode	objektive Daten	subjektive Daten
7	Aufgabe 5 – Navigation in Dokumenten – Full-Screen Fragebogen 5 zur summativen Bewertung	Befragung, Beobachtung, Thinking Aloud	Zeiterfassung	Varianteneinschätzung (Likert-Skala)
8	Aufgabe 6 – Interkation mit dem Hauptmenü Fragebogen 6 zur summativen Bewertung	Befragung, Beobachtung, Thinking Aloud	Zeiterfassung	Varianteneinschätzung (Likert-Skala)
9	Aufgabe 7 – Interaktion mit den Objektinformationen Fragebogen 7 zur summativen Bewertung	Befragung, Beobachtung, Thinking Aloud	Zeiterfassung	Varianteneinschätzung (Likert-Skala)
10	Aufgabe 8 – Interaktion mit der Funktionsleiste Fragebogen 8 zur summativen Bewertung	Befragung, Beobachtung, Thinking Aloud	Zeiterfassung	Varianteneinschätzung (Likert-Skala)
11	Fragebogen Interview Verabschiedung	Befragung		Handhabung der Datenbrille kritische Punkte während der Versuchsdurchführung

Vor der Untersuchung wird ein Pretest durchgeführt. Die Beschreibung der Untersuchungsaufgaben, die Interaktion mit dem AR-System sowie der Fragebogen für die ProbandInnen soll durch den Pretest hinsichtlich ihrer Vollständigkeit und Verständlichkeit ausgewertet werden. Ziel des Pretests ist es, Missverständnissen und groben Fehlern bereits vor der Evaluation entgegen zu steuern.

7.3 Pretest

Testpersonen

Bevor die Untersuchung mit realen ProbandInnen aus der Industrie erfolgt, wird mit Expert-Innen aus dem Usability Engineering ein Pretest durchgeführt. Tabelle 7-6 zeigt die demografischen Daten der Testpersonen.

Tabelle 7-6: Auswertung der Daten zum Pretest

Geschlecht	N = 8
männlich	4
weiblich	4
divers	0

Alter	N = 8
< 25	0
25 – 34	4
35 – 44	4
45 – 54	0
> 54	0

Technologiewissen	N = 8
AR	8
AR mit Datenbrillen	7
AR mit Smartphone/Tablet	7

Testergebnisse

Die Anmerkungen der acht ExpertInnen in Bezug auf die Interaktion mit dem AR-System beinhalteten folgende Verbesserungsvorschläge (Koreng 2019, S. 658):

- Zu Beginn sollte eine ausführlichere Anleitung zur Bedienung der Microsoft HoloLens 1 erfolgen. Durch schriftliche Interaktionshinweise kann die spezifische Gestensteuerung der Microsoft HoloLens 1 besser verdeutlicht werden.
- Virtuelle Modelle sollten ohne ein Tagalong, also ohne Verfolgung der Kopfbewegung, eingebunden werden. Das nachführen des Objektes in Abhängigkeit von der Kopfbewegung erschwert die Bearbeitung der Aufgabe schwieriger.
- Damit das Auslösen der Eingabe bei der Interaktion und Bedienung des AR-Systems durch Fokussieren nicht sofort erfolgt, wird ein Timer empfohlen. So werden unerwartete Eingaben vermieden und die Interaktion wird nach einem definierten Zeitfenster ausgelöst.
- Einzelne Aufgaben sollten im Fragebogen ausführlicher formuliert und mit zusätzlichen Erläuterungen versehen werden.

7.4 Ergebnisdarstellung

Testpersonen

Die Evaluation wurden mit 50 ProbandInnen, die in ihrem Profil den vier Personas entsprechen, durchgeführt. Die Tabelle 7-7 und Tabelle 7-8 zeigen die Auswertungen bezüglich der demografischen Daten sowie die Fachbereiche, in denen die ProbandInnen tätig sind.

Tabelle 7-7: Auswertung der Daten zur Layoutstudie - Teil 1

Geschlecht	N = 50
männlich	78%
weiblich	22%
divers	0%

Alter	N = 50
< 25	10%
25 – 34	36%
35 – 44	28%
45 – 54	20%
> 54	6%

Technologiewissen	N = 50
AR	80%
AR mit Datenbrillen	28%
AR mit Smartphone/Tablet	36%

Tabelle 7-8: Auswertung der Daten zur Layoutstudie - Teil 2

Fachbereiche	N = 50
Entwicklung	6%
Geschäftsführung/Leitung	14%
Ingenieur	24%
Marketing/Vertrieb	8%
Planung	8%
Qualitätsprüfung	8%
Technik	30%
Training	2%

Beantwortung der Hypothesen

Auswertung nach Layoutvarianten

Nachfolgend erfolgt die Analyse der Evaluationsergebnisse der Layoutvarianten und der damit verbundenen Basisinteraktionen. Diese wurden bezüglich ihrer Nützlichkeit sowie Nutzerfreundlichkeit ausgewertet, mit Hilfe der Usability-Maße Effektivität, Effizient und Zufriedenheit gemessen wird. Zur Effektivität zählen die Eigenschaften Genauigkeit und Vollständigkeit der Erfüllung der Testaufgaben. Die Effizienz untersucht in diesem Zusammenhang die zeitliche Komponente und mögliche Fehler. Zuletzt wird die Zufriedenheit als subjektive Aussage der NutzerInnen analysiert. Die Operationalisierung dieser Usability-Maße wird in Tabelle 7-9 dargestellt.

Tabelle 7-9: Operationalisierung der Usability-Maße für die generischen Aufgaben

Generische Aufgaben	Nützlichkeits-Maß	Usability-Maße		
	Unterstützung bei der Durchführung der Aufgabe	Effektivität	Effizienz	Zufriedenheit
Auswählen aus dem Hauptmenü	DerDie ProbandIn schätzt sie Unterstützung als positiv oder negativ ein.	Aufgabe ohne Hilfe erfüllt; Aufgabe mit Hilfe erfüllt; Aufgabe nicht erfüllt	DerDie ProbandIn löst die Testaufgabe in ca. 20 Sekunden.	DerDie ProbandIn äußert sich verbal zur Zufriedenheit.
Vertiefen von Objektinformationen	DerDie ProbandIn schätzt sie Unterstützung als positiv oder negativ ein.	Position ohne Hilfe wahrgenommen; Position mit Hilfe wahrgenommen; Position nicht wahrgenommen	DerDie ProbandIn löst die Testaufgabe in ca. 70 Sekunden.	DerDie ProbandIn äußert sich verbal zur Zufriedenheit.
Auswählen aus der Funktionsleiste	DerDie ProbandIn schätzt sie Unterstützung als positiv oder negativ ein.	Position ohne Hilfe wahrgenommen; Position mit Hilfe wahrgenommen; Position nicht wahrgenommen	DerDie ProbandIn löst die Testaufgabe in ca. 15 Sekunden.	DerDie ProbandIn äußert sich verbal zur Zufriedenheit.
Navigieren in Dokumenten	DerDie ProbandIn schätzt sie Unterstützung als positiv oder negativ ein.	alle Schritte ohne Hilfe erledigt; Schritte mit Hilfe erledigt; Schritte nicht erledigt	DerDie ProbandIn löst die Testaufgabe in ca. 105 Sekunden.	DerDie ProbandIn äußert sich nicht negativ zur Bedienung.

Für die Auswertung und den Vergleich der Hypothesen wurde ein gepaarter t-Test herangezogen (Rasch et al. 2010, S. 44–65). Diese statistische Auswertung untersucht, ob der Mittelwert aus zwei abhängigen Stichproben einen systematischen Unterschied aufweist. Für die

Dissertation werden die Protyp-Alternativen von der gleichen ProbandInnengruppe bewertet. Die Nullhypothese des t-Tests besagt, dass es keinen Unterschied zwischen den Differenzen der Mittelwerte gibt. Die Alternativhypothese besagt hingegen, dass beide Untersuchungsgruppen voneinander unterscheidbar sind. Für den Hypothesenvergleich wird zunächst der t-Wert und der signifikante Unterschied (p) anhand des Signifikanzniveaus ($\alpha = 0{,}05$) bestimmt. Dabei wird der p-Wert mit dem Alpha-Niveau verglichen:

- falls $p \leq \alpha$ wird die Nullhypothese abgelehnt,
- ansonsten wird die Nullhypothese angenommen.

Mit Hilfe des positiven oder negativen t-Wertes wird bei der Alternativhypothese angegeben, welche Untersuchungsgruppe des Hypothesenvergleichs bevorzugt wird (Rasch et al. 2010, S. 44–65).

Auswählen aus dem Hauptmenü

Bei den Layoutvarianten wird zunächst die Aufgabe „Auswählen aus dem Hauptmenü" ausgewertet. Das Hauptmenü wird zum Start der Anwendung angezeigt und ein Menüpunkt soll ausgewählt werden. Diesbezüglich werden die Nützlichkeit anhand des Kriteriums „Unterstützung bei der Durchführung der Aufgabe" und die Nutzerfreundlichkeit anhand der Kriterien „Effektivität", „Effizienz" und „Zufriedenheit" in Abhängigkeit voneinander betrachtet. Auf einer Bewertungsskala von 1 bis 5 wird in Abbildung 7-4 deutlich, dass alle drei Alternativen gute Bewertungen erhalten haben. Durch die Erledigung der Aufgabe ohne zusätzliche Hilfe ist die Zufriedenheit der ProbandInnen groß. Die Mittelwerte der Alternativen liegen zwischen 3 und 4 sehr dicht beieinander. Abbildung 7-3 zeigt ähnliche Ergebnisse. Die Effizienz und die Nützlichkeit bewegen sich bei allen drei Alternativen im mittleren Bereich und werden durch die 50 ProbandInnen mit gut bewertet. Auch hier liegen alle Ergebnisse sehr dicht beieinander, so dass keine der Alternativen ausgegrenzt wird.

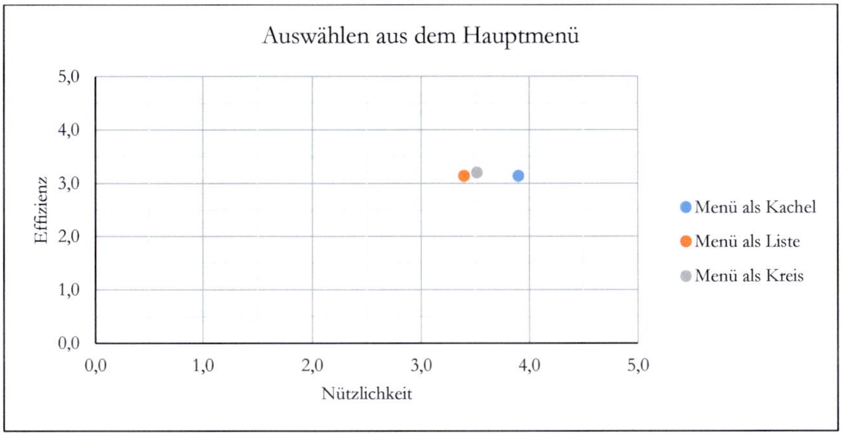

Abbildung 7-3: Layoutvariante: Auswählen aus dem Hauptmenü: Nützlichkeit im Zusammenhang zur Effizienz

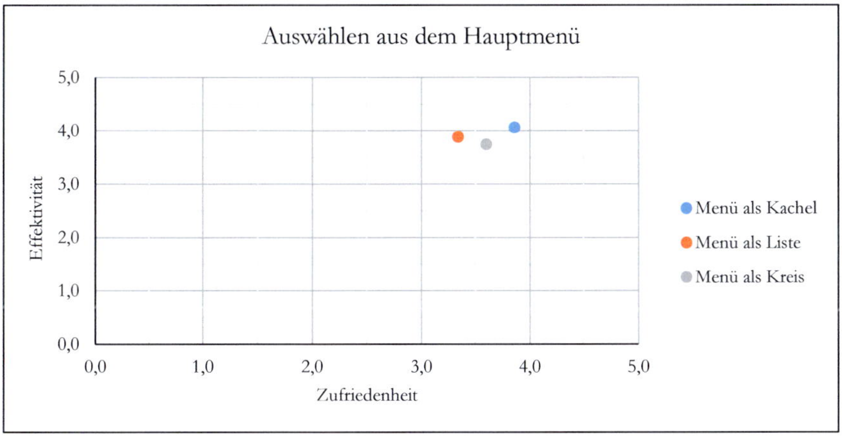

Abbildung 7-4: Layoutvariante: Auswählen aus dem Hauptmenü: Zufriedenheit im Zusammenhang zur Effektivität

Beantwortung H 3-1

> Bei der Auswahl der Hauptmenüdarstellung wird das Format der Kachel gegenüber der Liste bevorzugt.

Die Auswertung erfolgte mittels gepaartem t-Test, dessen Kennwerte in Tabelle 7-10 aufgeführt sind. Für das Usability Maß „Effizienz“ kann aufgrund der identischen Werte bei dem Mittelwert bzw. der Standardabweichung kein t-Test durchgeführt werden. Dagegen wurde in den Dimensionen „Unterstützung bei der Durchführung der Aufgabe“ und „Zufriedenheit“ ein signifikanter Unterschied (Unterstützung bei der Durchführung der Aufgabe: t (49) = 2,24; p = 0,015; Zufriedenheit: t (49) = 2,47; p = 0,008) erzielt. Die subjektive Auswertung der 50 ProbandInnen zeigt somit, dass mit der Alternative „Hauptmenü als Kachel“ die höchste Nützlichkeit und Nutzerfreundlichkeit erzielt wird.

Tabelle 7-10: Auswählen aus dem Hauptmenü: deskriptive Kennwerte für die Alternative Kachel und Liste

N = 50	Hauptmenü als Kachel		Hauptmenü als Liste		gruppenweise Vergleich	statistische Signifikanz
	M	SD	M	SD		(p)
Unterstützung bei der Durchführung der Aufgabe	3,90	0,95	3,40	1,12	t (49) = 2,24	0,015
Effektivität	4,06	0,65	3,88	0,85	t (49) = 1,27	0,105
Effizienz	3,14	0,95	3,14	0,95	-	-
Zufriedenheit	3,86	0,81	3,34	1,10	t (49) = 2,47	0,008

Beantwortung H 3-2

> Bei der Auswahl der Hauptmenüdarstellung wird das Format des Kreises gegenüber der Liste bevorzugt.

Tabelle 7-11 zeigt die deskriptiven Kennwerte für die Alternativen Kreis und Liste. Die Analyse auf Basis des t-Test zeigt einen signifikanten Unterschied bei der Dimension „Effizienz“ (t (49) = 1,77; p = 0,042). An dieser Stelle kann davon ausgegangen werden, dass die 50 ProbandInnen das Hauptmenü als Kreis effizienter bewertet haben als die Listendarstellung. Bei den anderen Kriterien wird keine Diskrepanz festgestellt.

Tabelle 7-11: Auswählen aus dem Hauptmenü: deskriptive Kennwerte für die Alternative Kreis und Liste

N = 50	Hauptmenü als Kreis		Hauptmenü als Liste		gruppenweise Vergleich	statistische Signifikanz
	M	SD	M	SD		(p)
Unterstützung bei der Durchführung der Aufgabe	3,52	1,13	3,40	1,12	t (49) = 0,47	0,319
Effektivität	3,74	1,08	3,88	0,85	t (49) = -0,64	0,261
Effizienz	3,20	0,90	3,14	0,95	t (49) = 1,77	0,042
Zufriedenheit	3,60	1,14	3,34	1,10	t (49) = 1,05	0,151

Beantwortung H 3-3

> Bei der Auswahl der Hauptmenüdarstellung wird das Format der Kachel gegenüber dem Kreis bevorzugt.

Die Auswertung der Hypothese erfolgt mittels dem gepaarten t-Test, der bei den Dimensionen „Effektivität" und „Effizienz" statistische Signifikanzen zeigt (Effektivität: t (49) = 1,83; p = 0,037; Effizienz: t (49) = 1,77; p = 0,042). Beide Usability-Maße wurden somit von den 50 ProbandInnen besser in der Kreisdarstellung bewertet als in der Kacheldarstellung.

Tabelle 7-12: Auswählen aus dem Hauptmenü: deskriptive Kennwerte für die Alternative Kachel und Kreis

N = 50	Hauptmenü als Kachel		Hauptmenü als Kreis		gruppenweise Vergleich	statistische Signifikanz
	M	SD	M	SD		(p)
Unterstützung bei der Durchführung der Aufgabe	3,90	0,95	3,52	1,13	t (49) = 1,61	0,056
Effektivität	4,06	0,65	3,74	1,08	t (49) = 1,83	0,037
Effizienz	3,14	0,95	3,20	0,90	t (49) = - 1,77	0,042
Zufriedenheit	3,86	0,81	3,60	1,14	t (49) = 1,23	0,112

Vertiefen von Objektinformationen

Bei der Darstellungsaufgabe „Vertiefen von Objektinformationen" werden die Alternativen Informationen am Objekt und über dem Objekt miteinander verglichen. Die Informationen werden spezifisch von demDer NutzerIn aufgerufen. Abbildung 7-5 bezieht sich diesbezüglich auf die Dimensionen Nützlichkeit und Effizienz. Die Nützlichkeit und Effizienz werden von den ProbandInnen bei dem ersten Alternativen sehr hoch eingestuft wird. Abbildung 7-6 zeigt dabei den Zusammenhang zwischen der Zufriedenheit und der Effektivität. Deutlich wird, dass die Alternative „Informationen am Objekt" sowohl in der Zufriedenheit als auch bei der Effektivität mit sehr gut von den ProbandInnen bewertet wurde.

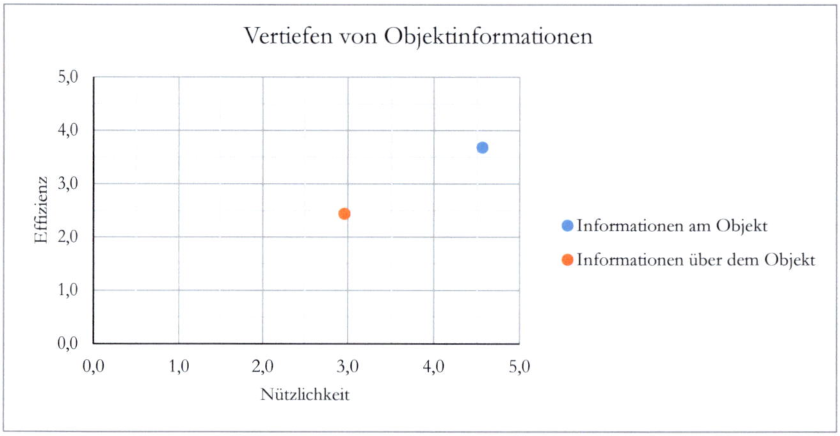

Abbildung 7-5: Layoutvariante: Vertiefen von Objektinformationen: Nützlichkeit im Zusammenhang zur Effizienz

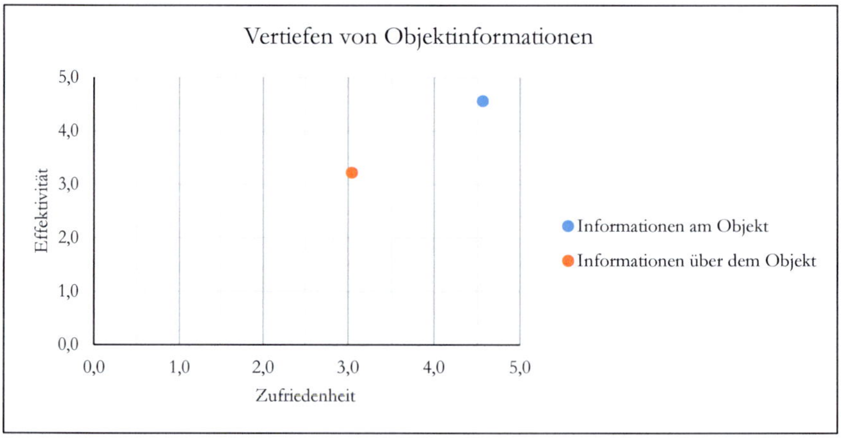

Abbildung 7-6: Layoutvariante: Vertiefen von Objektinformationen: Zufriedenheit im Zusammenhang zur Effektivität

Beantwortung H 4

> Bei der Vertiefung der Objektinformationen wird die objektnahe Darstellung gegenüber der Objektfernen bevorzugt.

Die Tabelle 7-13 zeigt den paarweisen t-Test, mit dem die Hypothese überprüft wird. Es wird sehr deutlich, dass bei dem Nützlichkeits-Maß sowie bei allen Usability-Maßen ein signifikanter Unterschied besteht. Bei den Maßen „Unterstützung bei der Durchführung der Aufgabe „Effektivität", „Effizienz" und „Zufriedenheit" werden von den 50 ProbandInnen die Alternative „Informationen am Objekt" präferiert (Unterstützung bei der Durchführung der Aufgabe: t (49) = 8,17; p = 5,285 E-11; Effektivität: t (49) = 7,55; p = 4,722 E-10; Effizienz: t (49) = 12,25; p = 7,980 E-17; Zufriedenheit: t (49) = 8,96; p = 3,361 E-12).

Tabelle 7-13: Vertiefen von Objektinformationen: deskriptive Kennwerte für die Alternative objektnahe und objektferne Darstellung

N = 50	Informationen am Objekt		Informationen über dem Objekt		gruppenweise Vergleich	statistische Signifikanz
	M	SD	M	SD		(p)
Unterstützung bei der Durchführung der Aufgabe	4,56	0,61	2,96	1,05	t (49) = 8,17	5,285 E-11
Effektivität	4,56	0,54	3,22	1,11	t (49) = 7,55	4,722 E-10
Effizienz	3,68	0,68	2,44	0,91	t (49) = 12,25	7,980 E-17
Zufriedenheit	4,56	0,61	3,04	0,97	t (49) = 8,96	3,361 E-12

Auswählen aus der Funktionsleiste

Als weitere Aufgabe mussten die ProbandInnen aus der Funktionsleiste auswählen. Diese wurde dabei jeweils am Bildschirmrand positioniert und ist dauerhaft im Blickfeld. Wird der Zusammenhang der Nützlichkeit zur Effizienz (siehe Abbildung 7-7) sowie zwischen der Zufriedenheit und der Effektivität (siehe Abbildung 7-8) aufgezeigt, wird keine klare Präferenz der ProbandInnen ersichtlich. In beiden Fällen liegen die Wertungen zwischen 3 und 4, so dass lediglich zwischen der Positionierung „oben" im Vergleich zu „links" Differenzen deutlich werden.

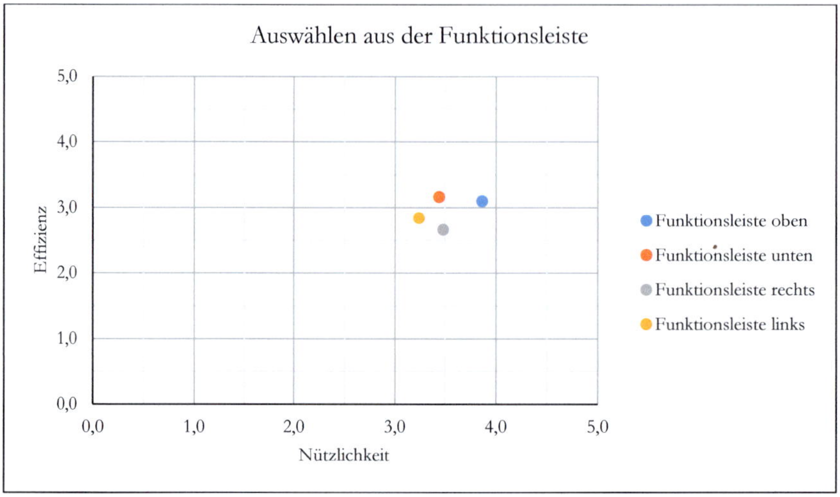

Abbildung 7-7: Layoutvariante: Auswählen aus der Funktionsleiste: Nützlichkeit im Zusammenhang zur Effizienz

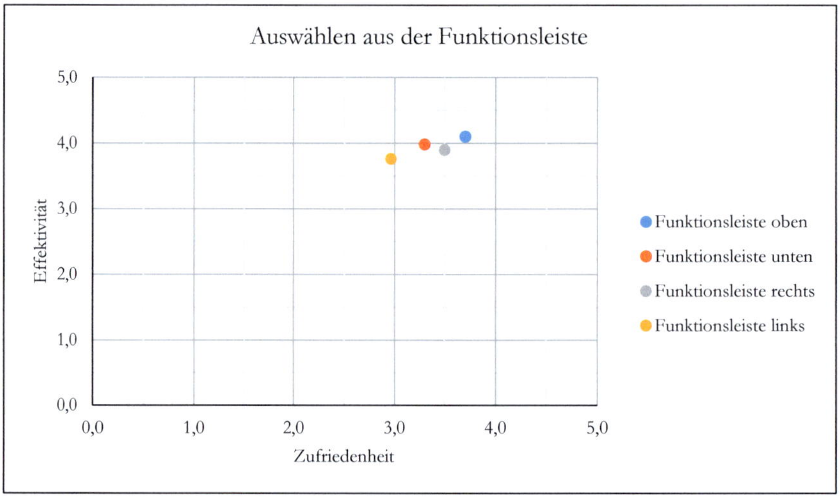

Abbildung 7-8: Layoutvariante: Auswählen aus der Funktionsleiste: Zufriedenheit im Zusammenhang zur Effektivität

Beantwortung H 5-1

> Bei der Auswahl der Funktionsleiste wird eine Positionierung „oben“ im Gegensatz zu „rechts“ bevorzugt.

Durch die Verwendung des gepaarten t-Tests ist es möglich, die Hypothese zu untersuchen. Tabelle 7-14 zeigt die Kennwerte für die Maße der Nützlichkeit und Usability. Dabei erfolgt ein signifikanter Unterschied (p) bei der Effizienz (t (49) = -6,20; p = 5,652 E-08). Die 50 ProbandInnen haben diesbezüglich die Positionierung der Funktionsleiste „oben“ besser bewertet als „rechts“.

Tabelle 7-14: Auswählen aus der Funktionsleiste: deskriptive Kennwerte für die Alternative Position „oben“ und Position „rechts“

N = 50	Funktionsleiste „oben“		Funktionsleiste „rechts“		gruppenweise Vergleich	statistische Signifikanz
	M	SD	M	SD		(p)
Unterstützung bei der Durchführung der Aufgabe	3,86	1,05	3,48	1,11	t (49) = 1,63	0,055
Effektivität	4,10	0,81	3,90	0,84	t (49) = 1,32	0,096
Effizienz	3,10	0,93	2,66	0,89	t (49) = 6,20	5,652 E-08
Zufriedenheit	3,70	1,05	3,50	1,07	t (49) = 0,82	0,207

Beantwortung H 5-2

> Bei der Auswahl der Funktionsleiste wird eine Positionierung „unten“ im Gegensatz zu „links“ bevorzugt.

Die deskriptiven Kennwerte aus Tabelle 7-15 zeigen, dass bei einem paarweisen t-Test über alle Usability-Maße signifikante Unterschiede erkennbar sind. Dabei wird mit den Dimensionen „Effektivität“, „Effizienz“ und „Zufriedenheit“ die Alternative der Funktionsleiste „unten“ präferiert (Effektivität: t (49) = 1,71; p = 0,047; Effizienz: t (49) = 4,80; p = 7,602 E-06; Zufriedenheit: t (49) = 1,89; p = 0,032).

Tabelle 7-15: Auswählen aus der Funktionsleiste: deskriptive Kennwerte für die Alternative Position „unten" und Position „links"

N = 50	Funktionsleiste „unten"		Funktionsleiste „links"		gruppenweise Vergleich	statistische Signifikanz
	M	SD	M	SD		(p)
Unterstützung bei der Durchführung der Aufgabe	3,44	1,09	3,24	1,10	t (49) = 1,01	0,159
Effektivität	3,98	0,84	3,76	0,94	t (49) = 1,71	0,047
Effizienz	3,16	0,91	2,84	0,98	t (49) = 4,80	7,602 E-06
Zufriedenheit	3,30	0,95	2,96	0,95	t (49) = 1,89	0,032

Beantwortung H 5-3

> Bei der Auswahl der Funktionsleiste wird eine Positionierung „rechts" im Gegensatz zu „links" bevorzugt.

Die Usability-Maße werden in einem paarweise durchgeführten t-Test miteinander verglichen. Sowohl bei der Dimension „Effizienz" als auch bei der „Zufriedenheit" konnte ein signifikanter Unterschied (p) erfasst werden (Effizienz: t (49) = - 3,28; p = 0,001; Zufriedenheit: t (49) = 3,10; p = 0,002). Die 50 ProbandInnen haben dabei die zeitliche Dimension zugunsten der linken Funktionsleiste bewertet und in Bezug auf ihre Zufriedenheit für die Funktionsleiste „rechts".

Tabelle 7-16: Auswählen aus der Funktionsleiste: deskriptive Kennwerte für die Alternative Position „rechts" und Position „links"

N = 50	Funktionsleiste „rechts"		Funktionsleiste „links"		gruppenweise Vergleich	statistische Signifikanz
	M	SD	M	SD		(p)
Unterstützung bei der Durchführung der Aufgabe	3,48	1,11	3,24	1,10	t (49) = 1,57	0,061
Effektivität	3,90	0,84	3,76	0,94	t (49) = 1,26	0,106
Effizienz	2,66	0,89	2,84	0,98	t (49) = - 3,28	0,001
Zufriedenheit	3,50	1,07	2,96	0,95	t (49) = 3,10	0,002

Beantwortung H 5-4

> Bei der Auswahl der Funktionsleiste wird eine Positionierung „oben“ im Gegensatz zu „unten“ bevorzugt.

Der t-Test wird beim Vergleich der Funktionsleiste „oben“ und „unten“ angewendet. Dabei zeigen sowohl die Dimensionen „Unterstützung bei der Durchführung der Aufgabe“, „Effizienz“ als auch „Zufriedenheit“ einen signifikanten Unterschied auf. Die 50 ProbandInnen bewerteten die Funktionsleiste „oben“ bei der Aufgabenunterstützung und Zufriedenheit besser und die Funktionsleiste „unten“ bei der Effizienz.

Tabelle 7-17: Auswählen aus der Funktionsleiste: deskriptive Kennwerte für die Alternative Position „oben“ und Position „unten“

N = 50	Funktionsleiste „oben“		Funktionsleiste „unten“		gruppenweise Vergleich	statistische Signifikanz
	M	SD	M	SD		(p)
Unterstützung bei der Durchführung der Aufgabe	3,86	1,05	3,44	1,09	t (49) = 2,19	0,017
Effektivität	4,10	0,81	3,98	0,84	t (49) = 1,35	0,091
Effizienz	3,10	0,93	3,16	0,91	t (49) = - 1,77	0,042
Zufriedenheit	3,70	1,05	3,30	0,95	t (49) = 1,92	0,030

Navigation in Dokumenten

Als letzte Darstellungsaufgabe mussten die ProbandInnen durch ein Dokument navigieren. Dies erfolgte sowohl als Split Screen als auch als Full Screen. Die Texte sind nicht die ganze Zeit im Blickfeld der NutzerInnen, sondern werden spezifisch aufgerufen. Die nachfolgenden Abbildungen zeigen den Zusammenhang zwischen Zufriedenheit und Effektivität sowie Nützlichkeit und Effizienz. Für diese Auswertung kann auf die Unterscheidung Split und Full Screen verzichtet werden, da die Mittelwerte fast identisch sind. Abbildung 7-9 zeigt, dass die Nützlichkeit und Effizienz von den 50 ProbandInnen mit gut bewertet wurden. Abbildung 7-10 zeigt deutlich, dass der „Lesestil blättern“ sowohl in der Zufriedenheit als auch der Effektivität eindeutig bewertet wurde. Wobei das Scrollen eher zu einer schlechten Bewertung neigt.

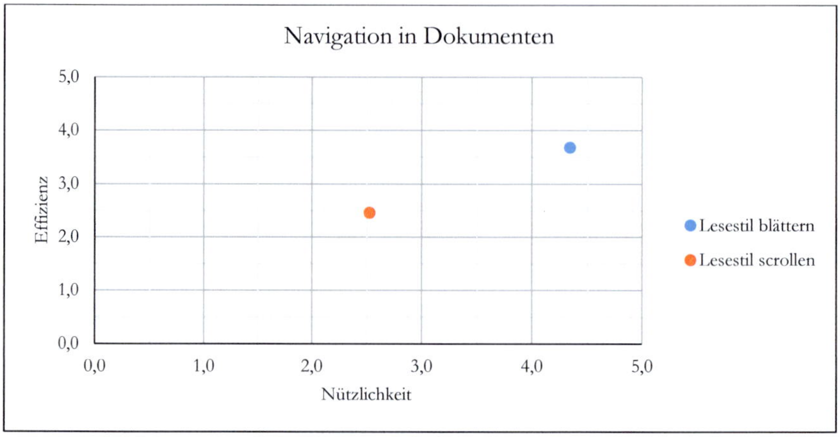

Abbildung 7-9: Layoutvariante: Navigation in Dokumenten: Nützlichkeit im Zusammenhang zur Effizienz

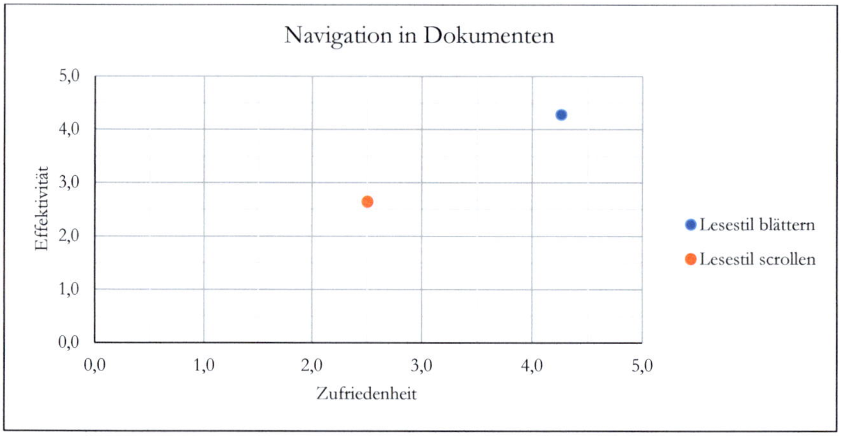

Abbildung 7-10: Layoutvariante: Navigation in Dokumenten: Zufriedenheit im Zusammenhang zur Effektivität

Beantwortung H 6-1

> Bei Dokumenten, die als Split Screen dargestellt werden, wird die Navigation durch Blättern gegenüber dem Scrollen bevorzugt.

Der paarweise t-Test zeigt in Tabelle 7-18 deutlich, die signifikante Unterscheidung zwischen den Maßen der Nützlichkeit und Usability. Dabei wird an dieser Stelle ein kleiner Unterschied zwischen den Alternativen gemacht. Die 50 ProbandInnen haben sich in allen Dimensionen für den Lesestil „Blättern" entschieden (Unterstützung bei der Durchführung der Aufgabe: t (49) = 7,98; p = 1,018 E-10; Effektivität: t (49) = 10,03; p = 9,154 E-14; Effizienz: t (49) = 11,71; p = 4,098 E-16; Zufriedenheit: t (49) = 11,95; p = 1,954 E-16).

Tabelle 7-18: Navigation in Dokumenten (Split Screen): deskriptive Kennwerte für die Alternative Lesestil Blättern und Lesestil Scrollen

N = 50	Split Screen Lesestil Blättern		Split Screen Lesestil Scrollen		gruppenweise Vergleich	statistische Signifikanz
	M	SD	M	SD		(p)
Unterstützung bei der Durchführung der Aufgabe	4,34	0,75	2,52	1,22	t (49) = 7,98	1,018 E-10
Effektivität	4,28	0,61	2,64	1,03	t (49) = 10,03	9,154 E-14
Effizienz	3,68	0,68	2,46	0,89	t (49) = 11,71	4,098 E-16
Zufriedenheit	4,26	0,63	2,50	0,95	t (49) = 11,95	1,954 E-16

Beantwortung H 6-2

> Bei Dokumenten, die als Full Screen dargestellt werden, wird die Navigation durch Scrollen gegenüber dem Blättern bevorzugt.

Der t-Test beim Full Screen bietet ähnlich Ergebnisse wie im Split Screen. Die gepaarte Untersuchung zeigt signifikante Unterschiede bei den beiden Alternativen an. Bei den Maßen der Nützlichkeit und Usability haben sich die 50 ProbandInnen die Variante Blättern besser bewertet (Unterstützung bei der Durchführung der Aufgabe: t (49) = - 8,82; p = 5,549 E-12; Effektivität: t (49) = - 8,49; p = 1,726 E-11; Effizienz: t (49) = - 12,25; p = 7,980 E-17; Zufriedenheit: t (49) = -11,85; p = 6,259 E-16).

Tabelle 7-19: Navigation in Dokumenten (Full Screen): deskriptive Kennwerte für die Alternative Lesestil Scrollen und Lesestil Blättern

N = 50	Full Screen Lesestil Scrollen		Full Screen Lesestil Blättern		gruppenweise Vergleich	statistische Signifikanz
	M	SD	M	SD		(p)
Unterstützung bei der Durchführung der Aufgabe	2,56	1,21	4,40	0,64	t (49) = - 8,82	5,549 E-12
Effektivität	2,78	1,18	4,28	0,61	t (49) = - 8,49	1,726 E-11
Effizienz	2,44	0,91	3,68	0,68	t (49) = - 12,25	7,980 E-17
Zufriedenheit	2,44	0,88	4,16	0,58	t (49) = - 11,58	6,259 E-16

Auswertung nach Interaktionsvariante

Nachstehend werden die Layoutvarianten bezüglich der Interaktionsvariante Fokussieren und Gestensteuerung ausgewertet, vor allem die Navigation durch das Hauptmenü, die Objektinformationen und die Funktionsleiste. Bei der Navigation durch Dokumente können die Interaktionsvariante nicht voneinander separat betrachtet werden.

Interaktion für das Auswählen aus dem Hauptmenü

Bei der Bewertung der Interaktionsmöglichkeiten werden beide Varianten für jede der drei Alternativen bei dem „Auswählen aus dem Hauptmenü" betrachtet. Werden die nachfolgenden Abbildungen betrachtet, fällt auf das es keine klaren Unterschiede bei den Interaktionsvariante Gesten und Fokussieren in Bezug auf das Hauptmenü gibt. Der Zusammenhang zwischen Zufriedenheit und Effektivität zeigt, dass die 50 ProbandInnen alle Alternativen mit gut bewertet haben. Die Streuung bei dem Abbildung 7-11 zeigt minimale Unterschiede bei der Bewertung der ProbandInnen.

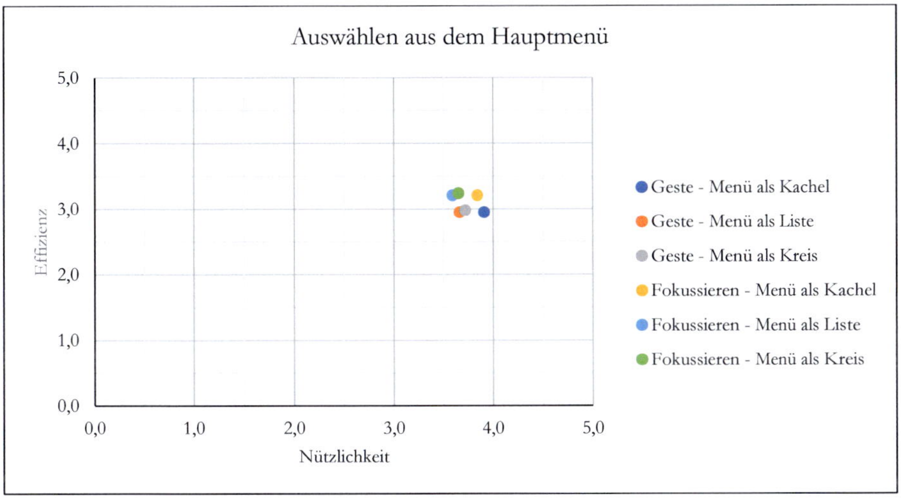

Abbildung 7-11: Interaktionsvariante - Auswählen aus dem Hauptmenü: Nützlichkeit im Zusammenhang zur Effizienz

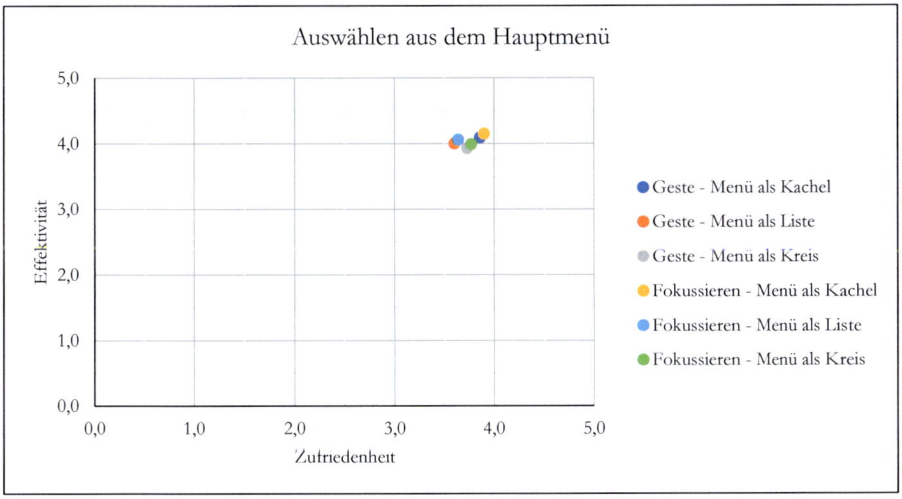

Abbildung 7-12: Interaktionsvariante - Auswählen aus dem Hauptmenü: Zufriedenheit im Zusammenhang zur Effektivität

Beantwortung H 7-1

> Bei der Hauptmenüdarstellung „Kachel" wird die Interaktion durch Gesten gegenüber dem Fokussieren bevorzugt.

Bei der Auswertung der Usability-Maße für die Interaktionsvariante wird ein paarweiser t-Test verwendet. Dieser zeigt einen signifikanten Unterschied bei der Dimension „Effizienz" (t (49) = - 6,76; p = 7,699 E-09). Die 50 ProbandInnen bewerteten in diesem Anwendungsfall die Interaktion durch ein Fokussieren besser als durch die Gestensteuerung.

Tabelle 7-20: Auswählen aus dem Hauptmenü: deskriptive Kennwerte der Alternative „Hauptmenü als Kachel" für die Interaktionsvariante Geste und Fokussieren

N = 50	Hauptmenü als Kachel				gruppenweise Vergleich	statistische Signifikanz
	Gesten		Fokussieren			
	M	SD	M	SD		(p)
Unterstützung bei der Durchführung der Aufgabe	3,91	0,81	3,84	0,65	t (49) = 0,61	0,272
Effektivität	4,09	0,59	4,15	0,56	t (49) = - 0,95	0,174
Effizienz	2,95	0,98	3,21	0,91	t (49) = - 6,76	7,699 E-09
Zufriedenheit	3,86	0,65	3,90	0,61	t (49) = - 0,37	0,356

Beantwortung H 7-2

> Bei der Hauptmenüdarstellung „Liste" wird die Interaktion durch Fokussieren gegenüber den Gesten bevorzugt.

Auch die zweite Darstellungsalternative für das Hauptmenü wurde durch einen gepaarten t-Test auf seine Interaktionsvariante untersucht. Der signifikante Unterschied zwischen den Interaktionen tritt bei dem Usability-Maß „Effizienz" auf, die ProbandInnen gaben der Interaktion durch das Fokussieren eine bessere Bewertung (t (49) = 6,76; p = 7,699 E-09).

Tabelle 7-21: Auswählen aus dem Hauptmenü: deskriptive Kennwerte der Alternative „Hauptmenü als Liste" für die Interaktionsvariante Fokussieren und Geste

N = 50	Hauptmenü als Liste				gruppenweise Vergleich	statistische Signifikanz
	Fokussieren		Gesten			
	M	SD	M	SD		(p)
Unterstützung bei der Durchführung der Aufgabe	3,59	0,77	3,66	0,82	t (49) = - 0,61	0,272
Effektivität	4,06	0,70	4,00	0,64	t (49) = 0,95	0,174
Effizienz	3,21	0,91	2,95	0,98	t (49) = 6,76	7,699 E-09
Zufriedenheit	3,64	0,81	3,60	0,67	t (49) = 0,37	0,356

Beantwortung H 7-3

> Bei der Hauptmenüdarstellung „Kreis" wird die Interaktion durch Gesten gegenüber dem Fokussieren bevorzugt.

Auch bei der Alternative „Hauptmenü als Kreis" erfolgt die Auswertung durch einen t-Test. Wie bei den beiden oberen Hypothesen ist als signifikanter Unterschied die „Effizienz" zu nennen (t (49) = - 6,76; p = 7,699 E-09). Die 50 ProbandInnen entschieden sich auch in diesem Fall für die Interaktion Fokussieren vor Gesten.

Tabelle 7-22: Auswählen aus dem Hauptmenü: deskriptive Kennwerte der Alternative „Hauptmenü als Kreis" für die Interaktionsvariante Geste und Fokussieren

N = 50	Hauptmenü als Kreis				gruppenweise Vergleich	statistische Signifikanz
	Gesten		Fokussieren			
	M	SD	M	SD		(p)
Unterstützung bei der Durchführung der Aufgabe	3,72	0,74	3,65	0,80	t (49) = 0,61	0,272
Effektivität	3,93	0,68	3,99	0,63	t (49) = - 0,95	0,174
Effizienz	2,98	0,95	3,24	0,89	t (49) = - 6,76	7,699 E-09
Zufriedenheit	3,73	0,80	3,77	0,71	t (49) = - 0,37	0,356

Interaktion für das Vertiefen von Objektinformationen

Bei der Aufgabe „Vertiefen von Objektinformationen" sollten die 50 ProbandInnen Zusatzinformationen sowohl durch die Interaktion per Geste als auch durch das Fokussieren aufrufen. Die Abbildung 7-13 zeigt, dass auch die Dimension der Nützlichkeit besser abschneidet, jedoch in Bezug auf die Effizienz die Alternative „Informationen über dem Objekt". Abbildung 7-14 zeigt, dass es zwischen den Alternativen „Informationen am Objekt" und „Informationen über dem Objekt" unterschiede in Bezug auf die Bewertung der Zufriedenheit und Effektivität gibt. Die „Informationen am Objekt" werden in beiden Dimensionen besser bewertet.

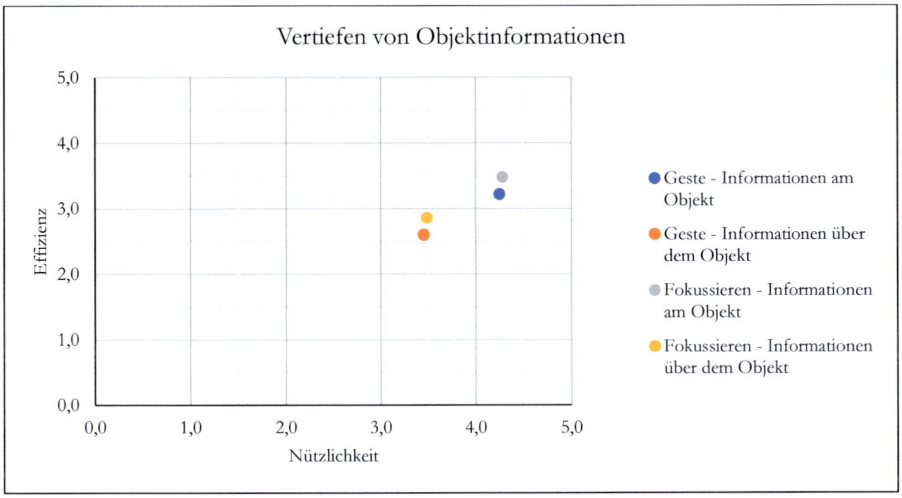

Abbildung 7-13: Interaktionsvariante - Vertiefen von Objektinformationen: Nützlichkeit im Zusammenhang zur Effizienz

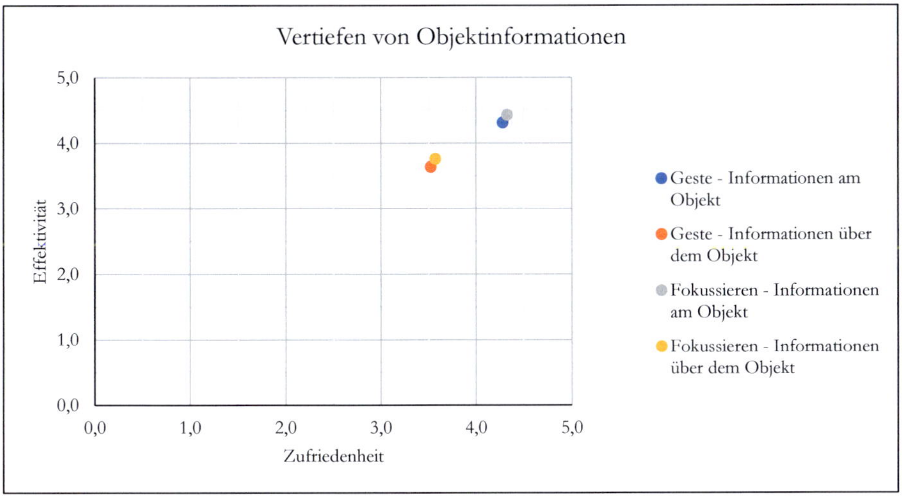

Abbildung 7-14: Interaktionsvariante - Vertiefen von Objektinformationen: Zufriedenheit im Zusammenhang zur Effektivität

Beantwortung H 8-1

> Bei den Objektinformationen „am Objekt“ wird die Interkation durch Fokussieren gegenüber den Gesten bevorzugt.

Für die Auswertung der Hypothese wird der paarweise t-Test durchgeführt. Dieser zeigt einen signifikanten Unterschied bei der Dimension Effizienz (t (49) = 6,76; p = 7,699 E-09). Die 50 ProbandInnen bewerteten die Interaktion durch Fokussieren vor der Geste. Das Usability-Maß der „Effektivität“ erreicht in dieser Auswertung einen sehr knappen Unterschied zugunsten des Fokussierens (t (49) = 1,66; p = 0,052).

Tabelle 7-23: Vertiefen von Objektinformationen: deskriptive Kennwerte der Alternative „Informationen am Objekt“ für die Interaktionsvariante Fokussieren und Geste

N = 50	Informationen am Objekt				gruppenweise Vergleich	statistische Signifikanz
	Fokussieren		Gesten			
	M	SD	M	SD		(p)
Unterstützung bei der Durchführung der Aufgabe	4,28	0,62	4,25	0,62	t (49) = 0,27	0,396
Effektivität	4,43	0,49	4,31	0,54	t (49) = 1,66	0,052
Effizienz	3,48	0,76	3,22	0,80	t (49) = 6,76	7,699 E-09
Zufriedenheit	4,33	0,62	4,28	0,55	t (49) = 0,53	0,298

Beantwortung H 8-2

> Bei den Objektinformationen „über dem Objekt“ wird die Interaktion durch Gesten gegenüber dem Fokussieren bevorzugt.

Der paarweise t-Test ermöglicht eine Hypothesen Überprüfung. Die Darstellungsalternative „Informationen über dem Objekt“ zeigt einen signifikanten Unterscheid bei der Dimension Effizienz (t (49) = - 6,60; p = 7,699 E-09). Dabei wurde von den ProbandInnen Interaktion durch das Fokussieren besser bewertet als die Interkationen durch Gesten. Die Dimension der „Effektivität“ erreicht wiederum nur ein sehr knapper Unterschied zugunsten des Fokussie rens (t (49) = - 1,66; p = 0,052).

Tabelle 7-24: Vertiefen von Objektinformationen: deskriptive Kennwerte der Alternative „Informationen über dem Objekt“ für die Interaktionsvariante Geste und Fokussieren

N = 50	Informationen über dem Objekt				gruppenweise Vergleich	statistische Signifikanz
	Gesten		Fokussieren			
	M	SD	M	SD		(p)
Unterstützung bei der Durchführung der Aufgabe	3,45	0,76	3,48	0,82	t (49) = - 0,27	0,396
Effektivität	3,64	0,74	3,76	0,68	t (49) = - 1,66	0,052
Effizienz	2,60	0,96	2,86	0,84	t (49) = - 6,60	7,699 E-09
Zufriedenheit	3,52	0,68	3,57	0,70	t (49) = - 0,53	0,298

Interaktion für das Auswählen aus der Funktionsleiste

Die letzte Darstellungskategorie „Auswählen aus der Funktionsleiste“ zeigt bei den beiden Interaktionsvarianten die größte Streuung. Der Zusammenhang zwischen der Nützlichkeit und der Effizienz bietet ein breiteres Spektrum an Bewertungen (siehe Abbildung 7-15). Auch der Zusammenhang zwischen der Zufriedenheit und der Effektivität zeigt, dass die einzelnen Bewertungen der 50 ProbandInnen nicht vollständig beieinander liegen (siehe Abbildung 7-16).

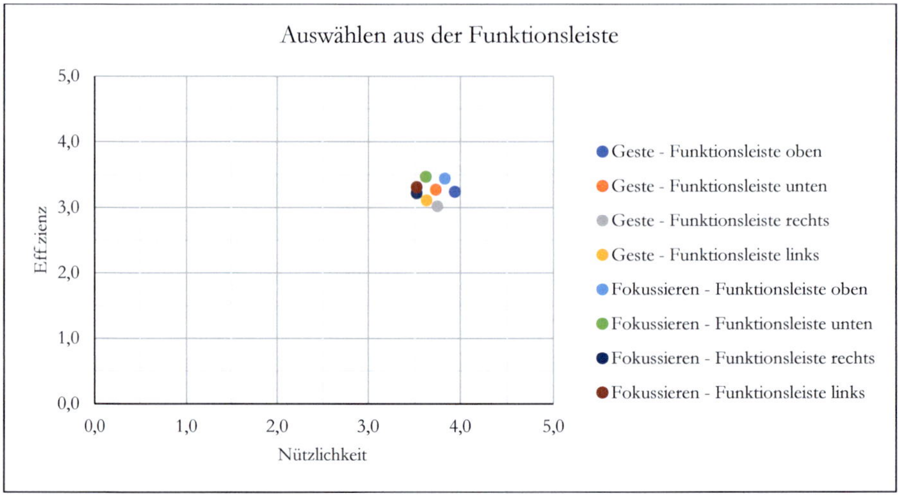

Abbildung 7-15: Interaktionsvariante - Auswählen aus der Funktionsleiste: Nützlichkeit im Zusammenhang zur Effizienz

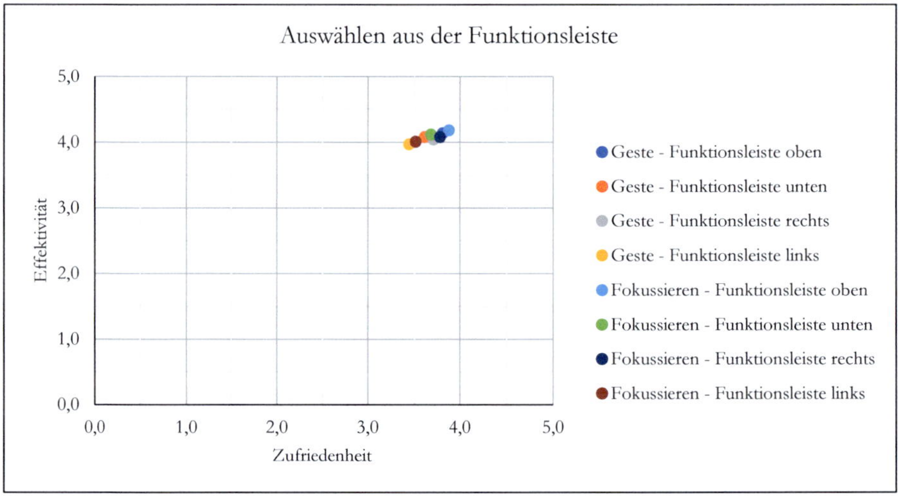

Abbildung 7-16: Interaktionsvariante - Auswählen aus der Funktionsleiste: Zufriedenheit im Zusammenhang zur Effektivität

Beantwortung H 9-1

> Bei der Auswahl der Funktionsleiste „oben" wird die Interaktion durch Gesten gegenüber dem Fokussieren bevorzugt

Für die Auswertung der Usability-Maße wird der t-Test angewendet. Wie die oberen Abbildungen vermuten lassen, besteht ein signifikanter Unterschied bei der zeitlichen Dimension zum Vorteil der Interaktion durch das Fokussieren (t (49) = - 5,72; p = 3,201 E-07).

Tabelle 7-25: Auswählen aus der Funktionsleiste: deskriptive Kennwerte der Alternative Funktionsleiste „oben" für die Interaktionsvariante Geste und Fokussieren

N = 50	Funktionsleiste „oben"				gruppenweise Vergleich	statistische Signifikanz
	Gesten		Fokussieren			
	M	SD	M	SD		(p)
Unterstützung bei der Durchführung der Aufgabe	3,94	0,79	3,83	0,72	t (49) = 0,98	0,165
Effektivität	4,14	0,66	4,18	0,57	t (49) = - 0,70	0,243
Effizienz	3,24	0,82	3,44	0,73	t (49) = - 5,72	3,201 E-07
Zufriedenheit	3,81	0,78	3,88	0,73	t (49) = - 0,81	0,212

Beantwortung H 9-2

> Bei der Auswahl der Funktionsleiste „unten" wird die Interkation durch Fokussieren gegenüber den Gesten bevorzugt.

Die Auswertung der Interaktionsvariante für die Alternative Funktionsleiste „unten" erfolgt durch den paarweisen t-Test. Der einzige signifikantere Unterschied tritt bei der Dimension „Effizienz" auf (t (49) = 5,72; p = 3,201 E-07). Die 50 ProbandInnen bewerteten in diesem Anwendungsfall die Interaktion per Fokussieren besser.

Tabelle 7-26:Auswählen aus der Funktionsleiste: deskriptive Kennwerte der Alternative Funktionsleiste „unten" für die Interaktionsvariante Fokussieren und Geste

N = 50	Funktionsleiste „unten"				gruppenweise Vergleich	statistische Signifikanz
	Fokussieren		Gesten			
	M	SD	M	SD		(p)
Unterstützung bei der Durchführung der Aufgabe	3,62	0,73	3,73	0,75	t (49) = - 0,98	0,165
Effektivität	4,12	0,65	4,08	0,68	t (49) = 0,70	0,243
Effizienz	3,47	0,72	3,27	0,81	t (49) = 5,72	3,201 E-07
Zufriedenheit	3,68	0,73	3,61	0,67	t (49) = 0,81	0,212

Beantwortung H 9-3

> Bei der Auswahl der Funktionsleiste „rechts" wird die Interaktion durch Gesten gegenüber dem Fokussieren bevorzugt

Die Auswertung des Nützlichkeits-Maßes und der drei Usability-Maße für die Aufgabe wird mit dem paarweisen t-Test durchgeführt. Ein signifikanter Unterschied besteht bei der Dimension „Unterstützung bei der Durchführung der Aufgabe" zum Vorteil der Interaktion per Geste (t (49) = 1,88; p = 0,033) sowie bei der Dimension „Effizienz" zum Vorteil der Eingabe per Fokussieren (t (49) = - 5,72; p = 3,201 E-07).

Tabelle 7-27: Auswählen aus der Funktionsleiste: deskriptive Kennwerte der Alternative Funktionsleiste „rechts" für die Interaktionsvariante Geste und Fokussieren

N = 50	Funktionsleiste „rechts"				gruppenweise Vergleich	statistische Signifikanz
	Gesten		Fokussieren			
	M	SD	M	SD		(p)
Unterstützung bei der Durchführung der Aufgabe	3,75	0,77	3,52	0,76	t (49) = 1,88	0,033
Effektivität	4,04	0,65	4,08	0,65	t (49) = - 0,70	0,243
Effizienz	3,02	0,80	3,22	0,69	t (49) = - 5,72	3,201 E-07
Zufriedenheit	3,71	0,69	3,78	0,73	t (49) = - 0,81	0,212

Beantwortung H 9-4

> Bei der Auswahl der Funktionsleiste „links“ wird die Interkation durch Fokussieren gegenüber den Gesten bevorzugt.

Wie bei den vorherigen Auswertungen, wird auch in dem letzten Untersuchungsbeispiel der t-Test durchgeführt. Wie bei den anderen Hypothesen wird auch hier ein signifikanter Unterschied bei der Dimension „Effizienz“ erkannt (t (49) = 5,72; p = 3,201 E-07). Die 50 ProbandInnen bewerteten in diesem Anwendungsfall die Interaktion per Fokussieren besser als die Gesten.

Tabelle 7-28: Auswählen aus der Funktionsleiste: deskriptive Kennwerte der Alternative Funktionsleiste „links“ für die Interaktionsvariante Fokussieren und Geste

N = 50	Funktionsleiste „links“				gruppenweise Vergleich	statistische Signifikanz
	Fokussieren		Gesten			
	M	SD	M	SD		(p)
Unterstützung bei der Durchführung der Aufgabe	3,52	0,76	3,63	0,84	t (49) = - 0,98	0,165
Effektivität	4,01	0,67	3,97	0,71	t (49) = 0,70	0,243
Effizienz	3,31	0,73	3,11	0,83	t (49) = 5,72	3,201 E-07
Zufriedenheit	3,51	0,75	3,44	0,64	t (49) = 0,81	0,212

Interpretation der Ergebnisse

Die Layoutvarianten wurden im direkten Vergleich das Nützlichkeits-Maß und der Usability-Maße durch den paarweisen t-Test für die unterschiedlichen Alternativen bewertet. Für die Interpretation der Ergebnisse und somit als Schlussfolgerung für die Hypothesen ist relevant, dass mindestens eine Dimension einen signifikanten Unterschied aufweist. Der t-Test veranschaulicht dann, welche Alternative von den 50 ProbandInnen besser bewertet wurde. Die verschiedenen Alternativen für das Auswählen aus dem Hauptmenü zeigte, dass die Kreisdarstellung sowohl vor der Kachel als auch der Liste favorisiert werden. Diese Bewertungen zeigen, dass bekannte Darstellungen für das Layout für die ProbandInnen wichtig waren. Die ProbandInnen haben mit einer deutlichen Mehrheit für die Darstellung von Objektinformationen direkt am Objekt abgestimmt. Im industriellen Umfeld können Informationen auf diese Weise klar mit den betreffenden Elementen zugeordnet werden. Für das Auswählen aus der

Funktionsleiste konnten die ProbandInnen unterschiedliche Platzierungen bewerten. An dieser Stelle wurden für den industriellen Kontext die gewohnten Alternativen bevorzugt. So wird die Funktionsleiste „oben" vor „rechts" favorisiert und im Vergleich von „unten" zu „links", haben die 50 ProbandInnen die Position „unten" begünstigt. Der Vergleich zwischen Position „rechts" und „links" konnte kein ausschlaggebendes Ergebnis liefern. Bei der Navigation durch Dokumente wird das Blättern von allen Befragten klar dem Scrollen vorgezogen.

Tabelle 7-29: Beantwortung der Hypothesen für das nutzerorientierte Interface

Hypothesen zum nutzerorientierten Interface in Bezug auf die Aufgaben, die im AR-Systems auftreten		Ergebnis
H 3-1	Bei der Auswahl der Hauptmenüdarstellung wird das Format der Kachel gegenüber der Liste bevorzugt.	Angenommen
H 3-2	Bei der Auswahl der Hauptmenüdarstellung wird das Format des Kreises gegenüber der Liste bevorzugt.	Angenommen
H 3-3	Bei der Auswahl der Hauptmenüdarstellung wird das Format der Kachel gegenüber dem Kreis bevorzugt.	Abgelehnt
H 4	Bei der Vertiefung der Objektinformationen wird die objektnahe Darstellung gegenüber der Objektfernen bevorzugt.	Angenommen
H 5-1	Bei der Auswahl der Funktionsleiste wird eine Positionierung „oben" im Gegensatz zu „rechts" bevorzugt.	Angenommen
H 5-2	Bei der Auswahl der Funktionsleiste wird eine Positionierung „unten" im Gegensatz zu „links" bevorzugt.	Angenommen
H 5-3	Bei der Auswahl der Funktionsleiste wird eine Positionierung „rechts" im Gegensatz zu „links" bevorzugt.	Abgelehnt
H 5-4	Bei der Auswahl der Funktionsleiste wird eine Positionierung „oben" im Gegensatz zu „unten" bevorzugt.	Abgelehnt
H 6 -1	Bei Dokumenten, die als Split Screen dargestellt werden, wird die Navigation durch Blättern gegenüber dem Scrollen bevorzugt.	Angenommen
H 6-2	Bei Dokumenten, die als Full Screen dargestellt werden, wird die Navigation durch Scrollen gegenüber dem Blättern bevorzugt.	Abgelehnt

Bei den Interaktionen sind keine gravierenden Unterschiede auszumachen. Bei der Auswahl aus dem Hauptmenü wird bei alle Designalternativen die Interaktion durch Fokussieren gegenüber der Gestensteuerung vorgezogen. Der ausschlaggebende Faktor ist an dieser Stelle die Effizienz. Bei der Vertiefung von Objektinformationen haben die ProbandInnen ähnlich bewertet. Die Interkationen durch das Fokussieren wird in Bezug auf die Effizienz besser bewertet. Der Unterschied bei der Effektivität kann vernachlässigt werden. Dabei wird deutlich, dass an dieser Stelle das Aufrufen von Informationen im industriellen Umfeld einen wichtigen zeitlichen Faktor aufzeigt. Zuletzt wurde auch die Interaktionsvarianten für die Funktionsleiste von den ProbandInnen bewertet. Die 50 ProbandInnen bewerteten bei jeder Eingabemöglichkeit die Interaktion per Fokussieren für die zeitlichen besserer Alternative. Bei den anderen Usability-Maßen konnten keine signifikanten Unterschiede abgeleitet werden.

Tabelle 7-30: Beantwortung der Hypothesen für die nutzerorientierte Interaktion

Hypothesen zur nutzerorientierten Interaktion in Bezug auf die Aufgaben, die im AR-Systems auftreten		Ergebnis
H 7-1	Bei der Hauptmenüdarstellung „Kachel" wird die Interaktion durch Gesten gegenüber dem Fokussieren bevorzugt.	Abgelehnt
H 7-2	Bei der Hauptmenüdarstellung „Liste" wird die Interaktion durch Fokussieren gegenüber den Gesten bevorzugt.	Angenommen
H 7-3	Bei der Hauptmenüdarstellung „Kreis" wird die Interaktion durch Gesten gegenüber dem Fokussieren bevorzugt.	Abgelehnt
H 8-1	Bei den Objektinformation „am Objekt" wird die Interkation durch Fokussieren gegenüber den Gesten bevorzugt.	Angenommen
H 8-2	Bei den Objektinformation „über dem Objekt" wird die Interaktion durch Gesten gegenüber dem Fokussieren bevorzugt.	Abgelehnt
H 9-1	Bei der Auswahl der Funktionsleiste „oben" wird die Interaktion durch Gesten gegenüber dem Fokussieren bevorzugt	Abgelehnt
H 9-2	Bei der Auswahl der Funktionsleiste „unten" wird die Interkation durch Fokussieren gegenüber den Gesten bevorzugt.	Angenommen
H 9-3	Bei der Auswahl der Funktionsleiste „rechts" wird die Interaktion durch Gesten gegenüber dem Fokussieren bevorzugt	Abgelehnt
H 9-4	Bei der Auswahl der Funktionsleiste „links" wird die Interkation durch Fokussieren gegenüber den Gesten bevorzugt.	Angenommen

7.5 Quintessenz: Evaluation

Das Kapitel 7 befasste sich mit der Evaluation der Layoutvarianten für ein AR-System im industriellen Umfeld mit dem Ziel bewährte Lösungen und Gestaltungsempfehlungen zu extrahieren. Der Abschnitt 7.1 Forschungsdesign gibt einen Überblick über die Hypothesen und die Methoden, mit denen diese untersucht werden. Den Aufbau der Untersuchung gibt der Abschnitt 7.2 wieder. Der Testgegenstand, also die Layoutvarianten für AR-Systeme, werden durch einen horizontalen Prototyp realisiert, mit dem alle definierten Basisinteraktionen, wie sie in Abschnitt 6.1 beschrieben sind, ausgeführt werden können. Beispiele hierfür sind das „Auswählen aus dem Hauptmenü", „Vertiefen von Objektinformationen", „Auswählen aus der Funktionsleiste" sowie die „Navigation durch Dokumente". Für die Evaluation wurden die in Abschnitt 2.2 definierten Kriterien der „wahrgenommenen Nützlichkeit" und „wahrgenommenen Nutzerfreundlichkeit" herangezogen. In der Entwicklung der prototypischen Layoutvarianten sind die Gestaltungsempfehlungen eingeflossen, die aus der Literatur und aus eigenen Studien extrahiert wurden (siehe Kapitel 4 und Kapitel 5). Abschnitt 7.2 befasst sich mit der Konzeption und Durchführung der Studie. Ein Pretest gab noch einmal wertvolle Hinweise für die Einführung zu Beginn des Tests, das Weglassen der Tagalong-Funktion für virtuelle Modell sowie für das Integrieren eines Timers, der ein verfrühtes Auslösen von Funktionen unterbindet. Die Auswahl der ProbandInnen entsprach den Profilen der in Abschnitt 4.1 definierten Personas. Für die Phase der Produktplanung wurden typische „PlanerInnen", für die Phase der Entwicklung und Konstruktion „TechnikerInnen, für die Phase der Fertigung und Montage „Qualitätsprüfer-Innen" und für die Phase des Gebrauch „TrainerInnen" als Testpersonas akquiriert. Nach dem Ausführen der Testaufgaben bewerteten diese die wahrgenommene Nützlichkeit und die wahrgenommene Nutzerfreundlichkeit. Das Erfüllen des Kriteriums der Nützlichkeit wurde mit dem Maß der „Unterstützung bei der Durchführung der Aufgabe" und die Nutzerfreundlichkeit wurde mit den Usability-Maßen „Effektivität", „Effizienz" und „Zufriedenheit" der ISO 9241-11 gemessen. Die Auswertung basiert auf einen gepaarten t-Test, der für die Überprüfung von Hypothesen geeignet ist. Als Ergebnis wird deutlich, dass die Effizienz der Layoutvarianten einen großen Stellenwert für industrielle Anwendungen hat. Beispiel hierfür ist, dass beim Auswählen aus dem Hauptmenü die Kreisdarstellung gegenüber der Kachel- und Listendarstellung bevorzugt wird. Die Kreisdarstellung hat ihren Ursprung im Gaming-Bereich und wird dort aufgrund der schnellen Interaktionsmöglichkeiten bevorzugt. Als effizient wurden die Platzierungen von Zusatzinformationen zum Objekt direkt an den aufgabenrelevanten Stellen eingeschätzt. Die Anordnung der Funktionsleiste im Sichtbereich am oberen oder unteren Rand ergab hingegen keine Unterschiede in der Beurteilung. Die zwei alternativen Interaktionsvarianten „Gestensteuerung" und „Fokussieren mit dem Auge" führten zwar zu keinen Unterbrechungen im Arbeitsalltag, dennoch präferierten die Testpersonen überwiegend das Fokussieren für das Auslösen von Funktionen. Diese Ergebnisse werden im nächsten Kapitel in Gestaltungsempfehlungen und Pattern überführt.

8 Patternkatalog

Tabelle 8-1: Struktur der Arbeit

<table>
<tr><td>Kapitel 2</td><td colspan="5">Stand der Wissenschaft und Technik</td><td rowspan="2">Ergebnis:
Forschungslücke</td></tr>
<tr><td>Augmented Reality</td><td>Akzeptanz</td><td>Mensch-Technik-Interaktion</td><td>Wahrnehmung</td><td>Produktlebenszyklus</td><td>Pattern</td></tr>
<tr><td>Kapitel 3</td><td colspan="5">Forschungsdesign</td><td rowspan="2">Ergebnis:
Grundlagen
Anforderungsanalyse</td></tr>
<tr><td colspan="2">Forschungsfrage</td><td colspan="2">Forschungsvorgehen</td><td colspan="2">Forschungsmethoden</td></tr>
<tr><td>Kapitel 4</td><td colspan="5">Anforderungsanalyse</td><td rowspan="2">Ergebnis:
Anforderungen
Prototyp</td></tr>
<tr><td colspan="2">Persona</td><td colspan="2">Arbeitsaufgabe</td><td>AR-Endgeräte</td><td>Gestaltungsempfehlungen</td></tr>
<tr><td>Kapitel 5</td><td colspan="5">Wahrnehmung in AR-Systemen</td><td rowspan="4">Ergebnis:
Grundlagen Evaluation</td></tr>
<tr><td colspan="3">Konzeption und Durchführung</td><td colspan="3">Auswertung</td></tr>
<tr><td>Kapitel 6</td><td colspan="5">User-Interface für AR-Systeme</td></tr>
<tr><td colspan="3">Basisinteraktionen</td><td colspan="3">de-facto-Standards</td></tr>
<tr><td>Kapitel 7</td><td colspan="5">Evaluation</td><td rowspan="2">Ergebnis:
Grundlagen
Patternkatalog</td></tr>
<tr><td colspan="2">Gegenstand der Evaluation</td><td colspan="2">Layout User-Interface</td><td colspan="2">Ergebnisse der Evaluation</td></tr>
<tr><td>Kapitel 8</td><td colspan="5">Patternkatalog</td><td rowspan="2">Ergebnis:
Patternkatalog</td></tr>
<tr><td colspan="3">Gestaltungsempfehlungen</td><td colspan="3">UI-Pattern</td></tr>
</table>

Das nachfolgende Kapitel fasst alle Ergebnisse der Evaluationen als Gestaltungsempfehlungen und als Pattern zusammen, die eine Entwicklung im nutzerorientierten AR-System ermöglichen sollen. Die Gestaltungsempfehlungen fließen in die Musterlösungen für die typischen Problemstellungen in der Entwicklung von AR-Systemen ein. Zukünftigen EntwicklerInnen soll der Katalog bei der Erstellung eines AR-Systems im industriellen Umfeld geholfen werden.

8.1 Gestaltungsempfehlungen für Augmented Reality im industriellen Kontext

Das Kapitel 5 beschreibt Gestaltungsempfehlungen, die die Wahrnehmung von Inhalten in einem AR-System sicherstellen. Um nutzerorientierte Empfehlungen geben zu können, wurden Objekte auf ihre Wahrnehmbarkeit und Erkennbarkeit bei industriellen Beleuchtungssituationen evaluiert. Während der Studie wurde Informationsobjekte untersucht. Diese können sowohl Texte als auch Grafiken sein. Die Erkenntnisse wurden anschließend in die Entwicklung der UI-Elemente integriert. Im Kapitel 6 wurden Layoutvarianten für das Durchführen von generischen Arbeitsaufgaben und den damit Basisinteraktionen entwickelt. Die Überprüfung der Layoutvarianten erfolgt einer abschließenden Evaluation, die im Kapitel 7 beschrieben ist. In der Studie zum Layout des AR-Systems wurden generische Aufgaben entwickelt. Eine Beschreibung der Funktionalität erfolgt in Kapitel 6. Die nachfolgende Tabelle fasst die Empfehlungen zusammen (Koreng und Krömker 2019, S. 8).

Tabelle 8-2: Gestaltungsempfehlungen für ein nutzerorientiertes UI in einem AR-System im industriellen Kontext

Gestaltungsempfehlung	Begründung
Wahrnehmung in Augmented Reality-Systemen	
Grauwerte eignen sich zum Darstellen von Texten im AR-System.	Die Studie im Kapitel 5 zeigt, dass bei AR-Systemen die Farben schwarz und weiß bereits belegt sind. Schwarz wird mit Transparenz gleichgesetzt und kann nicht für die textuelle Darstellung verwendet werden. Weiß hingegen wirkt auf denDie NutzerIn strahlend und leuchtend, so dass von einer dauerhaften Nutzung abgeraten wird. Grauwerte eignen sich für die Darstellungen von Texten, die längere betrachtet werden sollen.
Grauwerte im mittleren Sättigungsbereich sollten bei dauerhafter Anzeige von Texten verwendet werden.	Aus den Ergebnissen der empirischen Studie aus Kapitel 5 wird erkennbar, dass Grauwerte im Sättigungsbereich von 600 bis 300 bei wechselnder Beleuchtung wahrnehmbar sind. Eine nutzerorientierte Darstellung von Texten kann über einen längeren Betrachtungszeitraum ohne Anpassungen sichergestellt werden.
Für Hervorhebungen in Texten oder Grafiken eignen sich warme Farben.	Für die Hervorhebung von Informationsobjekten werden im Vordergrund warme Farben präferiert. Die Studie aus Kapitel 5 zeigt, dass ein farbiges Abheben vom Hintergrund bei demDer NutzerIn ein angenehmes Lesegefühl ergibt.
Farbwerte in Texten oder Grafiken im mittleren Sättigungsbereich sollten ein sofortiges Einschreiten aufzeigen.	Bei den Farbwerten wird aus den Ergebnissen der Studie im Kapitel 5 deutlich, dass ein Sättigungswert von 600 bis 400 als leuchtend wahrgenommen wird. Diese Farbwerte eignen sich besonders gut für Informationen, die ein sofortiges Handeln des Nutzenden erfordern. Von einer dauerhaften Nutzung sollte abgesehen werden, um den Aufmerksamkeitseffekt nicht zu minimieren.
Für Grafiken sollten Farbwerte mit großem Sättigungswert angewendet werden.	Aus der Studie im Kapitel 5 ist erkennbar, dass Grafiken, die farblich dargestellt sind, einen Sättigungswert zwischen 900 und 700 haben sollten. In diesem Bereich werden die Farben klar und eher als matt wahrgenommen. Diese Eigenschaft lenkt derDie NutzerIn bei längerem Betrachten nicht ab.

Gestaltungsempfehlung	Begründung
Layout-UI eines AR-Systems im industriellen Umfeld	
Die Gestaltung des Hauptmenüs sollte variabel an die eigenen Erfahrungen der Nutzenden angepasst werden.	Die Studie im Kapitel 7 zeigt, dass bei der Darstellung des Hauptmenüs die Nutzenden unterschiedliche Präferenzen haben. Je nach Erfahrung werden eine kachel-, listen- oder kreisförmige Anordnung bevorzugt. Die Inhalte des Menüs sollten konstant sein, jedoch empfiehlt sich die Grundeinstellungen von den NutzerInnen selbst festlegen zu lassen.
Die Platzierung von Zusatzinformationen zu Objekten sollte einen direkten Bezug zu diesen ermöglichen.	Die Darstellung von Zusatzinformationen direkt am Objekt ermöglicht es, demDer NutzerIn eine schnelle inhaltliche Verknüpfung zwischen Zusatzinformation und Objekt. Die Studie im Kapitel 7 zeigt jedoch auch, dass einige NutzerInnen eine zentrale Platzierung bevorzugen. Eine Auswahl zwischen den beiden Varianten bietet die Möglichkeit, dass derDie NutzerIn die Zusatzinformationen nach den eigenen Bedürfnissen angezeigt bekommt.
Die Positionierung der Funktionsleiste sollte weder das Sichtfeld noch des peripheren Sehens eingeschränkt.	Die Studie im Kapitel 7 zeigt, dass die Positionierung der Funktionsleiste „oben" und „unten" von den ProbandInnen präferiert wird. Bei einer seitlichen Positionierung wird das Sichtfeld begrenzt, was im industriellen Umfeld ungünstig ist, wegen der Technik sowie andere Menschen, die sich zumeist in dem Aktionskreis der Nutzenden befinden.
Blättern sollte als Navigation durch Texte verwendet werden.	Unabhängig von der Größe des Textfeldes wurde in der Studie im Kapitel 7 von den Nutzenden die das „Blättern" als sehr effektiv bewertet. Es ermöglicht eine einfache Navigation durch Dokumente und durch die Integration von Seitenzahlen einen guten Überblick über die aktuelle Position und den Umfang.
Interaktionen mit dem AR-System im industriellen Umfeld	
Das Auswählen aus dem Hauptmenü kann sowohl mit Gesten als auch mit Fokussieren ausgeführt werden.	Während der Interaktion mit dem Hauptmenü hat derDie NutzerIn im Allgemeinen keine andere Arbeitsaufgabe auszuführen, die freihändiges Arbeiten erfordern wie die im Kapitel 7 zeigt. Eine Interkation kann daher sowohl per Geste als auch durch das Fokussieren ausgeführt werden.
Das Aufrufen der Objektinformationen sollte durch das Fokussieren erfolgen.	Objektinformationen werden bewusst von den NutzerInnen aufgerufen. Dabei befindet sich das reale Objekt vor oder neben demDer NutzerIn bzw. kann von ihnen in der Hand gehalten werden. Die Studie im Kapitel 7 zeigt, dass mit Fokussieren in allen Fällen Zusatzinformationen aufgerufen werden kann und derDie NutzerIn weiter der Arbeitsaufgabe ohne Unterbrechungen nachgehen kann.
Das Aufrufen von Funktionen in der Funktionsleiste sollte durch Fokussieren oder Gestensteuerung erfolgen.	Die Studie im Kapitel 7 zeigt, dass während der Arbeitsaufgabe das freihändige Arbeiten und somit auch die Interaktion durch das Fokussieren bevorzugt wird. DerDie NutzerIn können durch Blickkontakt Funktionen aus der Funktionsleiste aufrufen, jedoch kann dies zu ungewollten Funktionsauslösungen führen. Daher sollte die Gesteneingabe dafür nicht vollständig ausgeschlossen werden.

8.2 Aufbau der User-Interface Pattern

Pattern stellen keine feststehenden Regelungen oder Vorgaben dar, die eine Entwicklung einschränken. Sie sollen als geprüfte Vorschläge zur Lösungsfindung bei wiederkehrenden Problemen in der Entwicklung von Benutzeroberflächen für AR-Systeme im industriellen Kontext dienen und diese inspirieren. Jedes Pattern kann entsprechend der beschriebenen Lösung flexibel auf andere Einsatzbereiche übertragen werden (Kunert 2009, S. 58–60). Für eine einfache und klare Handhabbarkeit sollten die Pattern die gleiche Form aufweisen. Jede Musterlösung sollte ein Bild sowie eine Beschreibung enthalten. Diesbezüglich sollte sowohl das Problem als auch die Lösung näher geschildert werden, damit ersichtlich wird, wie das Pattern behilflich sein kann. Der Lösungsansatz kann Anweisungen enthalten, wie Pattern angewendet werden können. Der Beweis für die Gültigkeit erfolgt oft dadurch, dass sich Lösungen über längere Zeit im Alltag bewähren. Da bei neuen Technologien ein hoher Bedarf besteht, dass man frühzeitig eine Gestaltungsqualität hat, werden Usability Test herangezogen, um ihre Bewährtheit empirisch nachzuweisen (Alexander et al. 1977, S. ix–xvii).

Kunert (Kunert 2009, S. 142–144) hat in seiner Dissertation gezeigt, dass die meisten EntwicklerInnen eines User-Interfaces bestimmte Informationen in einem Pattern benötigen. Im Abschnitt 2.6 wird das Framework aufgezeigt, die für die Entwicklung von Pattern vorgeschlagen wird. Weiterhin befasst sich Kunert mit dem Aufbau von Pattern. In einer Studie mit UI-Designer wurden nicht nur die relevanten Anforderungen besprochen, sondern auch die Struktur der Pattern. Inhaltlich gesehen, werden von den UI-Designern festgelegt, dass die Identifikation und die Integration der Pattern im Rahmen des Designprozess beschrieben werden soll. Weiterhin sollte eine Diskussion und eine Begründung der Designalternativen vorgenommen werden. Für eine einheitliche und übersichtliche Darstellung sollten die Pattern in Tabellenform verfasst werden. Laut Kunert ist es auf diese Weise den UI-DesignerInnen möglich, einen direkten Überblick zu erhalten, welche Layout-Probleme die Pattern beschreiben und welche Lösungsalternativen vorgeschlagen werden. Für den Patternkatalog des AR-Systems soll das eruierte Template aus der Dissertation von Kunert (Kunert 2009, S. 143) verwendet werden, das sich mit konkreten Problemen auseinandersetzt.

Tabelle 8-3 zeigt die Beschreibungskategorien, wie zum Beispiel Problem, Lösung, Beweis, Potential, die sich als hilfreich für die Entwickler erwiesen.

Tabelle 8-3: Aufbau des Patterns

Kategorie	Kategorie des Patterns
Name	Bezeichnung des Patterns
Problem	Beschreibung des Darstellungsproblems
Lösung	Beschreibung der Lösungsalternative
Nachweis	Nachweise durch einen Usability Test
Potentiale	Potential des Patterns
Verwandte Pattern	ähnliche Patterns
Darstellung	grafische Darstellung des Patterns

8.3 Katalog von User-Interface Pattern

In der Layout-UI-Studie, siehe Abschnitt 7.1, wurden die einzelnen Layoutvarianten untersucht und hinsichtlich ihrer Effektivität, Effizienz und Zufriedenheit sowie Nutzbarkeit für das jeweilige Designproblem beurteilt. Die Herleitung der Ergebnisse und der damit verbundene Zusammenhang mit den vorherigen Kapiteln erfolgt in Abschnitt 8.1. Die Ergebnisse werden als Ausgangsbasis für die Entwicklung des Patternkatalogs für ein AR-Interface in der Industrie zusammengefasst. Für die Studie konnten 50 ProbandInnen aus dem industriellen Umfeld aus unterschiedlichen Branchen befragt werden. Die Feststellungen zeigen, dass für die Ausgestaltung bestimmter Funktionen bereits gute Lösungen existieren und verschiedene Lösungen für ein Problem vergleichbar gute Ergebnisse in der Evaluation erzielen (siehe Abschnitt 7.1). Jedes Pattern wurde von den ProbandInnen hinsichtlich der Kriterien „Unterstützung bei der Durchführung der Aufgabe“, „Effektivität“, „Effizienz“ und „Zufriedenheit“ auf einer Skala von 1 bis 5 bewertet, wobei 1 der Bewertung „sehr schlecht“ und 5 der Bewertung „sehr gut“ entspricht. Für die statistische Auswertung wurde der Mittelwert (M) der ProbandInnengruppe ermittelt und so konnten eine Tendenz bei der Evaluation der einzelnen Alternativen aufzeigen werden. Während in Kapitel 7 die Evaluation in Hinblick auf die formulierten Hypothesen ausgewertet wurden erfolgte für die Definition der Pattern eine Auswertung in Hinblick auf die Nützlichkeit und Nutzerfreundlichkeit. Tabelle 8-4 zeigt dabei die Evaluation der unterschiedlichen Layoutvarianten in Abhängigkeit von den generischen Aufgaben. Tabelle 8-5 zeigt, die Evaluation der unterschiedlicher Interaktionsarten, also die Steuerung über Fokussieren und Gesten, in Abhängigkeit von den generischen Aufgaben.

Zunächst wird der Erfüllungsgrad der Nützlichkeit verglichen und anschließend der Erfüllungsgrad der Usability-Maße dargelegt. Die Maße für die Nützlichkeit und Nutzerfreundlichkeit sind im Abschnitt 7.2 beschrieben.

Der Erfüllungsgrad eines jeden Kriteriums kann zwischen dem maximalen Wert 5 (sehr gut) und dem minimalen Wert 1 (sehr schlecht) liegen. Enthält eines der vier Kriterien einen Wert unter 3 wird das Layout- bzw. die Interaktionsvariante als kritisch angesehen, sie ist unter Vorbehalten zu verwenden. Ab zwei Werten unter 3 wird die Variante nicht in den Patternkatalog aufgenommen, da sie nicht als bewährte Musterlösung angesehen werden können. Der höchste Mittelwert ist in den nachfolgenden Tabellen jeweils Grün gekennzeichnet und als kritische angesehene Werte sind jeweils orange hinterlegt. Innerhalb der 50 befragten Personen wurden dabei nur geringfügige Abweichungen in der Bewertung erkennbar.

Bei den Layoutvarianten wird bei der generischen Aufgabe „Vertiefen von Objektinformationen" die Variante „Informationen über dem Objekt" ausgeschlossen, da zwei Mittelwerte unter 3 liegen. Für die Aufgabe „Auswählen aus der Funktionsleiste" werden die Varianten „rechts" und „links" ausgeschlossen. Sie weisen kritische Werte bei dem Erfüllen der definierten Kriterien auf. Darüber hinaus werden sie auch aufgrund der Gestaltungsempfehlungen im Abschnitt 8.1, die auf Basis von analytischen und empirischen Studien gewonnen wurden, ausgeschlossen, da die seitliche Anordnung der Funktionsleiste das Sichtfeld einschränkt. Bei der „Navigation durch Dokumente", zeigt sich ein deutlicher Unterschied in den Ergebnissen. Die Varianten „Lesestil Scrollen" beim Split und Full Screen erreichen in allen vier Kriterien nur einen Wert unter 3 und finden daher keinen Eingang in den Patternkatalog. Die Bewertung der 50 ProbandInnen zeigt ebenfalls, dass keine klare Präferenz bei der Wahl der Interaktionsarten Steuerung über Fokussieren bzw. Gesten erkennbar ist. Sowohl die Gestensteuerung als auch das Fokussieren mit dem Auge wird ähnlich bewertet. Die Studie zeigt, dass beide Interaktionsarten separat oder auch im Zusammenspiel verwendet werden können. Bei der generischen Aufgabe „Auswählen aus dem Hauptmenü" wird sowohl bei der Layoutvariante Kachel als auch bei Liste und Kreis die Interaktion durch Gesten kritisch beachtet, die Bewertung der „Effizienz" erreicht nur einen Mittelwert unter 3. Bei der Layoutvariante „Information über dem Objekt" erlangt das Kriterium „Effizienz" sowohl für die Gestensteuerung als auch das Fokussieren mit dem Auge nur einen Wert unter 3.

Diese Bewertung lässt auch den Schluss zu, dass das User-Interface im industriellen Kontext sowohl bei der Layoutgestaltung als auch bei der Interaktion mehrere Alternativen ermöglichen sollte. Die Zusammenstellung der Pattern erfolgt auf Basis dieser Ergebnisse.

Tabelle 8-4: Bewertung der Layoutvarianten nach dem Bewertungsintervall [1;5]

	generische Aufgabe	Layoutvarianten	Nützlichkeit (M)	Nutzerfreundlichkeit Effektivität (M)	Effizienz (M)	Zufriedenheit (M)
1	Auswählen aus dem Hauptmenü	Hauptmenü als Kachel	3,90	4,06	3,14	3,86
		Hauptmenü als Liste	3,40	3,88	3,14	3,34
		Hauptmenü als Kreis	3,52	3,74	3,20	3,60
2	Vertiefen von Objektinformationen	Informationen am-Objekt	4,56	4,56	3,68	4,56
		Informationen überdem Objekt	2,96	3,22	2,44	3,04
3	Auswählen aus der Funktionsleiste	Funktionsleiste oben	3,86	4,10	3,10	3,70
		Funktionsleiste unten	3,44	3,98	3,16	3,30
		Funktionsleiste rechts	3,48	3,90	2,66	3,50
		Funktionsleiste links	3,24	3,76	2,84	2,96
4	Navigation in Dokumenten Split Screen	Lesestil Blättern	4,34	4,28	3,68	4,26
		Lesestil Scrollen	2,52	2,64	2,46	2,50
5	Navigation in Dokumenten Full Screen	Lesestil Blättern	4,40	4,28	3,68	4,16
		Lesestil Scrollen	2,56	2,78	2,44	2,44

Tabelle 8-5: Bewertung der Interaktionsvarianten nach dem Bewertungsintervall [1;5]

	Layoutvarianten	Interaktions-varianten	Nützlichkeit (M)	Nutzerfreundlichkeit Effektivität (M)	Effizienz (M)	Zufriedenheit (M)
Auswählen aus dem Hauptmenü						
6.1	Hauptmenü als Kachel	Interaktion durch Gesten	3,91	4,09	2,95	3,86
		Interaktion durch Fokussieren	3,84	4,15	3,21	3,90
6.2	Hauptmenü als Liste	Interaktion durch Gesten	3,66	4,00	2,95	3,60
		Interaktion durch Fokussieren	3,59	4,06	3,21	3,64

	Layoutvarianten	Interaktions-varianten	Nützlichkeit (M)	Nutzerfreundlichkeit		
				Effektivität (M)	Effizienz (M)	Zufriedenheit (M)
6.3	Hauptmenü als Kreis	Interaktion durch Gesten	3,72	3,93	2,98	3,73
		Interaktion durch Fokussieren	3,65	3,99	3,24	3,77
Vertiefen von Objektinformationen						
7.1	Informationen am Objekt	Interaktion durch Gesten	4,25	4,31	3,22	4,28
		Interaktion durch Fokussieren	4,28	4,43	3,48	4,33
7.2	Informationen über dem Objekt	Interaktion durch Gesten	3,45	3,64	2,60	3,52
		Interaktion durch Fokussieren	3,48	3,76	2,86	3,57
Auswählen aus der Funktionsleiste						
8.1	Funktionsleiste oben	Interaktion durch Gesten	3,94	4,14	3,24	3,81
		Interaktion durch Fokussieren	3,83	4,18	3,44	3,88
8.2	Funktionsleiste unten	Interaktion durch Gesten	3,73	4,08	3,27	3,61
		Interaktion durch Fokussieren	3,62	4,12	3,47	3,68
8.3	Funktionsleiste rechts	Interaktion durch Gesten	3,75	4,04	3,02	3,71
		Interaktion durch Fokussieren	3,52	4,08	3,22	3,78
8.4	Funktionsleiste links	Interaktion durch Gesten	3,63	3,97	3,11	3,44
		Interaktion durch Fokussieren	3,52	4,01	3,31	3,51

Pattern in Bezug auf die Layoutvarianten

Kategorie	Generische Aufgabe: Auswählen aus dem Hauptmenü
Name	Layoutvariante: Hauptmenü als Kachel
Problem	DemDer NutzerIn steht eine Reihe an Anwendungen und Inhalten zur Verfügung. Für eine Übersicht über die verschiedenen Inhalte benötigt derDie NutzerIn ein Hauptmenü.
Lösung	Das Hauptmenü wird beim Starten des AR-Endgeräts angezeigt. Die Informationen stehen demDer NutzerIn situativ zur Verfügung und müssen gezielt aufgerufen werden. Eine kachelförmige Darstellung hat einen Wiedererkennungswert, da er bei den aktuellen Windows-PCs angewendet wird. Die NutzerInnen sind so mit dem Design vertraut. Das Hauptmenü in Form einer Kachel ermöglicht es demDer NutzerIn auf einen Blick, die kompletten Inhalte des Hauptmenüs einzusehen. Die Kacheln sind dabei als Matrix angeordnet und können beliebig in die Tiefe gehen. Zu beachten ist, dass die Matrix nicht zu detailliert wird und somit den Charakter des Hauptmenüs verliert.
Nachweis	Usability-Test: prototypische Umsetzung mit 50 ProbandInnen Bewertung Nützlichkeit Mittelwert: 3,90 von 5,00 Punkten Bewertung Effektivität Mittelwert: 4,06 von 5,00 Punkten Bewertung Effizienz Mittelwert: 3,14 von 5,00 Punkten Bewertung Zufriedenheit Mittelwert: 3,86 von 5,00 Punkten
Potentiale	Erweiterung der Matrix in der Breite und Länge Sortierung der Inhalte nach Relevanz Reduzierung der Inhalte auf Icons
Verwandte Pattern	Hauptmenü als Liste Hauptmenü als Kreis Hauptmenü als Kachel - Interaktion durch Gesten/Fokussieren Hauptmenü als Liste - Interaktion durch Gesten/Fokussieren Hauptmenü als Kreis - Interaktion durch Gesten/Fokussieren
Darstellung	

Kategorie	Generische Aufgabe: Auswählen aus dem Hauptmenü
Name	Layoutvariante: Hauptmenü als Liste
Problem	DemDer NutzerIn steht eine Reihe an Anwendungen und Inhalten zur Verfügung. Für eine Übersicht über die verschiedenen Inhalte benötigt derDie NutzerIn ein Hauptmenü.
Lösung	Das Hauptmenü wird beim Starten des AR-Endgeräts angezeigt. Die Informationen stehen demDer NutzerIn situativ zur Verfügung und müssen gezielt aufgerufen werden. Eine listenförmige Darstellung hat einen hohen Wiedererkennungswert, da sie bereits häufig bei industriellen Anwendungen verwendet wird. Die NutzerInnen sind so mit dem Design vertraut. Das Hauptmenü in Form einer Liste ermöglicht es demDer NutzerIn auf einen Blick, die kompletten Inhalte des Hauptmenüs einzusehen. Sie kann sowohl in Listenelementen als auch in der Tiefe erweitert werden, jedoch sollte auf eine Übersichtlichkeit geachtet werden, um das Hauptmenü als solches zu erhalten und geeignete Untergruppen bilden.
Nachweis	Usability-Test: prototypische Umsetzung mit 50 ProbandInnen Bewertung Nützlichkeit — Mittelwert: 3,40 von 5,00 Punkten Bewertung Effektivität — Mittelwert: 3,88 von 5,00 Punkten Bewertung Effizienz — Mittelwert: 3,14 von 5,00 Punkten Bewertung Zufriedenheit — Mittelwert: 3,34 von 5,00 Punkten
Potentiale	Erweiterung der Liste in der Länge Sortierung der Inhalte nach Relevanz Reduzierung der Inhalte auf Icons
Verwandte Pattern	Hauptmenü als Kachel Hauptmenü als Kreis Hauptmenü als Kachel - Interaktion durch Gesten/Fokussieren Hauptmenü als Liste - Interaktion durch Gesten/Fokussieren Hauptmenü als Kreis - Interaktion durch Gesten/Fokussieren
Darstellung	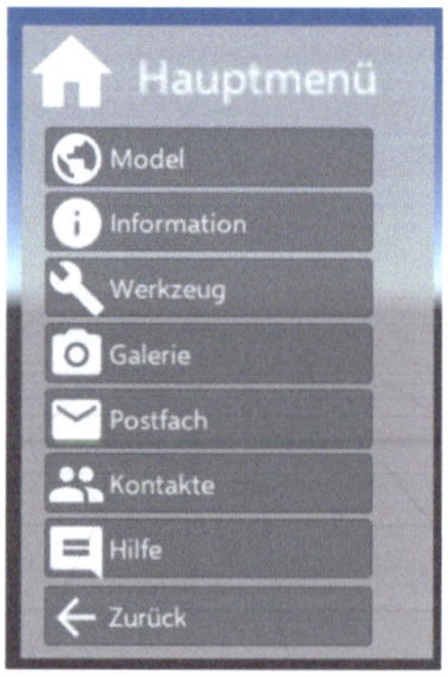

Kategorie	Generische Aufgabe: Auswählen aus dem Hauptmenü
Name	Layoutvariante: Hauptmenü als Kreis
Problem	DemDer NutzerIn steht eine Reihe an Anwendungen und Inhalten zur Verfügung. Für eine Übersicht über die verschiedenen Inhalte benötigt derDie NutzerIn ein Hauptmenü.
Lösung	Das Hauptmenü wird beim Starten des AR-Endgeräts angezeigt. Die Informationen stehen demDer NutzerIn situativ zur Verfügung und müssen gezielt aufgerufen werden. Eine kreisförmige Darstellung hat einen Wiedererkennungswert aus dem Gaming-Bereich und weist sie Ähnlichkeiten mit der Kacheldarstellung auf. Das Hauptmenü in Form eines Kreises ermöglicht es demDer NutzerIn auf einen Blick, die kompletten Inhalte des Hauptmenüs einzusehen. Der Kreis entspricht rund angeordneten Elementen und hat die Hauptkategorie im Zentrum. Die kreisförmige Darstellung ermöglicht eine begrenzte Anzahl an Erweiterungen pro Ebene, kann jedoch in die Tiefe erweitert werden.
Nachweis	Usability-Test: prototypische Umsetzung mit 50 ProbandInnen Bewertung Nützlichkeit Mittelwert: 3,52 von 5,00 Punkten Bewertung Effektivität Mittelwert: 3,74 von 5,00 Punkten Bewertung Effizienz Mittelwert: 3,20 von 5,00 Punkten Bewertung Zufriedenheit Mittelwert: 3,60 von 5,00 Punkten
Potentiale	Erweiterung der Matrix, um eine begrenzte Anzahl an Elementen Sortierung der Inhalte nach Relevanz Reduzierung der Inhalte auf Icons
Verwandte Pattern	Hauptmenü als Kachel Hauptmenü als Liste Hauptmenü als Kachel - Interaktion durch Gesten/Fokussieren Hauptmenü als Liste - Interaktion durch Gesten/Fokussieren Hauptmenü als Kreis - Interaktion durch Gesten/Fokussieren
Darstellung	

Kategorie	Generische Aufgabe: Vertiefen von Objektinformationen
Name	Layoutvariante: Informationen am Objekt
Problem	DemDer NutzerIn sollen zu einem bestimmten Objekt oder Produkt zusätzliche Informationen angezeigt werden. Diese sollte derDie NutzerIn schnell erfassen und abrufen können.
Lösung	Bei 3D-Modellen und Objekten können demDer NutzerIn zusätzliche Informationen bereitgestellt werden. Diese können durch Icons situativ aufgerufen werden. Um die Informationen an der entsprechenden Stelle und im Blickfeld desDer Nutzenden zu platzieren, empfiehlt sich eine Darstellung der Inhalte direkt am Objekt. Auf diese Weise wird demDer NutzerIn durch ein Icon symbolisiert, dass Informationen vorhanden sind. Durch die Betätigung des Icons werden diese zusätzlichen Informationen von demDer NutzerIn abgerufen. Werden diese Informationen nicht mehr benötigt, können sie wieder geschlossen werden. Durch die unterschiedliche Platzierung der Inhalte besteht keine Überlappung von Informationen. Die Informationen direkt am Objekt zu platzieren bietet den Vorteil, dass eine genaue Zuordnung erfolgen kann.
Nachweis	Usability-Test: prototypische Umsetzung mit 50 ProbandInnen Bewertung Nützlichkeit Mittelwert: 4,56 von 5,00 Punkten Bewertung Effektivität Mittelwert: 4,56 von 5,00 Punkten Bewertung Effizienz Mittelwert: 3,68 von 5,00 Punkten Bewertung Zufriedenheit Mittelwert: 4,56 von 5,00 Punkten
Potentiale	Erweiterung von Zusatzobjekten am Objekt Positionierung der Inhalte ist manuell einstellbar Reduzierung der Buttons auf Icons
Verwandte Pattern	Informationen über dem Objekt Informationen am Objekt - Interaktion durch Gesten/Fokussieren Informationen über dem Objekt - Interaktion durch Gesten/Fokussieren
Darstellung	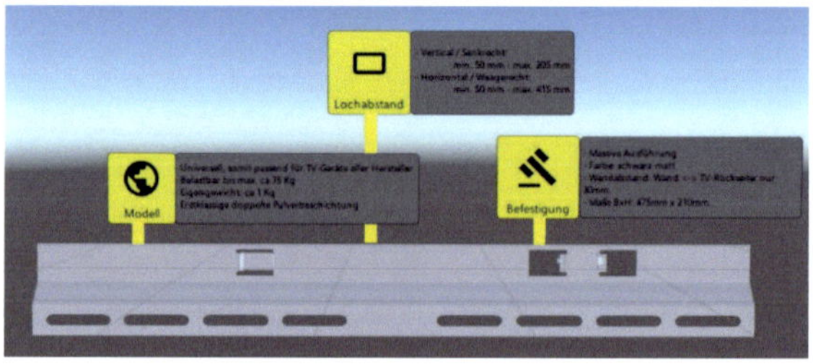

Kategorie	Generische Aufgabe: Auswählen aus der Funktionsleiste
Name	Layoutvariante: Funktionsleiste „oben“
Problem	Während derDie NutzerIn in einer Anwendung ist, wird eine Funktionsleiste benötigt, damit die aktuelle Position verlassen werden kann.
Lösung	Die Funktionsleiste hat im AR-System die Aufgabe, dass derDie NutzerIn in der aktuellen Ansicht navigieren kann. Sobald eine Aktivität aus dem Hauptmenü ausgewählt wurde, steht die Funktionsleiste demDer NutzerIn permanent zur Verfügung. Die Funktionsleiste am oberen Bereich wird von demDer NutzerIn direkt wahrgenommen. Die Funktionsleiste kann sowohl über textuellen Inhalten als auch über grafischen Elementen platziert werden. Sie ist die permanente Konstante in der Anwendung und stellt sicher, dass derDie NutzerIn immer wieder ins Hauptmenü zurückkehren oder Inhalte abspeichern kann. Die meisten Anwendungen am PC haben ihre Funktionsleiste im oberen Bereich, was zu einem hohen Wiederkennungswert bei den NutzerInnen führt.
Nachweis	Usability-Test: prototypische Umsetzung mit 50 ProbandInnen Bewertung Nützlichkeit Mittelwert: 3,86 von 5,00 Punkten Bewertung Effektivität Mittelwert: 4,10 von 5,00 Punkten Bewertung Effizienz Mittelwert: 3,10 von 5,00 Punkten Bewertung Zufriedenheit Mittelwert: 3,70 von 5,00 Punkten
Potentiale	Erweiterung der Funktionsleiste um relevante Funktionen Sortierung der Funktionen nach Relevanz Reduzierung der Inhalte auf Icons
Verwandte Pattern	Funktionsleiste „unten“ Funktionsleiste „rechts“ Funktionsleiste „links“ Funktionsleiste „oben“ - Interaktion durch Gesten/Fokussieren Funktionsleiste „unten“ - Interaktion durch Gesten/Fokussieren Funktionsleiste „rechts“ - Interaktion durch Gesten/Fokussieren Funktionsleiste „links“ - Interaktion durch Gesten/Fokussieren
Darstellung	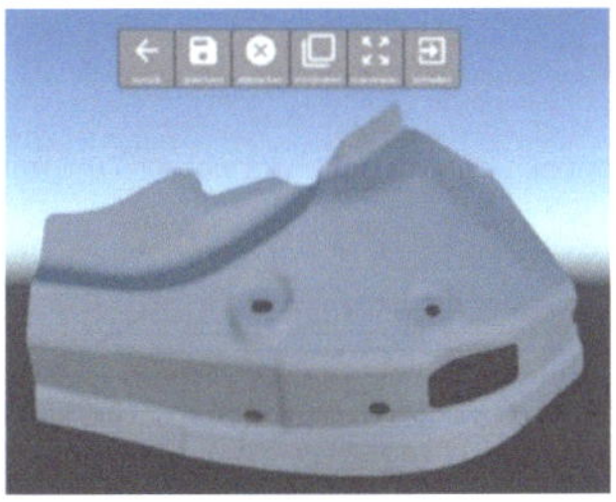

Kategorie	Generische Aufgabe: Auswählen aus der Funktionsleiste
Name	Layoutvariante: Funktionsleiste „unten“
Problem	Während derDie NutzerIn in einer Anwendung ist, wird eine Funktionsleiste benötigt, damit die aktuelle Position verlassen werden kann.
Lösung	Die Funktionsleiste hat im AR-System die Aufgabe, dass derDie NutzerIn in der aktuellen Ansicht navigieren kann. Sobald eine Aktivität aus dem Hauptmenü ausgewählt wurde, steht die Funktionsleiste demDer NutzerIn permanent zur Verfügung. Die Funktionsleiste am unteren Bereich wird von demDer NutzerIn direkt wahrgenommen. Die Funktionsleiste kann sowohl unter textuellen Inhalten als auch unter grafischen Elementen platziert werden. Sie ist die permanente Konstante in der Anwendung und stellt sicher, dass derDie NutzerIn immer wieder ins Hauptmenü zurückkehren oder Inhalte abspeichern kann. Die aktuellen PCs haben in ihren Basiseinstellungen eine Funktionsleiste am unteren Bildschirmrand, so kann bei den NutzerInnen eine Wiedererkennung generiert werden.
Nachweis	Usability-Test: prototypische Umsetzung mit 50 ProbandInnen Bewertung Nützlichkeit Mittelwert: 3,44 von 5,00 Punkten Bewertung Effektivität Mittelwert: 3,98 von 5,00 Punkten Bewertung Effizienz Mittelwert: 3,16 von 5,00 Punkten Bewertung Zufriedenheit Mittelwert: 3,30 von 5,00 Punkten
Potentiale	Erweiterung der Funktionsleiste um relevante Punkte Sortierung der Funktionen nach Relevanz Reduzierung der Inhalte auf Icons
Verwandte Pattern	Funktionsleiste „oben“ Funktionsleiste „links“ Funktionsleiste „rechts“ Funktionsleiste „oben“ - Interaktion durch Gesten/Fokussieren Funktionsleiste „unten“ - Interaktion durch Gesten/Fokussieren Funktionsleiste „rechts“ - Interaktion durch Gesten/Fokussieren Funktionsleiste „links“ - Interaktion durch Gesten/Fokussieren
Darstellung	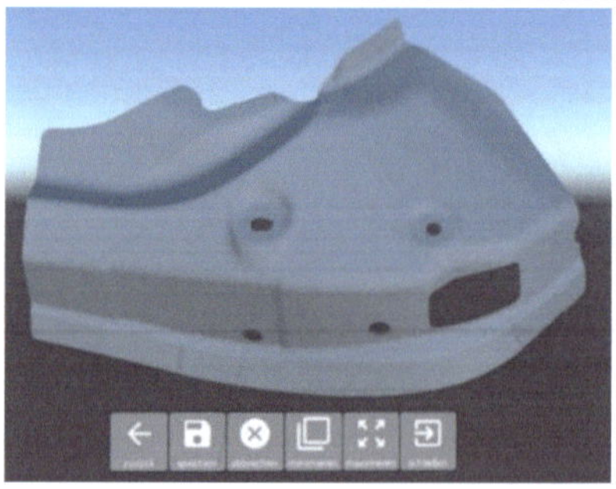

Kategorie	Generische Aufgabe: Navigation in Dokumenten - Split Screen
Name	Layoutvariante: Lesestil Blättern
Problem	DemDer NutzerIn werden während der Arbeit mit dem AR-System kurze Texte in einem Split Screen bereitgestellt. Um zu lange Texte zu vermeiden, sollten sinnvolle Einteilungen erfolgen.
Lösung	Im AR-System können demDer NutzerIn textliche Informationen bereitgestellt werden. Je nach Umfang erfolgt dies als Split oder Full Screen. Der Text wird dabei gezielt aufgerufen und muss schnell von demDer NutzerIn erfasst werden. Für die Navigation durch einspaltige Texte bei einem Split Screen eignet sich bei einem AR-System das Blättern. Durch die inhaltlichen Abschnitte der einzelnen Seiten ist es demDer NutzerIn möglich, Informationen schnell zu erfassen. Des Weiteren ermöglicht das Blättern bereits gelesene Abschnitte noch einmal zu betrachten. Das Blättern erfolgt durch Pfeile über dem Text und gibt die Seitenanzahl am unteren Bildschirmrand an. Der Vorteil des Blätterns ist es, dass es ähnlich dem Lesen in einem Buch gestaltet werden kann und durch eine Beschriftung der Seitenzahl derDie NutzerIn einen Überblick über dem Umfang erhält.
Nachweis	Usability-Test: prototypische Umsetzung mit 50 ProbandInnen Bewertung Nützlichkeit Mittelwert: 4,34 von 5,00 Punkten Bewertung Effektivität Mittelwert: 4,28 von 5,00 Punkten Bewertung Effizienz Mittelwert: 3,68 von 5,00 Punkten Bewertung Zufriedenheit Mittelwert: 4,16 von 5,00 Punkten
Potentiale	Erweiterung der Seiten Verschiebung des Textfeldes in die gewünschte Position Seitenzahlen dienen der Orientierung
Verwandte Pattern	Full Screen - Lesestil Blättern
Darstellung	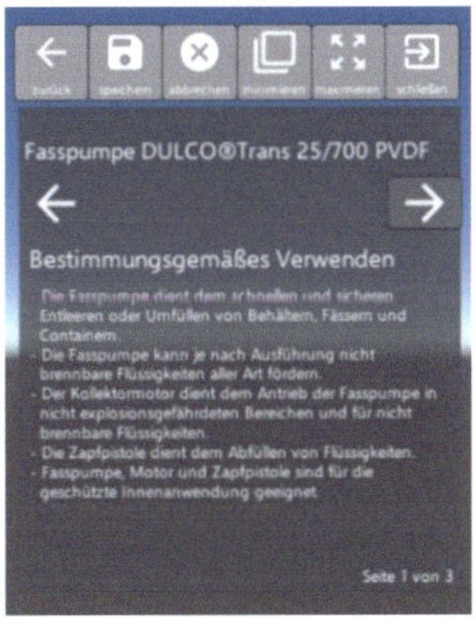

Kategorie	Generische Aufgabe: Navigation in Dokumenten - Full Screen
Name	Layoutvariante: Lesestil Blättern
Problem	DemDer NutzerIn werden während der Arbeit mit dem AR-System lange Texte in einem Full Screen bereitgestellt. Um zu lange Texte zu vermeiden, sollten sinnvolle Einteilungen erfolgen.
Lösung	Im AR-System können demDer NutzerIn textliche Informationen bereitgestellt werden. Je nach Umfang erfolgt dies als Split oder Full Screen. Der Text wird dabei gezielt aufgerufen und muss schnell von demDer NutzerIn erfasst werden. Für die Navigation durch einspaltige Texte bei einem Full Screen eignet sich bei einem AR-System das Blättern. Durch die inhaltlichen Abschnitte der einzelnen Seiten ist es demDer NutzerIn möglich, diese schnell zu erfassen. Des Weiteren ermöglicht das Blättern bereits gelesene Abschnitte noch einmal zu betrachten. Das Blättern erfolgt durch Pfeile über dem Text und gibt die Seitenanzahl am unteren Bildschirmrand an. Der Vorteil des Blätterns ist es, dass es ähnlich dem Lesen in einem Buch gestaltet werden kann und durch eine Beschriftung der Seitenzahl derDie NutzerIn einen Überblick über dem Umfang erhält.
Nachweis	Usability-Test: prototypische Umsetzung mit 50 ProbandInnen Bewertung Nützlichkeit Mittelwert: 4,40 von 5,00 Punkten Bewertung Effektivität Mittelwert: 4,28 von 5,00 Punkten Bewertung Effizienz Mittelwert: 3,68 von 5,00 Punkten Bewertung Zufriedenheit Mittelwert: 4,16 von 5,00 Punkten
Potentiale	Erweiterung der Seiten Verschiebung des Textfeldes in die gewünschte Position Seitenzahlen dienen der Orientierung
Verwandte Pattern	Split Screen - Lesestil Blättern
Darstellung	

Pattern in Bezug auf die Interaktionsvarianten

Kategorie	Generische Aufgabe: Auswählen aus dem Hauptmenü
Name	Layoutvariante: Hauptmenü als Kachel Interaktionsvariante: Interaktion durch Gesten
Problem	DemDie NutzerIn steht eine Reihe an Anwendungen und Inhalten zur Verfügung. Für eine Übersicht über die verschiedenen Inhalte benötigt derDie NutzerIn ein Hauptmenü. Dabei ist die Interaktion mit dem Hauptmenü für denDie NutzerIn relevant.
Lösung	Das Hauptmenü wird beim Starten des AR-Endgeräts angezeigt. Die Informationen stehen demDer NutzerIn situativ zur Verfügung und müssen gezielt aufgerufen werden. Das Hauptmenü in Form einer Kachel ermöglicht demDie NutzerIn auf einen Blick, die kompletten Inhalte des Hauptmenüs einzusehen. Bei dieser Darstellungsform eignet sich die Interaktion per Gestensteuerung. Die Aktion wird durch eine Handbewegung bewusst und gezielt von demDer NutzerIn ausgelöst. **Beachtung**: Es muss immer eine Hand die Aktion auslösen, was kein vollständiges freihändiges Arbeiten ermöglicht.
Nachweis	Usability-Test: prototypische Umsetzung mit 50 ProbandInnen Bewertung Nützlichkeit Mittelwert: 3,91 von 5,00 Punkten Bewertung Effektivität Mittelwert: 4,09 von 5,00 Punkten **Bewertung Effizienz Mittelwert: 2,95 von 5,00 Punkten** Bewertung Zufriedenheit Mittelwert: 3,86 von 5,00 Punkten
Potentiale	gezielte Interaktion mit dem Hauptmenü schnelle Interkation mit dem System
Verwandte Pattern	Hauptmenü als Kachel Hauptmenü als Liste Hauptmenü als Kreis Hauptmenü als Kachel - Interaktion durch Fokussieren Hauptmenü als Liste - Interaktion durch Gesten/Fokussieren Hauptmenü als Kreis - Interaktion durch Gesten/Fokussieren
Darstellung	

Kategorie	Generische Aufgabe: Auswählen aus dem Hauptmenü
Name	Layoutvariante: Hauptmenü als Kachel Interaktionsvariante: Interaktion durch Fokussieren
Problem	DemDie NutzerIn steht eine Reihe an Anwendungen und Inhalten zur Verfügung. Für eine Übersicht über die verschiedenen Inhalte benötigt derDie NutzerIn ein Hauptmenü. Dabei ist die Interaktion mit dem Hauptmenü für denDie NutzerIn relevant.
Lösung	Das Hauptmenü wird beim Starten des AR-Endgeräts angezeigt. Die Informationen stehen demDer NutzerIn situativ zur Verfügung und müssen gezielt aufgerufen werden. Das Hauptmenü in Form einer Kachel ermöglicht demDie NutzerIn auf einen Blick, die kompletten Inhalte des Hauptmenüs einzusehen. Bei dieser Darstellungsform eignet sich die Interaktion durch das Fokussieren mit dem Auge. Die Aktion wird dabei erst nach einer festgelegten Zeitspanne ausgelöst und ermöglicht die vollständige freihändige Interaktion. Die Zeitspanne bis zum Auslösen der Interaktion sollte nur einige Sekunden dauern, um eine den Arbeitsalltag nicht zu beeinflussen, jedoch können so auch ungewollte Aktionen ausgelöst werden.
Nachweis	Usability-Test: prototypische Umsetzung mit 50 ProbandInnen Bewertung Nützlichkeit Mittelwert: 3,84 von 5,00 Punkten Bewertung Effektivität Mittelwert: 4,15 von 5,00 Punkten Bewertung Effizienz Mittelwert: 3,21von 5,00 Punkten Bewertung Zufriedenheit Mittelwert: 3,90 von 5,00 Punkten
Potentiale	freihändige Interaktion mit dem Hauptmenü schnelle Interkation mit dem System
Verwandte Pattern	Hauptmenü als Kachel Hauptmenü als Liste Hauptmenü als Kreis Hauptmenü als Kachel - Interaktion durch Gesten Hauptmenü als Liste - Interaktion durch Gesten/Fokussieren Hauptmenü als Kreis - Interaktion durch Gesten/Fokussieren
Darstellung	

Kategorie	Generische Aufgabe: Auswählen aus dem Hauptmenü	
Name	Layoutvariante: Menü als Liste Interaktionsvariante: Interaktion durch Gesten	
Problem	DemDer NutzerIn steht eine Reihe an Anwendungen und Inhalten zur Verfügung. Für eine Übersicht über die verschiedenen Inhalte benötigt derDie NutzerIn ein Hauptmenü. Dabei ist die Interaktion mit dem Hauptmenü für denDie NutzerIn relevant.	
Lösung	Das Hauptmenü wird beim Starten des AR-Endgeräts angezeigt. Die Informationen stehen demDer NutzerIn situativ zur Verfügung und müssen gezielt aufgerufen werden. Das Hauptmenü in Form einer Liste ermöglicht es demDer NutzerIn auf einen Blick, die kompletten Inhalte des Hauptmenüs einzusehen. Bei dieser Darstellungsform eignet sich die Interaktion per Gestensteuerung. Die Aktion wird durch eine Handbewegung bewusst und gezielt von demDer NutzerIn ausgelöst. **Beachtung**: Es muss immer eine Hand die Aktion auslösen, was kein vollständiges freihändiges Arbeiten ermöglicht.	
Nachweis	Usability-Test: prototypische Umsetzung mit 50 ProbandInnen	
	Bewertung Nützlichkeit	Mittelwert: 3,66 von 5,00 Punkten
	Bewertung Effektivität	Mittelwert: 4,00 von 5,00 Punkten
	Bewertung Effizienz	**Mittelwert: 2,95 von 5,00 Punkten**
	Bewertung Zufriedenheit	Mittelwert: 3,60 von 5,00 Punkten
Potentiale	gezielte Interaktion mit dem Hauptmenü schnelle Interkation mit dem System	
Verwandte Pattern	Hauptmenü als Kachel Hauptmenü als Liste Hauptmenü als Kreis Hauptmenü als Kachel - Interaktion durch Gesten/Fokussieren Hauptmenü als Liste - Interaktion durch Fokussieren Hauptmenü als Kreis - Interaktion durch Gesten/Fokussieren	
Darstellung		

Kategorie	Generische Aufgabe: Auswählen aus dem Hauptmenü
Name	Layoutvariante: Menü als Liste Interaktionsvariante: Interaktion durch Fokussieren
Problem	DemDer NutzerIn steht eine Reihe an Anwendungen und Inhalten zur Verfügung. Für eine Übersicht über die verschiedenen Inhalte benötigt derDie NutzerIn ein Hauptmenü. Dabei ist die Interaktion mit dem Hauptmenü für denDie NutzerIn relevant.
Lösung	Das Hauptmenü wird beim Starten des AR-Endgeräts angezeigt. Die Informationen stehen demDer NutzerIn situativ zur Verfügung und müssen gezielt aufgerufen werden. Das Hauptmenü in Form einer Liste ermöglicht es demDer NutzerIn auf einen Blick, die kompletten Inhalte des Hauptmenüs einzusehen. Bei dieser Darstellungsform eignet sich die Interaktion durch das Fokussieren mit dem Auge. Die Aktion wird dabei erst nach einer festgelegten Zeitspanne ausgelöst und ermöglicht die vollständige freihändige Interaktion. Die Zeitspanne bis zum Auslösen der Interaktion sollte nur einige Sekunden dauern, um eine den Arbeitsalltag nicht zu beeinflussen, jedoch können so auch ungewollte Aktionen ausgelöst werden.
Nachweis	Usability-Test: prototypische Umsetzung mit 50 ProbandInnen Bewertung Nützlichkeit Mittelwert: 3,59 von 5,00 Punkten Bewertung Effektivität Mittelwert: 4,06 von 5,00 Punkten Bewertung Effizienz Mittelwert: 3,21 von 5,00 Punkten Bewertung Zufriedenheit Mittelwert: 3,64 von 5,00 Punkten
Potentiale	freihändige Interaktion mit dem Hauptmenü schnelle Interkation mit dem System
Verwandte Pattern	Hauptmenü als Kachel Hauptmenü als Liste Hauptmenü als Kreis Hauptmenü als Kachel - Interaktion durch Gesten/Fokussieren Hauptmenü als Liste - Interaktion durch Gesten Hauptmenü als Kreis - Interaktion durch Gesten/Fokussieren
Darstellung	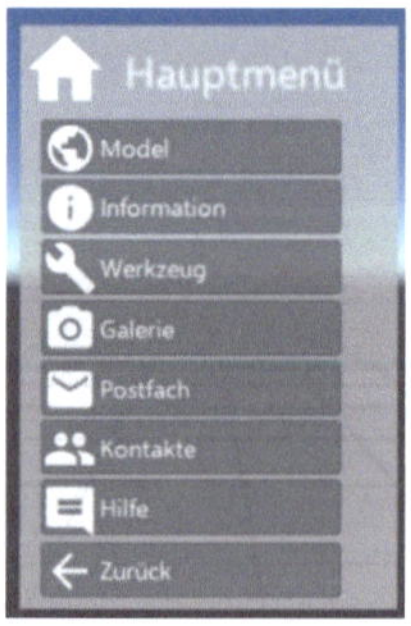

Kategorie	Generische Aufgabe: Auswählen aus dem Hauptmenü
Name	Layoutvariante: Hauptmenü als Kreis Interaktionsvariante: Interaktion durch Gesten
Problem	DemDer NutzerIn steht eine Reihe an Anwendungen und Inhalten zur Verfügung. Für eine Übersicht über die verschiedenen Inhalte benötigt derDie NutzerIn ein Hauptmenü. Dabei ist die Interaktion mit dem Hauptmenü für denDie NutzerIn relevant.
Lösung	Das Hauptmenü wird beim Starten des AR-Endgeräts angezeigt. Die Informationen stehen demDer NutzerIn situativ zur Verfügung und müssen gezielt aufgerufen werden. Das Hauptmenü in Form eines Kreises ermöglicht es demDer NutzerIn auf einen Blick, die kompletten Inhalte des Hauptmenüs einzusehen. Bei dieser Darstellungsform eignet sich die Interaktion per Gestensteuerung. Die Aktion wird durch eine Handbewegung bewusst und gezielt von demDer NutzerIn ausgelöst. **Beachtung**: Es muss immer eine Hand die Aktion auslösen, was kein vollständiges freihändiges Arbeiten ermöglicht.
Nachweis	Usability-Test: prototypische Umsetzung mit 50 ProbandInnen Bewertung Nützlichkeit — Mittelwert: 3,72 von 5,00 Punkten Bewertung Effektivität — Mittelwert: 3,93 von 5,00 Punkten **Bewertung Effizienz — Mittelwert: 2,98 von 5,00 Punkten** Bewertung Zufriedenheit — Mittelwert: 3,73 von 5,00 Punkten
Potentiale	gezielte Interaktion mit dem Hauptmenü schnelle Interkation mit dem System
Verwandte Pattern	Hauptmenü als Kachel Hauptmenü als Liste Hauptmenü als Kreis Hauptmenü als Kachel - Interaktion durch Gesten/Fokussieren Hauptmenü als Liste - Interaktion durch Gesten/Fokussieren Hauptmenü als Kreis- Interaktion durch Fokussieren
Darstellung	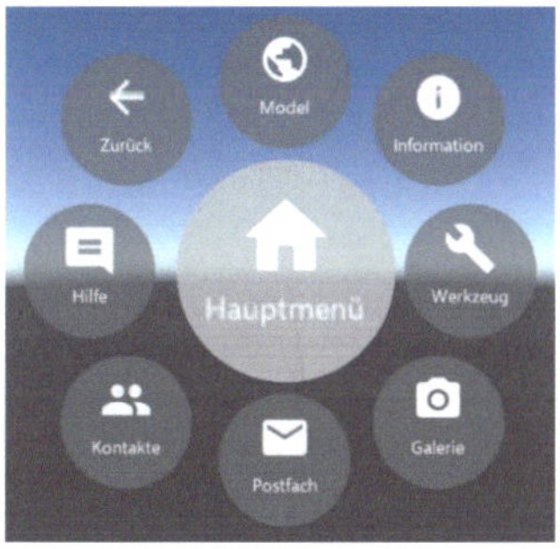

Kategorie	Generische Aufgabe: Auswählen aus dem Hauptmenü
Name	Layoutvariante: Hauptmenü als Kreis Interaktionsvariante: Interaktion durch Fokussieren
Problem	DemDer NutzerIn steht eine Reihe an Anwendungen und Inhalten zur Verfügung. Für eine Übersicht über die verschiedenen Inhalte benötigt derDie NutzerIn ein Hauptmenü. Dabei ist die Interaktion mit dem Hauptmenü für denDie NutzerIn relevant.
Lösung	Das Hauptmenü wird beim Starten des AR-Endgeräts angezeigt. Die Informationen stehen demDer NutzerIn situativ zur Verfügung und müssen gezielt aufgerufen werden. Das Hauptmenü in Form eines Kreises ermöglicht es demDer NutzerIn auf einen Blick, die kompletten Inhalte des Hauptmenüs einzusehen. Bei dieser Darstellungsform eignet sich die Interaktion durch das Fokussieren mit dem Auge. Die Aktion wird dabei erst nach einer festgelegten Zeitspanne ausgelöst und ermöglicht die vollständige freihändige Interaktion. Die Zeitspanne bis zum Auslösen der Interaktion sollte nur einige Sekunden dauern, um eine den Arbeitsalltag nicht zu beeinflussen, jedoch können so auch ungewollte Aktionen ausgelöst werden.
Nachweis	Usability-Test: prototypische Umsetzung mit 50 ProbandInnen Bewertung Nützlichkeit Mittelwert: 3,65 von 5,00 Punkten Bewertung Effektivität Mittelwert: 3,99 von 5,00 Punkten Bewertung Effizienz Mittelwert: 3,24 von 5,00 Punkten Bewertung Zufriedenheit Mittelwert: 3,77 von 5,00 Punkten
Potentiale	freihändige Interaktion mit dem Hauptmenü schnelle Interkation mit dem System
Verwandte Pattern	Hauptmenü als Kachel Hauptmenü als Liste Hauptmenü als Kreis Hauptmenü als Kachel - Interaktion durch Gesten/Fokussieren Hauptmenü als Liste - Interaktion durch Gesten/Fokussieren Hauptmenü als Kreis- Interaktion durch Gesten
Darstellung	

Kategorie	Generische Aufgabe: Vertiefen von Objektinformationen
Name	Layoutvariante: Informationen am Objekt Interaktionsvariante: Interaktion durch Gesten
Problem	DemDer NutzerIn sollen zu einem bestimmten Objekt oder Produkt zusätzliche Informationen angezeigt werden. Diese sollte derDie NutzerIn schnell erfassen und abrufen können. Dabei ist die Interaktion mit dem Hauptmenü für denDie NutzerIn relevant.
Lösung	Bei 3D-Modellen und Objekten können demDer NutzerIn zusätzliche Informationen bereitgestellt werden. Diese können durch Icons situativ aufgerufen werden. Um die Informationen an der entsprechenden Stelle und im Blickfeld desDer Nutzenden zu platzieren, empfiehlt sich eine Darstellung der Inhalte direkt am Objekt. Bei dieser Darstellungsform eignet sich die Interaktion per Gestensteuerung. Die Aktion wird durch eine Handbewegung bewusst und gezielt von demDer NutzerIn ausgelöst. Dabei muss jedoch immer eine Hand die Aktion auslösen, was kein vollständiges freihändiges Arbeiten ermöglicht.
Nachweis	Usability-Test: prototypische Umsetzung mit 50 ProbandInnen Bewertung Nützlichkeit Mittelwert: 4,25 von 5,00 Punkten Bewertung Effektivität Mittelwert: 4,31 von 5,00 Punkten Bewertung Effizienz Mittelwert: 3,22 von 5,00 Punkten Bewertung Zufriedenheit Mittelwert: 4,28 von 5,00 Punkten
Potentiale	gezieltes Aufrufen von Zusatzinformationen
Verwandte Pattern	Informationen am Objekt Informationen über dem Objekt Informationen am Objekt - Interaktion durch Fokussieren Informationen über dem Objekt - Interaktion durch Gesten/Fokussieren
Darstellung	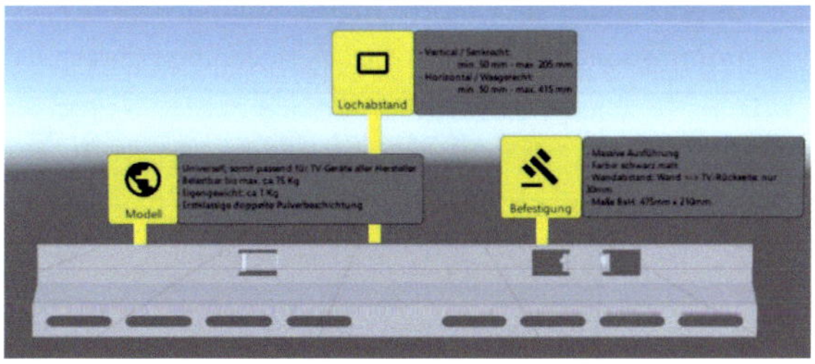

Kategorie	Generische Aufgabe: Vertiefen von Objektinformationen
Name	Layoutvariante: Informationen am Objekt Interaktionsvariante: Interaktion durch Fokussieren
Problem	DemDer NutzerIn sollen zu einem bestimmten Objekt oder Produkt zusätzliche Informationen angezeigt werden. Diese sollte derDie NutzerIn schnell erfassen und abrufen können. Dabei ist die Interaktion mit dem Hauptmenü für denDie NutzerIn relevant.
Lösung	Bei 3D-Modellen und Objekten können demDer NutzerIn zusätzliche Informationen bereitgestellt werden. Diese können durch Icons situativ aufgerufen werden. Um die Informationen an der entsprechenden Stelle und im Blickfeld desDer Nutzenden zu platzieren, empfiehlt sich eine Darstellung der Inhalte direkt am Objekt. Bei dieser Darstellungsform eignet sich die Interaktion durch das Fokussieren mit dem Auge. Die Aktion wird dabei erst nach einer festgelegten Zeitspanne ausgelöst und ermöglicht die vollständige freihändige Interaktion. Die Zeitspanne bis zum Auslösen der Interaktion sollte nur einige Sekunden dauern, um eine den Arbeitsalltag nicht zu beeinflussen, jedoch können so auch ungewollte Aktionen ausgelöst werden.
Nachweis	Usability-Test: prototypische Umsetzung mit 50 ProbandInnen Bewertung Nützlichkeit Mittelwert: 4,28 von 5,00 Punkten Bewertung Effektivität Mittelwert: 4,43 von 5,00 Punkten Bewertung Effizienz Mittelwert: 3,48 von 5,00 Punkten Bewertung Zufriedenheit Mittelwert: 4,33 von 5,00 Punkten
Potentiale	freihändiges Aufrufen von Zusatzinformationen
Verwandte Pattern	Informationen am Objekt Informationen über dem Objekt Informationen am Objekt - Interaktion durch Gesten Informationen über dem Objekt - Interaktion durch Gesten/Fokussieren
Darstellung	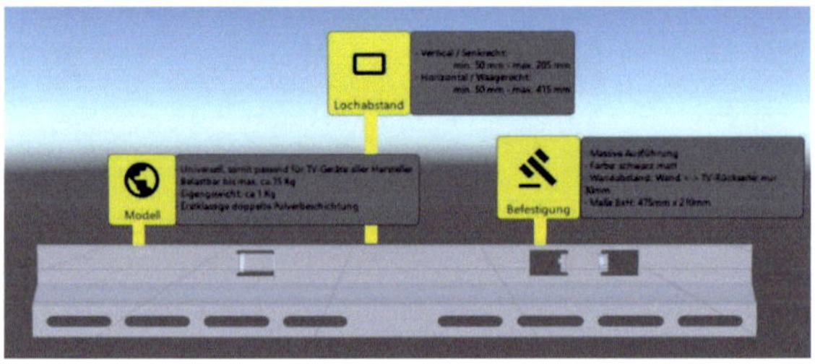

Kategorie	Generische Aufgabe: Vertiefen von Objektinformationen
Name	Layoutvariante: Informationen über dem Objekt Interaktionsvariante: Interaktion durch Gesten
Problem	DemDer NutzerIn sollen zu einem bestimmten Objekt oder Produkt zusätzliche Informationen angezeigt werden. Diese sollte derDie NutzerIn schnell erfassen und abrufen können. Dabei ist die Interaktion mit dem Hauptmenü für denDie NutzerIn relevant.
Lösung	Bei 3D-Modellen und Objekten können demDer NutzerIn zusätzliche Informationen bereitgestellt werden. Diese können durch Icons situativ aufgerufen werden. Die Informationen können gebündelt an einer zentralen Stelle und im Blickfeld desDer Nutzenden platziert werden, dazu empfiehlt sich eine Darstellung der Inhalte über dem Objekt Bei dieser Darstellungsform eignet sich die Interaktion per Gestensteuerung. Die Aktion wird durch eine Handbewegung bewusst und gezielt von demDer NutzerIn ausgelöst. **Beachtung**: Es muss immer eine Hand die Aktion auslösen, was kein vollständiges freihändiges Arbeiten ermöglicht.
Nachweis	Usability-Test: prototypische Umsetzung mit 50 ProbandInnen Bewertung Nützlichkeit — Mittelwert: 3,45 von 5,00 Punkten Bewertung Effektivität — Mittelwert: 3,64 von 5,00 Punkten **Bewertung Effizienz — Mittelwert: 2,60 von 5,00 Punkten** Bewertung Zufriedenheit — Mittelwert: 3,52 von 5,00 Punkten
Potentiale	gezieltes Aufrufen von Zusatzinformationen
Verwandte Pattern	Informationen am Objekt Informationen über dem Objekt Informationen am Objekt - Interaktion durch Gesten/Fokussieren Informationen über dem Objekt - Interaktion durch Fokussieren
Darstellung	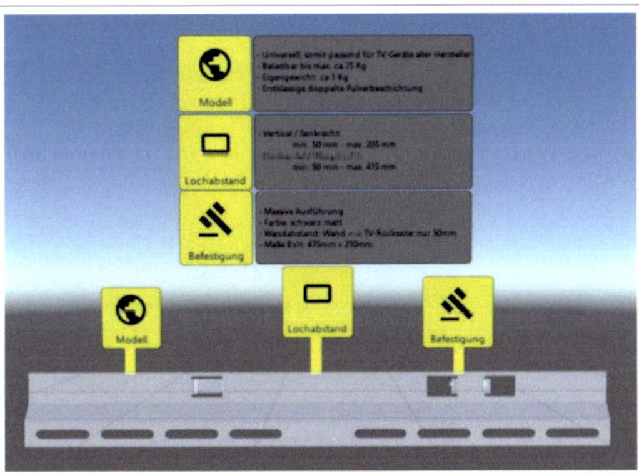

Kategorie	Generische Aufgabe: Vertiefen von Objektinformationen
Name	Layoutvariante: Informationen über dem Objekt Interaktionsvariante: Interaktion durch Fokussieren
Problem	DemDer NutzerIn sollen zu einem bestimmten Objekt oder Produkt zusätzliche Informationen angezeigt werden. Diese sollte derDie NutzerIn schnell erfassen und abrufen können. Dabei ist die Interaktion mit dem Hauptmenü für denDie NutzerIn relevant.
Lösung	Bei 3D-Modellen und Objekten können demDer NutzerIn zusätzliche Informationen bereitgestellt werden. Diese können durch Icons situativ aufgerufen werden. Die Informationen können gebündelt an einer zentralen Stelle und im Blickfeld des-Der Nutzenden platziert werden, dazu empfiehlt sich eine Darstellung der Inhalte über dem Objekt Bei dieser Darstellungsform eignet sich die Interaktion durch das Fokussieren mit dem Auge. Die Aktion wird dabei erst nach einer festgelegten Zeitspanne ausgelöst und ermöglicht die vollständige freihändige Interaktion. **Beachtung**: Die Zeitspanne bis zum Auslösen der Interaktion sollte nur einige Sekunden dauern, um eine den Arbeitsalltag nicht zu beeinflussen, jedoch können so auch ungewollte Aktionen ausgelöst werden.
Nachweis	Usability-Test: prototypische Umsetzung mit 50 ProbandInnen Bewertung Nützlichkeit — Mittelwert: 3,48 von 5,00 Punkten Bewertung Effektivität — Mittelwert: 3,76 von 5,00 Punkten **Bewertung Effizienz — Mittelwert: 2,86 von 5,00 Punkten** Bewertung Zufriedenheit — Mittelwert: 3,57 von 5,00 Punkten
Potentiale	freihändiges Aufrufen von Zusatzinformationen
Verwandte Pattern	Informationen am Objekt Informationen über dem Objekt Informationen am Objekt - Interaktion durch Gesten/Fokussieren Informationen über dem Objekt - Interaktion durch Gesten
Darstellung	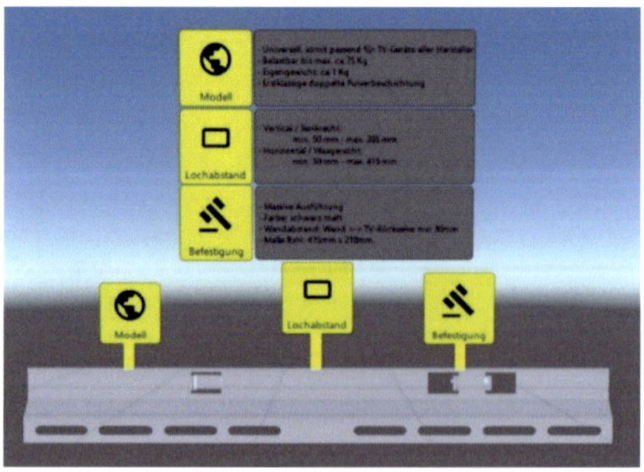

Kategorie	Generische Aufgabe: Auswählen aus der Funktionsleiste
Name	Layoutvariante: Funktionsleiste „oben“ Interaktionsvariante: Interaktion durch Gesten
Problem	Während derDie NutzerIn in einer Anwendung ist, wird eine Funktionsleiste benötigt, damit die aktuelle Position verlassen werden kann.
Lösung	Die Funktionsleiste hat im AR-System die Aufgabe, das derDie NutzerIn in der aktuellen Ansicht navigieren kann. Sobald eine Aktivität aus dem Hauptmenü ausgewählt wurde, steht die Funktionsleiste demDer NutzerIn permanent zur Verfügung. Die Funktionsleiste am oberen Bereich wird von demDer NutzerIn direkt wahrgenommen. Die Funktionsleiste kann sowohl über textuellen Inhalten als auch über grafischen Elementen platziert werden. Bei dieser Darstellungsform eignet sich die Interaktion per Gestensteuerung. Die Aktion wird durch eine Handbewegung bewusst und gezielt von demDer NutzerIn ausgelöst. Dabei muss jedoch immer eine Hand die Aktion auslösen, was kein vollständiges freihändiges Arbeiten ermöglicht.
Nachweis	Usability-Test: prototypische Umsetzung mit 50 ProbandInnen Bewertung Nützlichkeit Mittelwert: 3,94 von 5,00 Punkten Bewertung Effektivität Mittelwert: 4,14 von 5,00 Punkten Bewertung Effizienz Mittelwert: 3,24 von 5,00 Punkten Bewertung Zufriedenheit Mittelwert: 3,81 von 5,00 Punkten
Potentiale	gezieltes Aufrufen von Zusatzinformationen schnelles Zugreifen auf Funktionen
Verwandte Pattern	Funktionsleiste „oben“ Funktionsleiste „unten“ Funktionsleiste „rechts“ Funktionsleiste „links“ Funktionsleiste „oben“ - Interaktion durch Fokussieren Funktionsleiste „unten“ - Interaktion durch Gesten/Fokussieren Funktionsleiste „rechts“ - Interaktion durch Gesten/Fokussieren Funktionsleiste „links“ - Interaktion durch Gesten/Fokussieren
Darstellung	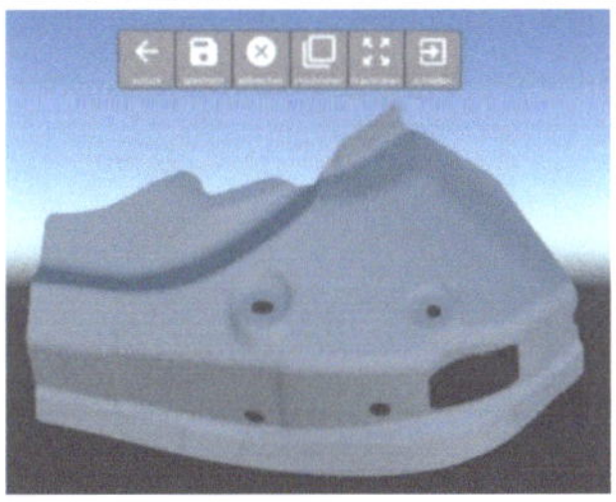

Kategorie	Generische Aufgabe: Auswählen aus der Funktionsleiste
Name	Layoutvariante: Funktionsleiste „oben“ Interaktionsvariante: Interaktion durch Fokussieren
Problem	Während derDie NutzerIn in einer Anwendung ist, wird eine Funktionsleiste benötigt, damit die aktuelle Position verlassen werden kann.
Lösung	Die Funktionsleiste hat im AR-System die Aufgabe, das derDie NutzerIn in der aktuellen Ansicht navigieren kann. Sobald eine Aktivität aus dem Hauptmenü ausgewählt wurde, steht die Funktionsleiste demDer NutzerIn permanent zur Verfügung. Die Funktionsleiste am oberen Bereich wird von demDer NutzerIn direkt wahrgenommen. Die Funktionsleiste kann sowohl über textuellen Inhalten als auch über grafischen Elementen platziert werden. Bei dieser Darstellungsform eignet sich die Interaktion durch das Fokussieren mit dem Auge. Die Aktion wird dabei erst nach einer festgelegten Zeitspanne ausgelöst und ermöglicht die vollständige freihändige Interaktion. Die Zeitspanne bis zum Auslösen der Interaktion sollte nur einige Sekunden dauern, um eine den Arbeitsalltag nicht zu beeinflussen, jedoch können so auch ungewollte Aktionen ausgelöst werden.
Nachweis	Usability-Test: prototypische Umsetzung mit 50 ProbandInnen Bewertung Nützlichkeit Mittelwert: 3,83 von 5,00 Punkten Bewertung Effektivität Mittelwert: 4,18 von 5,00 Punkten Bewertung Effizienz Mittelwert: 3,44 von 5,00 Punkten Bewertung Zufriedenheit Mittelwert: 3,88 von 5,00 Punkten
Potentiale	freihändiges Aufrufen von Zusatzinformationen schnelles Zugreifen auf Funktionen
Verwandte Pattern	Funktionsleiste „oben“ Funktionsleiste „unten“ Funktionsleiste „rechts“ Funktionsleiste „links“ Funktionsleiste „oben“ - Interaktion durch Gesten Funktionsleiste „unten“ - Interaktion durch Gesten/Fokussieren Funktionsleiste „rechts“ - Interaktion durch Gesten/Fokussieren Funktionsleiste „links“ - Interaktion durch Gesten/Fokussieren
Darstellung	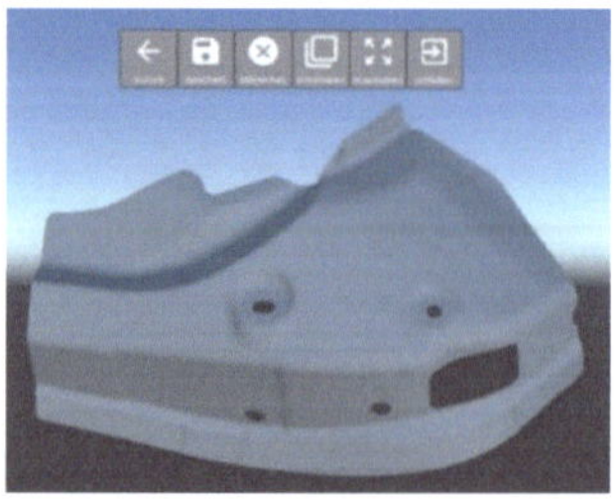

Kategorie	Generische Aufgabe: Auswählen aus der Funktionsleiste
Name	Layoutvariante: Funktionsleiste „unten" Interaktionsvariante: Interaktion durch Gesten
Problem	Während derDie NutzerIn in einer Anwendung ist, wird eine Funktionsleiste benötigt, damit die aktuelle Position verlassen werden kann.
Lösung	Die Funktionsleiste hat im AR-System die Aufgabe, das derDie NutzerIn in der aktuellen Ansicht navigieren kann. Sobald eine Aktivität aus dem Hauptmenü ausgewählt wurde, steht die Funktionsleiste demDer NutzerIn permanent zur Verfügung. Die Funktionsleiste am unteren Bereich wird von demDer NutzerIn direkt wahrgenommen. Die Funktionsleiste kann sowohl unter textuellen Inhalten als auch unter grafischen Elementen platziert werden. Bei dieser Darstellungsform eignet sich die Interaktion per Gestensteuerung. Die Aktion wird durch eine Handbewegung bewusst und gezielt von demDer NutzerIn ausgelöst. Dabei muss jedoch immer eine Hand die Aktion auslösen, was kein vollständiges freihändiges Arbeiten ermöglicht.
Nachweis	Usability-Test: prototypische Umsetzung mit 50 ProbandInnen Bewertung Nützlichkeit Mittelwert: 3,73 von 5,00 Punkten Bewertung Effektivität Mittelwert: 4,08 von 5,00 Punkten Bewertung Effizienz Mittelwert: 3,27 von 5,00 Punkten Bewertung Zufriedenheit Mittelwert: 3,61 von 5,00 Punkten
Potentiale	gezieltes Aufrufen von Zusatzinformationen schnelles Zugreifen auf Funktionen
Verwandte Pattern	Funktionsleiste „oben" Funktionsleiste „unten" Funktionsleiste „rechts" Funktionsleiste „links" Funktionsleiste „oben" - Interaktion durch Gesten/Fokussieren Funktionsleiste „unten" - Interaktion durch Fokussieren Funktionsleiste „rechts" - Interaktion durch Gesten/Fokussieren Funktionsleiste „links" - Interaktion durch Gesten/Fokussieren
Darstellung	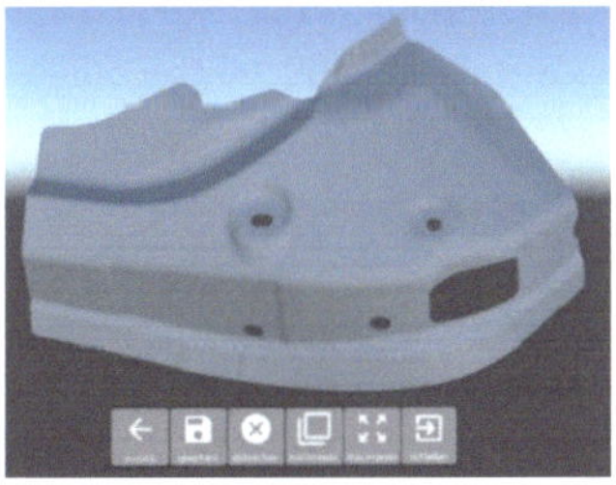

Kategorie	Generische Aufgabe: Auswählen aus der Funktionsleiste
Name	Layoutvariante: Funktionsleiste „unten“ Interaktionsvariante: Interaktion durch Fokussieren
Problem	Während derDie NutzerIn in einer Anwendung ist, wird eine Funktionsleiste benötigt, damit die aktuelle Position verlassen werden kann.
Lösung	Die Funktionsleiste hat im AR-System die Aufgabe, das derDie NutzerIn in der aktuellen Ansicht navigieren kann. Sobald eine Aktivität aus dem Hauptmenü ausgewählt wurde, steht die Funktionsleiste demDer NutzerIn permanent zur Verfügung. Die Funktionsleiste am unteren Bereich wird von demDer NutzerIn direkt wahrgenommen. Die Funktionsleiste kann sowohl unter textuellen Inhalten als auch unter grafischen Elementen platziert werden. Bei dieser Darstellungsform eignet sich die Interaktion durch das Fokussieren mit dem Auge. Die Aktion wird dabei erst nach einer festgelegten Zeitspanne ausgelöst und ermöglicht die vollständige freihändige Interaktion. Die Zeitspanne bis zum Auslösen der Interaktion sollte nur einige Sekunden dauern, um eine den Arbeitsalltag nicht zu beeinflussen, jedoch können so auch ungewollte Aktionen ausgelöst werden.
Nachweis	Usability-Test: prototypische Umsetzung mit 50 ProbandInnen Bewertung Nützlichkeit Mittelwert: 3,62 von 5,00 Punkten Bewertung Effektivität Mittelwert: 4,12 von 5,00 Punkten Bewertung Effizienz Mittelwert: 3,47 von 5,00 Punkten Bewertung Zufriedenheit Mittelwert: 3,68 von 5,00 Punkten
Potentiale	freihändiges Aufrufen von Zusatzinformationen schnelles Zugreifen auf Funktionen
Verwandte Pattern	Funktionsleiste „oben“ Funktionsleiste „unten“ Funktionsleiste „rechts“ Funktionsleiste „links“ Funktionsleiste „oben“ - Interaktion durch Gesten/Fokussieren Funktionsleiste „unten“ - Interaktion durch Gesten Funktionsleiste „rechts“ - Interaktion durch Gesten/Fokussieren Funktionsleiste „links“ - Interaktion durch Gesten/Fokussieren
Darstellung	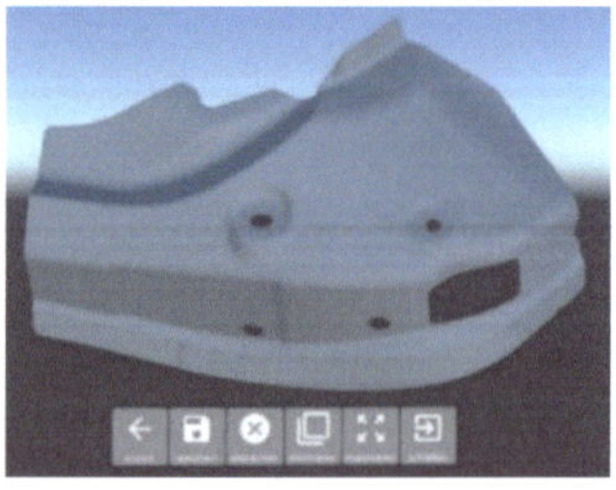

Kategorie	Generische Aufgabe: Auswählen aus der Funktionsleiste
Name	Layoutvariante: Funktionsleiste „rechts“ Interaktionsvariante: Interaktion durch Gesten
Problem	Während derDie NutzerIn in einer Anwendung ist, wird eine Funktionsleiste benötigt, damit die aktuelle Position verlassen werden kann.
Lösung	Die Funktionsleiste hat im AR-System die Aufgabe, das derDie NutzerIn in der aktuellen Ansicht navigieren kann. Sobald eine Aktivität aus dem Hauptmenü ausgewählt wurde, steht die Funktionsleiste demDer NutzerIn permanent zur Verfügung. Die Funktionsleiste am rechten Bereich wird von demDer NutzerIn direkt wahrgenommen. Die Funktionsleiste kann sowohl rechts von textuellen Inhalten als auch rechts von grafischen Elementen platziert werden. Bei dieser Darstellungsform eignet sich die Interaktion per Gestensteuerung. Die Aktion wird durch eine Handbewegung bewusst und gezielt von demDer NutzerIn ausgelöst. Dabei muss jedoch immer eine Hand die Aktion auslösen, was kein vollständiges freihändiges Arbeiten ermöglicht.
Nachweis	Usability-Test: prototypische Umsetzung mit 50 ProbandInnen Bewertung Nützlichkeit — Mittelwert: 3,75 von 5,00 Punkten Bewertung Effektivität — Mittelwert: 4,04 von 5,00 Punkten Bewertung Effizienz — Mittelwert: 3,02 von 5,00 Punkten Bewertung Zufriedenheit — Mittelwert: 3,71 von 5,00 Punkten
Potentiale	gezieltes Aufrufen von Zusatzinformationen schnelles Zugreifen auf Funktionen
Verwandte Pattern	Funktionsleiste „oben“ Funktionsleiste „unten“ Funktionsleiste „rechts“ Funktionsleiste „links“ Funktionsleiste „oben“ - Interaktion durch Gesten/Fokussieren Funktionsleiste „unten“ - Interaktion durch Gesten/Fokussieren Funktionsleiste „rechts“ - Interaktion durch Fokussieren Funktionsleiste „links“ - Interaktion durch Gesten/Fokussieren
Darstellung	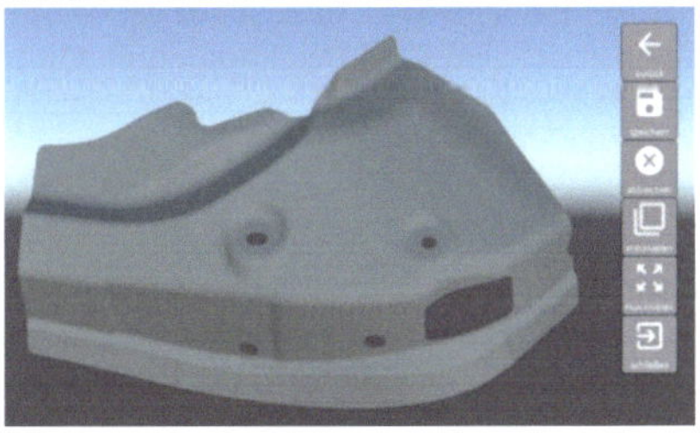

Kategorie	Generische Aufgabe: Auswählen aus der Funktionsleiste
Name	Layoutvariante: Funktionsleiste „rechts" Interaktionsvariante: Interaktion durch Fokussieren
Problem	Während derDie NutzerIn in einer Anwendung ist, wird eine Funktionsleiste benötigt, damit die aktuelle Position verlassen werden kann.
Lösung	Die Funktionsleiste hat im AR-System die Aufgabe, das derDie NutzerIn in der aktuellen Ansicht navigieren kann. Sobald eine Aktivität aus dem Hauptmenü ausgewählt wurde, steht die Funktionsleiste demDer NutzerIn permanent zur Verfügung. Die Funktionsleiste am rechten Bereich wird von demDer NutzerIn direkt wahrgenommen. Die Funktionsleiste kann sowohl rechts von textuellen Inhalten als auch rechts von grafischen Elementen platziert werden. Bei dieser Darstellungsform eignet sich die Interaktion durch das Fokussieren mit dem Auge. Die Aktion wird dabei erst nach einer festgelegten Zeitspanne ausgelöst und ermöglicht die vollständige freihändige Interaktion. Die Zeitspanne bis zum Auslösen der Interaktion sollte nur einige Sekunden dauern, um eine den Arbeitsalltag nicht zu beeinflussen, jedoch können so auch ungewollte Aktionen ausgelöst werden.
Nachweis	Usability-Test: prototypische Umsetzung mit 50 ProbandInnen Bewertung Nützlichkeit Mittelwert: 3,52 von 5,00 Punkten Bewertung Effektivität Mittelwert: 4,08 von 5,00 Punkten Bewertung Effizienz Mittelwert: 3,22 von 5,00 Punkten Bewertung Zufriedenheit Mittelwert: 3,78 von 5,00 Punkten
Potentiale	freihändiges Aufrufen von Zusatzinformationen schnelles Zugreifen auf Funktionen
Verwandte Pattern	Funktionsleiste „oben" Funktionsleiste „unten" Funktionsleiste „rechts" Funktionsleiste „links" Funktionsleiste „oben" - Interaktion durch Gesten/Fokussieren Funktionsleiste „unten" - Interaktion durch Gesten/Fokussieren Funktionsleiste „rechts" - Interaktion durch Gesten Funktionsleiste „links" - Interaktion durch Gesten/Fokussieren
Darstellung	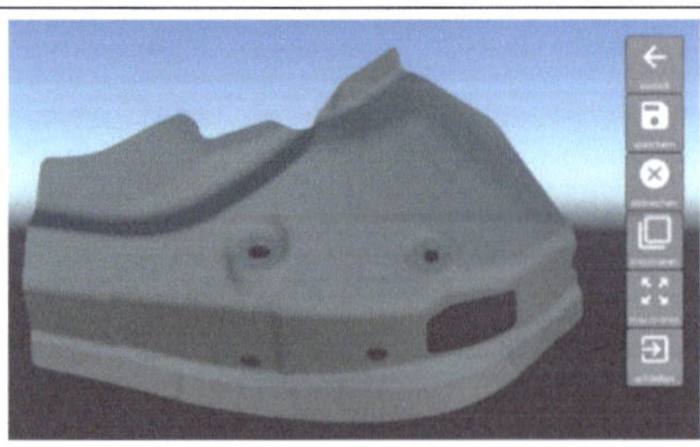

Kategorie	Generische Aufgabe: Auswählen aus der Funktionsleiste
Name	Layoutvariante: Funktionsleiste „links" Interaktionsvariante: Interaktion durch Gesten
Problem	Während derDie NutzerIn in einer Anwendung ist, wird eine Funktionsleiste benötigt, damit die aktuelle Position verlassen werden kann.
Lösung	Die Funktionsleiste hat im AR-System die Aufgabe, das derDie NutzerIn in der aktuellen Ansicht navigieren kann. Sobald eine Aktivität aus dem Hauptmenü ausgewählt wurde, steht die Funktionsleiste demDer NutzerIn permanent zur Verfügung. Die Funktionsleiste im linken Bereich wird von demDer NutzerIn direkt wahrgenommen. Die Funktionsleiste kann sowohl links von textuellen Inhalten als auch links von grafischen Elementen platziert werden. Bei dieser Darstellungsform eignet sich die Interaktion per Gestensteuerung. Die Aktion wird durch eine Handbewegung bewusst und gezielt von demDer NutzerIn ausgelöst. Dabei muss jedoch immer eine Hand die Aktion auslösen, was kein vollständiges freihändiges Arbeiten ermöglicht.
Nachweis	Usability-Test: prototypische Umsetzung mit 50 ProbandInnen Bewertung Nützlichkeit Mittelwert: 3,63 von 5,00 Punkten Bewertung Effektivität Mittelwert: 3,97 von 5,00 Punkten Bewertung Effizienz Mittelwert: 3,11 von 5,00 Punkten Bewertung Zufriedenheit Mittelwert: 3,44 von 5,00 Punkten
Potentiale	gezieltes Aufrufen von Zusatzinformationen schnelles Zugreifen auf Funktionen
Verwandte Pattern	Funktionsleiste „oben" Funktionsleiste „unten" Funktionsleiste „rechts" Funktionsleiste „links" Funktionsleiste „oben" - Interaktion durch Gesten/Fokussieren Funktionsleiste „unten" - Interaktion durch Gesten/Fokussieren Funktionsleiste „rechts" - Interaktion durch Gesten/Fokussieren Funktionsleiste „links" - Interaktion durch Fokussieren
Darstellung	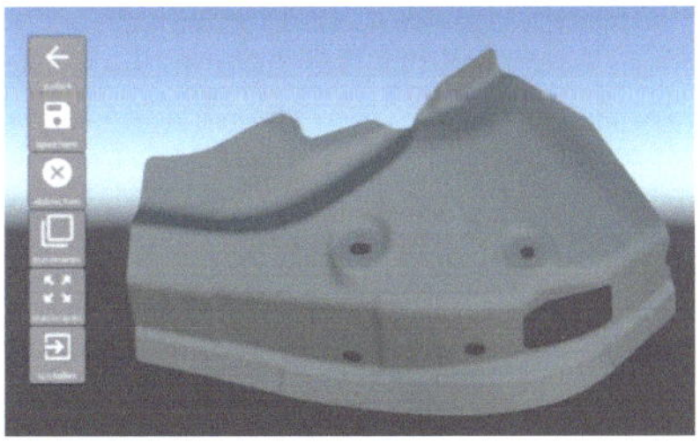

Kategorie	Generische Aufgabe: Auswählen aus der Funktionsleiste
Name	Layoutvariante: Funktionsleiste „links" Interaktionsvariante: Interaktion durch Fokussieren
Problem	Während derDie NutzerIn in einer Anwendung ist, wird eine Funktionsleiste benötigt, damit die aktuelle Position verlassen werden kann.
Lösung	Die Funktionsleiste hat im AR-System die Aufgabe, das derDie NutzerIn in der aktuellen Ansicht navigieren kann. Sobald eine Aktivität aus dem Hauptmenü ausgewählt wurde, steht die Funktionsleiste demDer NutzerIn permanent zur Verfügung. Die Funktionsleiste im linken Bereich wird von demDer NutzerIn direkt wahrgenommen. Die Funktionsleiste kann sowohl links von textuellen Inhalten als auch links von grafischen Elementen platziert werden. Bei dieser Darstellungsform eignet sich die Interaktion durch das Fokussieren mit dem Auge. Die Aktion wird dabei erst nach einer festgelegten Zeitspanne ausgelöst und ermöglicht die vollständige freihändige Interaktion. Die Zeitspanne bis zum Auslösen der Interaktion sollte nur einige Sekunden dauern, um eine den Arbeitsalltag nicht zu beeinflussen, jedoch können so auch ungewollte Aktionen ausgelöst werden.
Nachweis	Usability-Test: prototypische Umsetzung mit 50 ProbandInnen Bewertung Nützlichkeit Mittelwert: 3,52 von 5,00 Punkten Bewertung Effektivität Mittelwert: 4,01 von 5,00 Punkten Bewertung Effizienz Mittelwert: 3,31 von 5,00 Punkten Bewertung Zufriedenheit Mittelwert: 3,51 von 5,00 Punkten
Potentiale	freihändiges Aufrufen von Zusatzinformationen schnelles Zugreifen auf Funktionen
Verwandte Pattern	Funktionsleiste „oben" Funktionsleiste „unten" Funktionsleiste „rechts" Funktionsleiste „links" Funktionsleiste „oben" - Interaktion durch Gesten/Fokussieren Funktionsleiste „unten" - Interaktion durch Gesten/Fokussieren Funktionsleiste „rechts" - Interaktion durch Gesten/Fokussieren Funktionsleiste „links" - Interaktion durch Gesten
Darstellung	

9 Fazit und Ausblick

Die vorliegende Dissertation ging von der Forschungsfrage aus, welche Gestaltungsregeln die nutzerorientierte Darstellung industrieller Inhalte in einem AR-System sichern und wie diese optimiert werden können. Im Rahmen der Arbeit entstanden Empfehlungen zur Sicherstellung der Wahrnehmung in AR-Systemen sowie zur Gestaltung des Layouts und zur Interaktion. Diese Empfehlungen flossen in Musterlösungen für AR-Systeme ein, die in einem Patternkatalog zusammengefasst wurden.

Zunächst wurden der Status quo der Wissenschaft und Technik sowie die Rahmenbedingungen für den industriellen Bereich beleuchtet. Die Augmented Reality, als Kombination aus Realität und Virtualität, ermöglicht eine Interaktion beider Ebenen in Echtzeit unter Verwendung von 3D-Elementen. Wesentliche Parameter für die effiziente Nutzung sind die Akzeptanz des Nutzenden, die u. a. auf der wahrgenommenen Nützlichkeit und Nutzerfreundlichkeit basiert. Diese bilden den Fokus der Forschungsarbeit. Der Status quo der Wissenschaft und Technik zeigt, dass es Rahmenkonzepte gibt, innerhalb derer diese Forschungsfrage betrachtet werden kann. Ein für die Studie wesentlicher theoretischer Ansatz ist das nutzerorientierte Akzeptanzmodell Technology Acceptance-Model (TAM), dessen Voraussetzung das technologieorientierte Task-Technology Fit-Model (TTF) ist. Die Kernaussage des TTF ist, dass die Funktionalität eine hohe Passfähigkeit zur Aufgabe haben muss. Diese wird im TAM-Modell mit den Konstrukten „Wahrgenommene Nützlichkeit" und „Wahrgenommene Nutzerfreundlichkeit" aufgegriffen. Diese beiden Konstrukte haben einen wesentlichen Einfluss auf die Nutzungsbereitschaft und damit auf die Akzeptanz. Der Stand der Erkenntnisse auf dem Gebiet der Mensch-Technik-Interaktion im Kontext von AR-Systemen zeigt, dass hier nur Empfehlungen auf einem sehr hohen Abstraktionsniveau gegeben werden. Das Layout der Mensch-Technik-Schnittstelle sollte z. B. an die Bedürfnisse und Anforderungen der Nutzenden angepasst werden, damit eine effektive und effiziente Nutzung erfolgt. Die NutzerInnen sollen Informationen wahrnehmen, erkennen und entsprechend handeln. In diesem Zusammenhang spielt die Wahrnehmung eine wesentliche Rolle, die bisher jedoch für AR-Systeme im industriellen Kontext nicht betrachtet wurde. Es existieren lediglich spezifischen Normen für die Beleuchtung im industriellen Umfeld. Wenig ist im Stand der Wissenschaft und Technik auch über die Aufgaben zu erfahren, die mit AR-Systemen im Produktlebenszyklus erledigt werden sollen.

Für das nutzerorientierte Layout von AR-Systemen im industriellen Umfeld existieren keine fundierten Studien. Die vorliegende Dissertation hatte das Ziel, diese Forschungslücke zu füllen. Für das methodische Vorgehen wurde der Usability Engineering Lifecycle nach Mayhew für die nutzerzentrierte Entwicklung von AR-Systemen modifiziert. In der Anforderungsanalyse wurden alle nutzerorientierten Komponenten, wie z. B. Benutzerprofil, Aufgabenprofil, Plattform und Design-Prinzipien betrachtet.

In der Anforderungsanalyse wurden Personas gebildet, um Wünsche und Eigenschaften der EndnutzerInnen festzuhalten und einzubinden. Diese stereotypischeN NutzerInnen waren somit während des gesamten Entwicklungsprozesses präsent. Es wurden auch spezifische Arbeitsaufgabe, die mit AR-Systemen im Produktlebenszyklus ausgeführt werden, sowie die technischen Randbedingungen von AR-Systemen analysiert. Um das vorhandene Wissen zur Gestaltung von AR-Systemen in der Entwicklung der Prototypen einfließen zulassen, wurden die allgemeinen und konkreten Gestaltungsempfehlungen systematisiert. Im nachfolgenden Gestaltungs- und Evaluationsprozess wurden iterativ verschiedene Prototypen erstellt und evaluiert werden.

Um die gute Wahrnehmbarkeit von Informationen in AR-Systemen sicherzustellen, wurde eine eigene Studie durchgeführt, in der der Kontrast im AR-System in Abhängigkeit von der industriellen Beleuchtung untersucht wurde. Die Studie konzentrierte sich sowohl auf die minimal und maximal vorgeschriebene Beleuchtungsstärke als auch auf Grau- und Farbwerte. Die Ergebnisse eines ExpertInnentests ermöglichten es, eine wahrnehmbare Darstellung bei beleuchtungsunabhängiger Sichtbarkeit der Informationen zu erreichen. Für dauerhaft sichtbare Informationen sollten Grauwerte und für Hervorhebungen Farbwerte verwendet werden. Die Farblehre und -bedeutung haben auch im AR-System ihre Gültigkeit.

Danach wurden spezifische UI-Elemente für AR-Systeme bezüglich der generischen Aufgaben und der dazugehörigen Basisinteraktionen, eruiert. Es wurden vier Aufgabentypen identifiziert, die regelmäßig in verschiedenen Formen auftreten: „Auswählen aus dem Hauptmenü", „Vertiefen von Objektinformationen", „Auswählen aus der Funktionsleiste" und „Navigieren in Dokumenten". Diese ermöglichen demDer NutzerIn mit dem AR-System zu interagieren, virtuelle Zusatzinformationen anzuzeigen und in umfangreichen Dokumenten zu lesen. Die Extraktion von bewährten Lösungen, die in aktuellen Datenbrillen realisiert sind, führte zu mehreren Layout- und Interaktionsvarianten als Grundlage für die Evaluation.

Ein Kernergebnis ist, dass für die Darstellungen des Hauptmenüs verschiedene Layoutvarianten gleichermaßen geeignet sind. Eine klare Empfehlung kann aber für dir Platzierung von

Zusatzinformationen im AR-System gegeben werden, sie sollte stets im direkten Bezug zum realen Objekt stehen. Ebenfalls hat sich deutlich gezeigt, dass die Funktionsleiste horizontal in Sichtbereich platziert werden muss, um seitliche Einschränkungen des Sichtbereiches zu vermeiden. Die Nutzenden haben sich eindeutig für das „Blättern“ als Navigation durch Dokumente ausgesprochen. Bei den Interaktionsvarianten „Gestensteuerung“ und „Fokussieren mit dem Auge“ gibt es eine leichte Präferenz für das Fokussieren mit dem Auge, da oft freihändige Arbeit im industriellen Bereich notwendig ist.

Die im Patternkatalog beschriebenen Musterlösungen sollen EntwicklerInnen als Leitfaden für die nutzerorientierte Gestaltung von AR-Systemen im industriellen Umfeld dienen. Er berücksichtigt die entsprechenden ISO-Normen und industriellen Randbedingungen. Der Katalog beinhaltet verschiedene Varianten des Layouts und der Interaktionen mit entsprechenden Empfehlungen.

Der Ausblick in die Entwicklung der erweiterten Realität im industriellen Bereich ist vielversprechend. Durch filigranere AR-Endgeräte mit größerem Sichtfeld kann ein realerer Sehumfang erzeugt werden. Die Erkennung der physikalischen Umgebung sowie der Gesten führt zu einer intuitiven Interaktion mit dem AR-System. Durch höhere Rechenleistungen in Verbindung mit künstlicher Intelligenz können die Informationen im AR-System aufgaben- und nutzerabhängig aufbereitet werden. Im Zuge dieser Entwicklungen können die generischen Musterlösungen des Patternkatalog anwendungsspezifisch erweitert werden. Durch die fortschreitende Technologisierung der Gesellschaft steigt die Akzeptanz von AR-Systemen sowie die positive Einstellung zur Nutzung im industriellen Umfeld. Offen ist die Belastbarkeit des Nutzenden durch die dauerhafte Verwendung von AR-Systemen, die in Langzeitstudien zu erforschen ist.

Literaturverzeichnis

Abel, Jörg; Hirsch-Kreinsen, Hartmut; Wienzek, Tobias (2019): Akzeptanz von Industrie 4.0. Abschlussbericht zu einer explorativen empirischen Studie über die deutsche Industrie. Hg. v. acatech – Deutsche Akademie der Technikwissenschaften Geschäftsstelle, zuletzt geprüft am 12.12.2019.

Adelmann, Robert (2020): Augmented Reality in der industriellen Praxis. In: H. Orsolits und M. Lackner (Hg.): Virtual Reality und Augmented Reality in der Digitalen Produktion. Wiesbaden: Springer Fachmedien Wiesbaden, S. 7–32.

Alexander, Christopher; Ishikawa, Sara; Silverstein, Murray; Jacobson, Max (1977): A pattern language. Towns, buildings, construction. 41. print. New York, NY: Oxford Univ. Press (Center for Environmental Structure series, 2).

Android Open Source Project (2018): Design for Android. Material design basics. Online verfügbar unter https://developer.android.com/design/, zuletzt aktualisiert am 25.04.2018, zuletzt geprüft am 14.08.2018.

Aragon, Cecilia R.; Hearst, Marti A. (2005): Improving Aviation Safety with Information Visualization. A Flight Simulation Study. In: CHI´05: Proceedings of the SIGCHI Conference on Human Factors in Computing Systems. Portland, Oregon, USA, 02.-07.04.2005. New York: ACM, zuletzt geprüft am 07.06.2017.

Azuma, Ronald T. (1997): A Survey of Augmented Reality. In: J. Weisenberger und R. Ruddle (Hg.): Presence: Teleoperators and Virtual Environments, Bd. 6. 4 Bände (6), S. 355–385, zuletzt geprüft am 18.06.2018.

Bitnamic GmbH (2018): bitnamic. Augmented Reality - Beratung - Konzept - Entwicklung. Online verfügbar unter https://www.bitnamic.net/augmented_reality_assistance.

Borisov, Nikolaj; Weyers, Benjamin; Kluge, Annette (2018): Designing a Human Machine Interface for Quality Assurance in Car Manufacturing. An Attempt to Address the "Functionality versus User Experience Contradiction" in Professional Production Environments. In: Advances in Human-Computer Interaction 2018 (6), S. 1–18. DOI: 10.1155/2018/9502692.

Bowman, Doug A.; Krujiff, Ernst; LaViola, Joseph J., JR.; Poupyrev, Ivan (2005): 3D User Interfaces. Theory and Practice. Boston: Addison-Wesley.

Broadbent, Donald E. (1982): Task combination and selective intake of information. In: Acta Psychologica 50 (3), S. 253–290. DOI: 10.1016/0001-6918(82)90043-9.

Cohé, Aurélie; Dècle, Fabrice; Hachet, Martin (2011): tBox: A 3D Transformation Widget designed for Touch-screens. CHI´11; Vancouver, BC, Canada, May 07 - 12, 2011, S. 3005–3008, zuletzt geprüft am 31.05.2017.

Cooper, Alan; Reimann, Robert; Cronin, Dave; Engel, Reinhard (2010): About face. Interface und Interaction Design. Heidelberg, Hamburg: Mitp-Verlag.

Davis, Fred D. (1985): A Technology Acceptance Model for Empirically Testing New End-User Information Systems. Theory and Results. Dissertation, Cambridge. Massachusetts Institute of Technology, zuletzt geprüft am 04.12.2019.

Dey, Arindam; Billinghurst, Mark; Lindeman, Robert W.; Swan II, J. Edward (2016): A Systematic Review of Usability Studies in Augmented Reality between 2005 and 2014. In: E. Veas, T. Langlotz, J. Martinez-Carranza, R. Grasset, M. Sugimoto und A. Martín (Hg.): Adjunct proceedings of the 2016 IEEE International Symposium on Mixed and Augmented Reality. Merida, Yucatan, Mexico, 19- 23.09.2016. Piscataway, NJ: IEEE, S. 49–50, zuletzt geprüft am 03.06.2019.

Diepstraten, J.; Weiskopf, D.; Ertl, T. (2003): Interactive Cutaway Illustrations. In: Computer Graphics Forum 22 (3), S. 523–532. DOI: 10.1111/1467-8659.t01-3-00700.

Dishaw, Mark T.; Strong, Diane M.; Bandy, D. Brent (2002): Extending the Task-Technology Fit Model with Self-Efficacy Constructs. In: AMCIS - Americas Conference on Information Systems. 143. Aufl., S. 1021–1027, zuletzt geprüft am 04.12.2019.

Doil, F.; Schreiber, W.; Alt, T.; Patron, C. (2003): Augmented reality for manufacturing planning. In: A. Kunz und J. Deisinger (Hg.): Proceedings of the workshop on Virtual environments 2003 - EGVE '03. Zurich, Switzerland, 22.- 23.05.2003. New York, New York, USA: ACM Press, S. 71–76.

Dörner, R.; Broll, W.; Grimm, P.; Jung, B. (Hg.) (2013): Virtual und Augmented Reality (VR/AR). Grundlagen und Methoden der Virtuellen und Augmentierten Realität. Berlin: Springer Vieweg (eXamen.press).

Eagly, Alice Hendrickson; Chaiken, Shelly (1993): The psychology of attitudes. Belmont, Calif.: Wadsworth Thompson.

Eberhardt, Robin (2016): Weser Report. Bremer schaffen erweiterte Realität im Großlager. Online verfügbar unter https://weserreport.de/2016/08/wirtschaft/bremer-schaffen-erweiterte-realitaet-im-grosslager/.

Ehrlenspiel, Klaus; Meerkamm, Harald (2013): Integrierte Produktentwicklung. Denkabläufe, Methodeneinsatz, Zusammenarbeit. 5., überarb. und erw. Aufl., [elektronische Ressource]. München: Hanser.

Endsley, Mica R.; Jones, Debra G. (2012): Designing for situation awareness. An approach to user-centered design. 2nd ed. Boca Raton, FL: CRC Press.

Norm DIN EN ISO 9241-110, 2008: Ergonomie der Mensch-System-Interaktion - Teil 110: Grundsätze der Dialoggestaltung, zuletzt geprüft am 16.11.2017.

Norm DIN EN ISO 9241-154, 2013: Ergonomie der Mensch-System-Interaktion - Teil 154: Sprachdialogsysteme.

Norm DIN EN ISO 9241-303, 2011: Ergonomie der Mensch-System-Interaktion - Teil 303: Anforderungen an elektronische optische Anzeigen.

Norm DIN EN ISO 9241-400, 2007: Ergonomie der Mensch-System-Interaktion - Teil 400: Grundsätze und Anforderungen für physikalische Eingabegeräte.

Norm DIN EN ISO 9241-11, 1999: Ergonomische Anforderungen für Bürotätigkeiten mit Bildschirmgeräten - Teil 11: Anforderungen an die Gebrauchstauglichkeit — Leitsätze, zuletzt geprüft am 27.11.2017.

Norm DIN EN ISO 9241-12, 2000: Ergonomische Anforderungen für Bürotätigkeiten mit Bildschirmgeräten - Teil 12: Informationsdarstellung, zuletzt geprüft am 16.11.2017.

Norm DIN EN ISO 9241-13, 2000: Ergonomische Anforderungen für Bürotätigkeiten mit Bildschirmgeräten - Teil 13: Benutzerführung.

Norm DIN EN ISO 9241-16, 2000: Ergonomische Anforderungen für Bürotätigkeiten mit Bildschirmgeräten - Teil 16: Dialogführung mittels direkter Manipulation.

Eriksen, Barbara A.; Eriksen, Charles W. (1974): Effects of noise letters upon the identification of a target letter in a nonsearch task. In: Perception & Psychophysics 16 (1), S. 143–149. DOI: 10.3758/BF03203267.

Friedrich, Wolfgang (2003): ARVIKA-Augmented Reality for Development, Production and Service. Siemens AG, Automation and Drives Advanced Technologies and Standards. Nürnberg. Online verfügbar unter http://citeseerx.ist.psu.edu/viewdoc/download?doi=10.1.1.194.6733&rep=rep1&type=pdf, zuletzt geprüft am 31.05.2017.

G. Rodenstock Instrumente GmbH (Hg.) (2013): Testscheiben. Arbeitsanleitung für Rodenstock Sehtestgerät.

Gabbard, Joseph L. (2001): Researching Usability Design and Evaluation Guidelines for Augmented Reality (AR) Systems. Online verfügbar unter http://www.rkriz.net/sv/classes/ESM4714/Student_Proj/class00/gabbard/index.html, zuletzt aktualisiert am 01.03.2001, zuletzt geprüft am 31.05.2017.

Norm DIN 32975-12, 2009: Gestaltung visueller Informationen im öffentlichen Raum zur barrierefreien Nutzung.

Goldstein, E. B.; Irtel, H.; Plata, G. (Hg.) (2011): Wahrnehmungspsychologie. Der Grundkurs. 7. Aufl., Nachdr. Berlin: Spektrum Akademischer Verlag.

Gorecky, Dominic; Schmitt, Mathias; Loskyll, Matthias (2014): Mensch-Maschine-Interaktion im Industrie 4.0-Zeitalter. In: T. Bauernhansl, M. ten Hompel und B. Vogel-Heuser (Hg.): Industrie 4.0 in Produktion, Automatisierung und Logistik. Anwendung, Technologien, Migration. Wiesbaden: Springer Vieweg (SpringerLink), S. 525–542.

Hale, K. S.; Stanney, K. M. (Hg.) (2014): Handbook of virtual environments. Design, implementation, and applications. Second edition. Boca Raton, Florida: CRC Press (Human Factors and Ergonomics Series).

Hashemian, Abraham M.; Riecke, Bernhard E. (2017): Leaning-Based 360° Interfaces: Investigating Virtual Reality Navigation Interfaces with Leaning-Based-Translation and Full-Rotation. In: S. Lackey und J. Chen (Hg.): Virtual, Augmented and Mixed Reality. 9th International Conference, VAMR 2017, Held as Part of HCI International 2017, Vancouver, BC, Canada, July 9-14, 2017, Proceedings. Cham, s.l.: Springer International Publishing (Lecture Notes in Computer Science, 10280), S. 15–32.

Herout, Adam; Zacharias, Michal; Dubska, Marketa; Havel, Jiri (2012): Fractal marker fields: No more scale limitations for fiduciary markers. 2012 IEEE International Symposium on, 5-8 Nov. 2012. In: Mixed and Augmented Reality (ISMAR), S. 285–286. DOI: 10.1109/ISMAR.2012.6402576.

Hirsch, Andreas (2018): Für welche Einsatzbereiche eignet sich Augmented Reality? Augmentaio - Augmented Reality Agentur München. Online verfügbar unter https://augmentaio.com/de, zuletzt geprüft am 29.03.2019.

Jacoby, Richard H.; Ellis, Stephen R. (1992): Using virtual menus in a virtual environment. From Conference Volume 1668. In: Proc. SPIE 1668, Visual Data Interpretation, S. 39–48. DOI: 10.1117/12.59654.

Jerald, Jason (2016): The VR Book. Human-Centered Design for Virtual Reality. First edition. New York, NY, San Rafael: ACM (ACM Books, 8).

Karl, Donald E.; Soderquist, Kirk A.; Farhi, Miriam; Grant, Andrew H.; Pekarek Krohn, David R.; Murphy, Brendan et al. (2018): 2018 Augmented and Virtual Reality survey Report. Industry insight into the Future of AR/VR. Hg. v. PERKINS COIE LLP.

Konradin-Verlag Robert Kohlhammer GmbH (2018): Augmented Reality. Voller Durchblick bei technischen Service Trainings. Online verfügbar unter https://industrie.de/top-list/continental-kooperiert-mit-berkeley-deepdrive/.

Koreng, Regina (2019): AR in production. Development of UI patterns. In: F. Alt, A. Bulling und T. Döring (Hg.): Proceedings of Mensch und Computer 2019 on - MuC'19. Mensch und Computer 2019. Hamburg, Germany, 08-11.09.2019. New York, New York, USA: ACM Press, S. 655–659.

Koreng, Regina; Krömker, Heidi (2019): Augmented Reality Interface. Guidelines for the Design of Contrast Ratios. In: ASME 2019 International Design Engineering Technical Conferences and Computers and Information in Engineering Conference. Anaheim, California, USA, 18- 21.08.2019: American Society of Mechanical Engineers.

KPMG AG Wirtschaftsprüfungsgesellschaft (2016): Neue Dimensionen der Realität. Executive Summary zur Studie der Potenziale von Virtual und Augmented Reality in Unternehmen, S. 6–7, zuletzt geprüft am 20.11.2019.

Kratz, Sven; Rohs, Michael; Guse, Dennis; Müller, Jörg; Bailly, Gilles; Nischt, Michael (2012): PalmSpace: Continuous Around-Device Gestures vs. Multitouch for 3D Rotation Tasks on Mobile Devices. AVI 12 ; Capri Island (Naples), Italy, May 22 - 25, 2012. In: Proceedings of the International Working Conference on Advanced Visual Interfaces, S. 181–188, zuletzt geprüft am 31.05.2017.

Krömker, Heidi (2017): Usability Engineering 1. Lehrveranstaltung Wintersemester 2017/2018. Technische Universität Ilmenau.

Krömker, Heidi; Hörold, Stephan; Mayas, Cindy (2015): Schlussbericht Technische Universität Ilmenau Verbundvorhaben: Faktor Mensch. Teilvorhaben: Faktor Mensch im Bedarfsfeld Produktion. Vorhaben Zwanzig20 - Allianz 3Dsensation. Hg. v. Technische Universität Ilmenau, zuletzt geprüft am 11.12.2019.

Kunert, Tibor (2009): User-Centered Interaction Design Patterns for Interactive Digital Television Applications. London: Springer London.

Künnemann, Luise (2019): Entwicklung eines kontextabhängigen Instrumentariums für Usability-Evaluation. Dissertation. Technische Universität Ilmenau, Ilmenau. Institut für Medientechnik.

LaViola, Joseph J., JR.; Kruijff, Ernst; McMahan, Ryan P.; Bowman, Doug A.; Poupyrev, Ivan (2017): 3D user interfaces. Theory and practice. Second edition. Boston: Addison-Wesley.

Lee, Yongwoo; Li, Jingjie; Kim, Younghyun (2019): MicPrint: acoustic sensor fingerprinting for spoof-resistant mobile device authentication. In: MobiQuitous '19: Proceedings of the 16th EAI International Conference on Mobile and Ubiquitous Systems: Computing, Networking and Services. Houston Texas, 11.2019. New York: ACM, S. 248–257.

Norm DIN EN 12464-1, 2011: Licht und Beleuchtung – Beleuchtung von Arbeitsstätten – Teil 1: Arbeitsstätten in Innenräumen.

Lien, Jaime; Gillian, Nicholas; Karagozler, M. Emre; Amihood, Patrick; Schwesig, Carsten; Olson, Erik et al. (2016): Soli: ubiquitous gesture sensing with millimeter wave radar. In: ACM Trans. Graph. 35 (4), S. 1–19. DOI: 10.1145/2897824.2925953.

Lindemann, U. (Hg.) (2016): Handbuch Produktentwicklung. München: Hanser.

Lucke, Doris (1995): Akzeptanz. Wiesbaden: VS Verlag für Sozialwissenschaften.

Mahemoff, M. J.; Johnston, L. J. (1998): Principles for a usability-oriented pattern language. In: Proceedings 1998 Australasian Computer Human Interaction Conference. OzCHI'98. Adelaide, SA, Australia, 30.11-04.12.1998: IEEE Comput. Soc, S. 132–139.

Mayas, C.; Hörold, S.; Krömker, H. (Hg.) (2016): Personas for Requirements Engineering. Opportunities and Challenges. Berlin, Heidelberg: Springer-Verlag, zuletzt geprüft am 26.02.2020.

Mayhew, Deborah (1999): The usability engineering lifecycle. A practitioner's handbook for user interface design. Digital printing. San Francisco, Calif.: Morgan Kaufmann (The Morgan Kaufmann series in interactive technologies).

Mehler-Bicher, Anett; Steiger, Lothar (2014): Augmented Reality. Theorie und Praxis. 2. überarb. Aufl. München: Walter de Gruyter GmbH & Co KG.

Miaskiewicz, Tomasz; Kozar, Kenneth A. (2011): Personas and user-centered design. How can personas benefit product design processes? In: Design Studies 32 (5), S. 417–430. DOI: 10.1016/j.destud.2011.03.003.

Microsoft Corporation (2017): Mobil bis ins hohe Alter: Microsoft HoloLens unterstützt thyssenkrupp bei der Produktion individuell gefertigter Treppenlifts. Unter Mitarbeit von Anika Klauß. Online verfügbar unter https://news.microsoft.com/de-de/microsoft-hololens-unterstuetzt-thyssenkrupp/.

Microsoft Corporation (2018): Windows Mixed Reality documentation. Design for mixed reality. Online verfügbar unter https://docs.microsoft.com/de-de/windows/mixed-reality/design, zuletzt geprüft am 02.08.2018.

Mühlthaler, Erika; Junge, Knut; Groenewold, Hilke (Hg.) (2016): Kontrastreiche Gestaltung öffentlich zugänglicher Gebäude. Barrierefreies Bauen. Berlin: Verbandes der Deutschen Lack- und Druckfarbenindustrie e. V.

Neue Mediengesellschaft Ulm mbH (2018): INTERNET WORLD Business. Assisted, Augmented und Mixed Reality - Augmented Reality wird praxisreif. Online verfügbar unter https://www.internetworld.de/technik/augmented-reality/augmented-reality-praxisreif-1467936.html, zuletzt geprüft am 26.09.2018.

Nielsen, Jakob (1993): Usability Engineering. Burlington: Elsevier Science (Interactive Technologies). Online verfügbar unter http://gbv.eblib.com/patron/FullRecord.aspx?p=1190977.

Niggemann, Oliver; Jasperneite, Jürgen; Vodencarevic, Asmir (2014): Konzepte und Anwendungsfälle für die intelligente Fabrik. In: T. Bauernhansl, M. ten Hompel und B. Vogel-Heuser (Hg.): Industrie 4.0 in Produktion, Automatisierung und Logistik. Anwendung, Technologien, Migration. Wiesbaden: Springer Vieweg (SpringerLink), S. 173–190.

Ong, S. K.; Nee, A. Y. C. (2004): Virtual and Augmented Reality Applications in Manufacturing. London: Springer-Verlag London.

Papp, Emese; Wölfel, Christian (2019): Akzeptanz und Nutzererleben von körpergetragenen Assistenzsystemen im industriellen Anwendungsbereich. In: R. H. Stelzer und J. Krzywinski (Hg.): Entwerfen Entwickeln Erleben in Produktentwicklung und Design 2019. Dresden: TUDpress (Technisches Design, 11,12), S. 323–333.

Plutz, Martin (2017): PowerPoint Präsentation: Von Virtual zu Augmented Reality. Informationsaustausch Datenbrille. Virtual Dimension Center (VDC). Ditzingen, 12.07.2017, zuletzt geprüft am 15.02.2018.

Plutz, Martin; Große Böckmann, Markus; Siebenkotten, Phillipp; Schmitt, Robert (2016): Smart Glasses in der Produktion. Studienbericht des Fraunhofer-Instituts für Produktionstechnologie IPT. Hg. v. Fraunhofer-Instituts für Produktionstechnologie IPT, zuletzt geprüft am 20.07.2017.

Pohl, Christian; Waßmann, Helene (2009): Wahrnehmungsgerechte Präsentati Wahrnehmungsgerechte Präsentation von Designentwürfen mit Hilfe von Augmented Reality. In: ViProSim-Paper, S. 405–419, zuletzt geprüft am 31.05.2017.

Preim, Bernhard; Dachselt, Raimund (2010): Interaktive Systeme. Band 1: Grundlagen, Graphical User Interfaces, Informationsvisualisierung. 2. Aufl. Berlin, Heidelberg: Springer-Verlag (eXamen.press).

Preim, Bernhard; Dachselt, Raimund (2015): Interaktive Systeme. Band 2: User Interface Engineering, 3D-Interaktion, Natural User Interfaces. 2. Aufl. 2015. Berlin, Heidelberg: Springer-Verlag (eXamen.press).

Pruitt, John S.; Adlin, Tamara (2006): The persona lifecycle. Keeping people in mind throughout product design. Amsterdam, Boston: Elsevier (The Morgan Kaufmann series in interactive technologies).

Quiring, Oliver (2006): Methodische Aspekte der Akzeptanzforschung bei interaktiven Medientechnologien. In: Kommunikations- und Medienforschung. Münchener Beiträge zur Kommunikationswissenschaft, Bd. 6. München (6).

Rasch, Björn; Friese, Malte; Hofmann, Wilhelm; Naumann, Ewald (2010): [Deskriptive Statistik, Inferenzstatistik, t-Test, Korrelationstechniken, Regressionsanalyse, Formelsammlung, Glossar, Verteilungstabellen]. Mit 25 Tabellen. 3., erw. Aufl. Berlin: Springer (Quantitative Methoden, Einführung in die Statistik für Psychologen und Sozialwissenschaftler; Bd. 1).

Reisman, Jason L.; Davidson, Philip L.; Han, Jefferson Y. (2009): A Screen-Space Formulation for 2D and 3D Direct Manipulation. UIST´09, Victoria, British Columbia, October 4-7, 2009. In: Proceedings of the 22nd Annual ACM Symposium on User Interface Software and Technology, S. 69–78, zuletzt geprüft am 31.05.2017.

Sauer, Florian; Sauer, Frank H. (2018): Enzyklopädie der Wertevorstellung. Alles über Were, Wertewandel und Organisationskultur (Akzeptanz). Online verfügbar unter https://www.wertesysteme.de/akzeptanz/, zuletzt aktualisiert am 24.02.2018, zuletzt geprüft am 02.12.2019.

Schäfer, Martina; Keppler, Dorothee (2013): Modelle der technikorientierten Akzeptanzforschung. Überblick und Reflexion am Beispiel eines Forschungsprojekts zur Implementierung innovativer technischer Energieeffizienz-Maßnahmen. In: Zentrum Technik und Gesellschaft (Hg.): discussion paper, Bd. 34. Unter Mitarbeit von M. Schäfer, L. Hempel und D. Keppler. 34 Bände. Berlin, zuletzt geprüft am 09.12.2019.

Schinke, Torben; Henze, Niels; Boll, Susanne (2010): Visualization of off-screen objects in mobile augmented reality. In: Proceedings of the 12th international conference on Human computer interaction with mobile devices and services. Lisbon, Portugal, 07-10.09.2010. New York, NY: ACM, S. 313–316.

Schlick, Jochen; Stephan, Peter; Loskyll, Matthias; Lappe, Dennis (2014): Industrie 4.0 in der praktischen Anwendung. In: T. Bauernhansl, M. ten Hompel und B. Vogel-Heuser (Hg.): Industrie 4.0 in Produktion, Automatisierung und Logistik. Anwendung, Technologien, Migration. Wiesbaden: Springer Vieweg (SpringerLink), S. 57–84.

Schmitt, Mathias; Zühlke, Detlef (2013): Smartphones und Tablets in der industriellen Produktion. Nutzerfreundliche Bedienung von Feldgeräten. In: atp edition 55 (03), S. 58. DOI: 10.17560/atp.v55i03.245.

Schnurr, Arne (2009): 3D-Eingabegeräte - ein Überblick. Mediajournal | For all aspects of media and multimedia computing. Online verfügbar unter http://schaugg.hdm-stuttgart.de/mj/pages/03ss/as45/as45.html, zuletzt aktualisiert am 12.10.2011, zuletzt geprüft am 31.05.2017.

Takatsu, Yoichi; Saito, Yoko; Shiori, Yuta; Nishimura, Takehiko; Matsushita, Hiroyuki (2018): Key Points for Utilizing Digital Technologies at Manufacturing and Maintenance Sites. In: FUJITSU SCIENTIFIC & TECHNICAL JOURN (Software Technologies to Support Digital Innovation, 54), S. 9–15.

Teather, Robert J.; Stuerzlinger, Wolfgang (2007): Guidelines for 3D positioning techniques. In: Proceedings of the 2007 conference on Future Play, S. 61–68.

Theis, S.; Pfendler, C.; Alexander, Th.; Mertens, A.; Brandl, CH.; Schlick, Ch. M. (2016): Head-Mounted Displays - Bedingungen des sicheren und beanspruchungsoptimalen Einsatzes. Physische Beanspruchung beim Einsatz von HMDs. Projekt F 2288. Hg. v. Bundesanstalt für Arbeitsschutz und Arbeitsmedizin (BAuA). Dortmund, Berlin, Dresden, zuletzt geprüft am 31.05.2017.

Tilley, Aaron (2016): Forbes. Military Tech Company ODG Raises $58 Million To Grow Its Augmented Reality Business. Online verfügbar unter https://www.forbes.com/sites/aarontilley/2016/12/01/military-tech-company-odg-raises-58-million-to-grow-its-augmented-reality-business/#39f5b6495a33.

Tomlein, Matúš; Grønbæk, Kaj (2018): Augmented Reality Supported Modeling of Industrial Systems to Infer Software Configuration. In: Proc. ACM Hum.-Comput. Interact. 2 (EICS), S. 1–17. DOI: 10.1145/3229087.

Ubimax GmbH (2018): Ubimax - wear IT at work. Ubimax Frontlinie. Hg. v. Ubimax GmbH. Online verfügbar unter https://www.ubimax.com/web2017/de/loesungen/?gclid=EAIaIQobChMI_oiim9OR3AIVE2YbCh2T-ge5EAAYAiAAEgJQ8vD_BwE, zuletzt geprüft am 09.07.2018.

Uratani, K.; Machida, T.; Kiyokawa, K.; Takemura, H. (2005): A study of depth visualization techniques for virtual annotations in augmented reality. In: B. Fröhlich (Hg.): IEEE virtual reality 2005. Bonn, Germany, 12-16.03.2005. Piscataway, NJ: IEEE Service Center, S. 295–296.

Väderstad GmbH (2018): VÄDERSTAD. Väderstad führt Augmented Reality umfassend in die Landtechnikbranche ein. Online verfügbar unter https://www.vaderstad.com/de/uber-uns/news/neuheiten-archiv/2018/international/vaderstad-fuhrt-augmented-reality-umfassend-in-die-landtechnikbranche-ein/.

van Duyne, Douglas K.; Landay, James A.; Hong, Jason I. (2005): The design of sites. Patterns, principles, and processes for crafting a customer-centered Web experience. 6. printing. Boston: Addison-Wesley.

VDI Wissensforum (2018): VDI Wissensforum. Augmented Reality für die digitale Zukunft der Industrie. Unter Mitarbeit von Dirk Schart. Online verfügbar unter https://www.vdi-wissensforum.de/news/augmented-reality-fuer-die-digitale-zukunft-der-industrie/.

Venkatesh, Viswanath; Morris, Michael G.; Davis, Gordon B.; Davis, Fred D. (2003): User Acceptance of Information Technology. Toward a Unified View. In: MIS Quarterly. User Acceptance of IT, Bd. 27 (3), S. 425–478.

Walter, Steffen (2016): Ergonomie in der virtuellen Realität; Objektauswahl und Manipulation in der virtuellen Realität; Typografie und Farben in der virtuellen Realität; Navigation Pattern in der virtuellen Realität. Online verfügbar unter https://www.zuehlke.com/blog/ergonomie-in-der-virtuellen-realitaet/, zuletzt geprüft am 19.11.2019.

Wolfenstein, Konrad (2017): Xpert.digital. Einsatz der HoloLens in Produktion und Logistik. Online verfügbar unter https://xpert.digital/einsatz-der-hololens-in-produktion-und-logistik/.

Wright, Ian (2017): What Can Augmented Reality Do for Manufacturing? Engineering.com. engineering.com. Online verfügbar unter https://www.engineering.com/AdvancedManufacturing/ArticleID/14904/What-Can-Augmented-Reality-Do-for-Manufacturing.aspx, zuletzt geprüft am 16.01.2019.

Anhang

A 1. Leitfaden ExpertInneninterview

Prozess

- Gibt es einen generischen Prozessablauf während der Produktion?
- Sind die Prozesse in „größere" Prozessabläufe integriert? In welcher Weise erfolgt diese Integration?
- An welchen Stellen im Prozess finden qualitätssichernde Maßnahmen statt? (Eingangsmaterial, während des Prozesses, Endprodukt)
- Welche Aufgaben hat der Mensch dabei?
- Welche kontinuierlichen Verbesserungsmaßnahmen sind etabliert? Wie erfolgt der Rückfluss der Informationen?
- Wie werden die Rohdaten bereitgestellt? (in welchem Format, in welcher Form, aus welchen Quellen) Welche Schnittstellen werden verwendet?
- Welche Eingangsinformation erhält der Mensch im Prozess?
- Gibt es Werkzeuge, die für Ihre Tätigkeiten benötigt werden? (Bandmaß, Laufzettel)

Aufgaben in der Qualitätssicherung

- Welche unterschiedlichen Rollen können Ihre Mitarbeiter bei der Qualitätsprüfung einnehmen?
- Welche technischen Hilfsmittel verwenden Sie bereits für die Prüfung der Qualität?
- Wie viel Zeit hat der QualitätsprüferIn für ein Objekt?
- Wie viel Prüfobjekte werden in einer Schicht/Tag untersucht?
- Wie häufig variieren die Prüfobjekte?
- Welches Vorwissen hat der Mitarbeiter je Prüfobjekt? Welche Informationen werden ihm für die Prüfobjekte zur Verfügung gestellt?
- Welche Kriterien hat er, um Qualität zu überprüfen?
- Welche Informationen könnte ich hier mit AR unterstützen? Bei welchen Kriterien würde sich eine Unterstützung durch AR lohnen?
- Wie werden die fehlerhaften Objekte wahrgenommen?
- Wie versteht er die Information? Wie trifft er Vorhersagen?
- Welche Entscheidungen müssen getroffen werden? Welche vorangelagerten oder nachfolgenden Informationen werden dafür benötigt?

- Wie hoch ist der Ausschuss, der toleriert oder bereits im Vorfeld mit eingerechnet wird?
- Hat er Einsicht auf vorangelagerte Prozessschritte?
- Können fehlerhafte Objekte zurückverfolgt werden?
- Wie trifft er eine Vorhersage zur Entwicklung der Qualität?
- Wie setzt er die Entscheidung um?
- Wie wird diese dokumentiert?

Personengebundene Fehler im Prozess

- Was sind die kritischsten, häufigsten und schwerwiegendsten Fehler?
- Wie kommen diese zustande?
- Werden diese rückverfolgt?

Qualifikation der Mitarbeiter

- Welche Qualifikationen sollten die Mitarbeiter idealerweise haben?
- Welche Qualifikation haben die MitarbeiterInnen? Und könnte man fehlendes Wissen durch die Unterstützung von AR wettmachen?
- Wie relevant ist das Know-how der QualitätsprüferInnen?
- Wo entstehen typischer weise Wissenslücken?
- Gibt es Szenarien oder Situationen die seltenen Vorkommen und/oder kritisch sind, durch die der Mitarbeiter verunsichert werden kann?

Darstellungsanforderungen an die Visualisierung

Hardware

- Welche Art von virtueller Darstellung könnten Sie sich bei Ihrer Tätigkeit vorstellen:
  - Assisted Reality: Bsp. Google Glas; Optinvent ORA-2
    Es werden ergänzende Informationen in das Sehfeld des Nutzers projiziert. Auf diese Art und Weise ist es möglich zusätzliche, kontextabhängige Informationen zu Prozessen oder Anlagen zu erhalten, ohne dass die virtuellen und realen Objekte in direktem Bezug zueinanderstehen.
  - Augmented Reality: Bsp. ODG R7; Epson Moverio BT-200
    Die reale Welt wird mit digitalen Informationen angereichert bzw. überlagert. Auf diese Weise ist es möglich relevante Inhalte in Form von visuellen Bildern, Videos, Texten einzublenden. Diese werden räumlich angemessen positioniert und die reale Umgebung wird in Echtzeit erweitert und können verarbeitet werden. Die virtuellen und realen Objekte stehen dabei in Bezug zueinander.
  - Mixed Reality: Bsp. Microsoft Hololens; Meta 2

Die reale Welt wird mit der virtuellen Welt vermischt, es steht so eine reale Überlagerung. Die virtuellen und realen Objekte werden dabei kombiniert, in Echtzeit dargestellt und können verarbeitet werden.

- Wie relevant sind „hands-free" Handlungen?

  Die Datenbrillen ermöglicht es, auch weiterhin mit beiden Händen zu arbeiten. Dabei werden die zusätzlichen Informationen direkt vor den Augen eingeblendet. Würde Ihnen diese Art der Visualisierung zusagen oder sind beispielsweise Tablets, Public Display ausreichend, die Sie zur Darstellung zusätzlich in die Hand nehmen?
- Stellen Sie sich bitte eine typische Arbeitssituation in Ihrem Unternehmen vor.
  - In welchen Abständen steht das zu prüfende Objekt zu Ihnen? Bzw. wie nah müssen Sie an das Objekt herantreten, um dieses prüfen zu können?
  - Haben Sie während Ihrer Arbeit längerer Wege zurückzulegen? Bzw. wie groß ist Ihr Interaktionsradius, wäre an dieser Stelle ein Kabel hinderlich, um Ihre Arbeit zu verrichten?

Content

- Welche Informationen würden Sie sich als zusätzliche Parameter wünschen? Was würde Ihnen in Ihrer täglichen Arbeit weiterhelfen oder Wege ersparen?
- Wie werden Ihnen aktuell Informationen dargestellt?
- Auf welche Art und Weise würden Sie die Darstellung der Inhalte benötigen? (Tabellen, Bilder, Videos, Text, ...)
- Welche Art von Informationen würden Sie benötigen? Hochdetaillierte, objektorientierte Informationen (direkt an der Maschine) oder groß strukturierte, Szenario orientierte Informationen (für Handlungsabläufe)?
- Ist Ihnen die Individualisierung der Darstellung wichtig? Gibt es eine Präferenz, welche Daten Sie benötigen? Gibt es da Unterschiede zwischen den Mitarbeitern?
- Welche Informationen würden Sie aus anderen Abteilungen / aus vorangegangenen oder nachfolgenden Abläufen benötigen, die Ihnen bei Ihrer Arbeit helfen würden?

Interaktion

- Wie werden Ihnen aktuell Warnsignale übermittelt?
- Sollten Warnsignale akustisch oder visuell dargestellt werden? Würde es dabei Unterscheidungen geben? Was wäre ein Anwendungsfall für Warnsignale?
- Wie könnten Sie sich während Ihrer Arbeit eine Eingabe der Daten / Befehle vorstellen?
  - Tab Sensorik - Menü, das Sie mittels Touchscreens an der Brille steuern können?
  - Text - manuell Eingabe / akustische Eingabe (Sprachbefehle)?

Design

- Wird nun die Visualisierung betrachtet:
    - Gibt es ein Layout, was Ihnen bekannt ist, was Sie auch in Zukunft nutzen möchten? Gibt es Anforderungen, die auf jeden Fall beachtet werden müssen?
    - Oder gibt es Farben, die Ihnen schon bekannt sind, die weiterverwendet werden sollen?
    - Gibt es Icons oder Symbole, die nicht neu angelernt werden müssen, die Informationen schnell und klar verdeutlichen?
    - Gibt es Inhalte, wo durch die Größe der Darstellung relevante Informationen visualisiert werden sollen?
    - Wie sieht es an Ihrem Arbeitsplatz mit der Helligkeit aus? Sollte die Visualisierung besonders hell sein, damit sie von Ihnen wahrgenommen wird? Haben Sie einen eher schwachen oder künstlich beleuchteten Arbeitsplatz?

A 2. Empirische und analytische Anforderungsanalyse

Persona Verhaltensvariablen

Verhaltensvariablen	Eigenschaften
Eigenschaften	• handwerkliches Geschick und technisches Verständnis • Sorgfalt und Beobachtungsgenauigkeit • Verantwortungsbewusstsein • Teamfähigkeit • Entscheidungsfähigkeit und Reaktionsgeschwindigkeit
Grundeinstellung	• ordnungsgemäße Prüf- und Messwerkzeuge • genaue Dokumentation der vorangegangenen Arbeitsschichten • Kenntnisse über Geräte und Produkte
Fähigkeiten	• duale Berufsausbildung
Motivationen	• Ursachen und Auswirkungen von Mess- oder Produktionsfehlern untersuchen
Qualifikation	• Kenntnisse über den Arbeitsgegenstand • Kenntnisse über die Maschinen

Anforderungen an das AR-System

<table>
<tr><th></th><th>Kategorien</th><th>Unterkategorien</th></tr>
<tr><td rowspan="2">NutzerIn</td><td colspan="2">Durch die entsprechende Farbwahl soll eine Emotionalisierung und Sensibilisierung entstehen.
(Jerald 2016), ExpertInneninterview</td></tr>
<tr><td colspan="2">Der Einsatz von Eye-Tracking sollte nicht zur Interaktion mit dem System verwendet werden.
(Hashemian und Riecke 2017; Jerald 2016), ExpertInneninterview</td></tr>
<tr><td rowspan="3">Arbeitsaufgabe</td><td rowspan="2">die angezeigten Informationen sollen als Zusatz dienen</td><td>Das Modell des Produktes muss konsistent und die Grundstruktur selbsterklärend sein.
(Hashemian und Riecke 2017; Jerald 2016), ExpertInneninterview</td></tr>
<tr><td>Für eine realitätsnahe Darstellung sollte auf eine korrekte Verdeckung innerhalb des virtuellen Produktes geachtet werden.
(Bowman et al. 2005; Dörner et al. 2013; Norm DIN EN ISO 9241-400; Preim und Dachselt 2015), ExpertInneninterview</td></tr>
<tr><td>Layout</td><td>Um eine Umgewöhnung zu vermeiden, ist eine Anlehnung des Darstellungslayouts an bestehende Eingabemasken und Terminals hilfreich sowie die Orientierung an 2D-Menüs.
(Bowman et al. 2005; Friedrich 2003; Jacoby und Ellis 1992; Preim und Dachselt 2010, 2015), ExpertInneninterview</td></tr>
<tr><td></td><td colspan="2">Das AR-Endgerät soll der Aufgabe entsprechend ausgewählt werden.
(Bowman et al. 2005; Preim und Dachselt 2015)</td></tr>
</table>

	Kategorien	Unterkategorien
Arbeitsmittel (Hard-/Software, Materialien)	Die Interaktion mit dem Produkt soll freihändiges Arbeiten ermöglichen. ExpertInneninterview	
	Beim Arbeiten mit dem Produkt ist großer Bewegungsraum notwendig, zusätzliche Kabel würden diesen begrenzen. ExpertInneninterview	
	Für die Verwendung der AR-Datenbrille sind folgende Hardwareeigenschaften relevant: Robustheit, Temperaturbeständigkeit, Festigkeit, angenehmes Tragegefühl. (Jerald 2016; Plutz et al. 2016), ExpertInneninterview	
	Für die Verwendung der AR-Datenbrille sind folgende Softwareeigenschaften relevant: hohe Reaktionszeit, kurze Aktualisierungszeit (Dörner et al. 2013; Norm DIN EN ISO 9241-303; Preim und Dachselt 2015; Theis et al. 2016), ExpertInneninterview hohe Trackingrate, genaue Kalibrierung (Bowman et al. 2005; Gabbard 2001; Mehler-Bicher und Steiger 2014; Preim und Dachselt 2015), Kalman-Filter (Bowman et al. 2005; Gabbard 2001; Preim und Dachselt 2015), nullende Konformität. (Jerald 2016)	
	Sensorbasiertes mobiles Tracking: der Sensor zeigt Zusatzinformationen, indem er die Position der Datenbrille erkennt. (Dörner et al. 2013)	
	Kamerabasiertes Tracking: Schwarz-Weiß-Marker aktivieren Zusatzinformationen, die parallele Nutzung verschiedener Trackingmethoden ist möglich, durch vordefinierte Muster kann bereits eine Teilerkennung der Marker erfolgen, die Marker können überall befestigt werden. (Dörner et al. 2013; Herout et al. 2012; Ong und Nee 2004)	
	Merkmalbasiertes Tracking: die Einblendung von Zusatzinformationen ist möglich durch Merkmalserkennung von Objekten und es werden keine Marker benötigt. (Dörner et al. 2013)	
	Hybrides Tracking: ist zu bevorzugen. (Dörner et al. 2013), ExpertInneninterview	
physische Umgebung	In der Produktionshallen herrschen unterschiedliche Lichtverhältnisse: helles künstliches Licht am Arbeitsplatz, etwas dunklerer Maschinenbereich. ExpertInneninterview	
	Während einer Produktionsphase sind die vorgegebenen Taktraten und Zeitvorgaben zu beachten. ExpertInneninterview	
	Produkt liegt in einem Abstand von 500 bis 700 mm vor demDer NutzerIn, (entspricht einer Armlänge). (Bowman et al. 2005; Norm DIN EN ISO 9241-303), ExpertInneninterview	
	Ist ein interaktives virtuelles Modell vorhanden, sollten die physikalischen Eigenschaften (Physical Engines) und eine natürliche Kollisionserkennung beachtet werden. (Preim und Dachselt 2015; Teather und Stuerzlinger 2007), ExpertInneninterview	

A 3. Spezifische Gestaltungsempfehlungen: Anforderungen an die AR-Informationsdarstellung

	Klarheit	Unterscheid-barkeit	Kompaktheit	Konsistenz	Erkennbar-keit	Lesbarkeit	Verständlich-keit
Verwendung von Fachtermini/Terminologie (Friedrich 2003; Norm DIN EN ISO 9241-110), ExpertInneninterview	X	X	X	X	X	X	X
kontextspezifische Informationen (Friedrich 2003; Schmitt und Zühlke 2013), ExpertInneninterview	X	X	X	X	X	X	X
Störinformationen (Friedrich 2003; Schmitt und Zühlke 2013), ExpertInneninterview	X	X	X			X	x
Icons verwenden (Friedrich 2003; Preim und Dachselt 2010), ExpertInneninterview	X				X	X	x
Icons: eindeutig und bekannt (Friedrich 2003; Preim und Dachselt 2010), ExpertInneninterview	X			X		X	x
Icons: Mindestgröße (Friedrich 2003; Preim und Dachselt 2010), ExpertInneninterview	X						
gute Lesbarkeit (Bowman et al. 2005; Preim und Dachselt 2015), ExpertInneninterview	X					X	X
Basisnavigation							
klare Navigationsaufgabe (Aragon und Hearst 2005; Broadbent 1982; Eriksen und Eriksen 1974; Friedrich 2003; Gabbard 2001; Schinke et al. 2010; Uratani et al. 2005), ExpertInneninterview	X	X		X		X	x
Verschiebung: semitransparente Orientierungsebene (Jerald 2016), ExpertInneninterview				X			x
Vergrößerungsmöglichkeit (Diepstraten et al. 2003; Preim und Dachselt 2015), ExpertInneninterview	X						x
Kodierung mittels Farbe (Norm DIN EN ISO 9241-12), ExpertInneninterview							
Anzahl an Farben (<6 Farben) (Norm DIN EN ISO 9241-12; Jerald 2016), ExpertInneninterview				X			x

	Klarheit	Unterscheid-barkeit	Kompaktheit	Konsistenz	Erkennbar-keit	Lesbarkeit	Verständlich-keit
Konventionen für Farbkodierung (Norm DIN EN ISO 9241-12; Hashemian und Riecke 2017; Jerald 2016), ExpertInneninterview rot ≙ Gefahr gelb ≙ Vorsicht grün ≙ in Ordnung oder verfügbar	X	X			X		X
Aufmerksamkeit durch Farbnutzung (Jerald 2016), ExpertInneninterview							x
Darstellungsartunabhängig (Text, Bild, Tabelle …) ExpertInneninterview	X	X					X
Informationskodierung (Norm DIN EN ISO 9241-12), ExpertInneninterview							
Aufmerksamkeit durch Audiowiedergabe (Jerald 2016), ExpertInneninterview					X		x
räumliche Nähe von Informationen (Aragon und Hearst 2005; Broadbent 1982; Eriksen und Eriksen 1974; Friedrich 2003; Schinke et al. 2010; Uratani et al. 2005), ExpertInneninterview	X	X	X			X	x
keine Überlagerung von Informationen (Friedrich 2003; Schmitt und Zühlke 2013), ExpertInneninterview	X	X	X			X	x
Feedback: visuell, haptisch, auditiv (Bowman et al. 2005; Preim und Dachselt 2015), ExpertInneninterview	X	X			X		
Eingabe/Ausgabe: visuell (bevorzugt) ExpertInneninterview			X	X	X		
Nutzung der sichtbaren Fläche (Bowman et al. 2005; Preim und Dachselt 2010), ExpertInneninterview				X	X		

A 4. Fragebogen: Wahrnehmung in AR-Systemen

Sehr geehrte Teilnehmerin,
sehr geehrter Teilnehmer,

herzlich Willkommen zu unserer Studie zur Kontrastbestimmung bei einer AR Brille.

Vielen Dank, dass Sie sich die Zeit nehmen, an der Untersuchung teilzunehmen.

Warum erheben und verarbeiten wir Ihre Daten?

Mit Ihren Antworten liefern Sie wichtige Informationen für das Forschungsprojekt "Assistenzsystem zur Qualitätsüberwachung" sowie für die Dissertation von Frau Regina Koreng. Die personenbezogenen Daten sowie Informationen werden unter Beachtung der datenschutzrechtlichen Vorgaben vertraulich behandelt und nach wissenschaftlichen Gesichtspunkten anonymisiert ausgewertet. Die Ergebnisse werden so veröffentlicht, dass ein Rückschluss auf Einzelpersonen nicht möglich ist. Ihre personenbezogenen Daten werden nicht an Dritte außerhalb der am Projekt beteiligten Institutionen weitergegeben.

Mit der Ausfüllung des Fragebogens willigen Sie in die Datenverarbeitung für das Projekt "AssiQ" und der Dissertation wie oben beschrieben ein. Die Teilnahme ist freiwillig und kann jederzeit widerrufen werden. Aus der Verweigerung der Einwilligung bzw. aus dem Widerruf entstehen Ihnen keine Nachteile.

Wie können Sie mich kontaktieren?

Regina Koreng, M. Sc.
wissenschaftliche Mitarbeiterin
Technische Universität Ilmenau
Fakultät für Elektrotechnik und Informationstechnik
Fachgebiet Medienproduktion

Telefon: 03677 69 – 1682
E-Mail: regina.koreng@tu-ilmenau.de

□ Ich stimme zu, dass meine personenbezogenen Daten gemäß den hier aufgeführten Angaben verarbeitet werden.

____

Datum, Unterschrift

Demografische Fragen

Bitte geben Sie Ihr Geschlecht an.

- o Männlich
- o Weiblich
- o Divers

Bitte geben Sie Ihre Altersgruppe an.

- o < 25
- o 25 - 34
- o 35 - 44
- o 45 - 54
- o > 54

Benötigen Sie eine Brille oder Kontaktlinsen?

- o Nein, ich brauche weder Brille noch Kontaktlinsen.
- o Ja, ich brauche eine Brille. Nutze diese auch bei dem Test.
- o Ja, ich brauche Kontaktlinsen. Nutze diese auch bei dem Test.
- o Ja, ich brauche eine Brille bzw. Kontaktlinsen. Nutze diese bei dem Test jedoch nicht.

Ist Ihnen eine Sehschwäche bei der Farberkennung bekannt? Wenn ja, welche?

____

Wie ist Ihr aktuelles allgemeines Wohlbefinden?

sehr schlecht	schlecht	neutral	gut	sehr gut
o	o	o	o	o

Erfahrungen mit Augmented Reality (AR, dt. Erweiterte Realität). Bitte beurteilen Sie die nachfolgenden Aussagen.

	Ja	Nein
Ich kann mir etwas unter AR vorstellen.	o	o
Ich habe bereits AR Anwendungen ausprobiert.	o	o
Ich habe bereits AR mit einer Datenbrille benutzt.	o	o
Ich habe bereits AR mit einer Smartphone / Tablet AR Anwendungen benutzt	o	o

Die nachfolgenden Fragen werden vom Prüfleiter ausgefüllt. Bitte machen Sie nun Ihren Sehtest. Anschließend setzten Sie bitte die HoloLens auf und beginnen Sie mit der Studie.

Sehtest

	0,3	0,5	0,7	0,8	1,0
Ferne (rechts)	o	o	o	o	o
Ferne (binokular)	o	o	o	o	o
Ferne (links)	o	o	o	o	o
Nähe (rechts)	o	o	o	o	o
Nähe (binokular)	o	o	o	o	o
Nähe (links)	o	o	o	o	o

Aufgabe 1: Grauwerte

Leuchtdichte

Welche Leuchtdichte wird untersucht?

o 19 cd/m²

o 255 cd/m²

Wurden alle Öffnungen erkannt?

	5 von 5	4 von 5	3 von 5	2 von 5	1 von 5
Grey 900	o	o	o	o	o
Grey 800	o	o	o	o	o
Grey 700	o	o	o	o	o
Grey 600	o	o	o	o	o
Grey 50	o	o	o	o	o
Grey 100	o	o	o	o	o
Grey 200	o	o	o	o	o
Grey 300	o	o	o	o	o
Grey 600	o	o	o	o	o
Grey 500	o	o	o	o	o
Grey 400	o	o	o	o	o
Grey 300	o	o	o	o	o

Wie ist Ihr aktuelles allgemeines Wohlbefinden?

sehr schlecht	schlecht	neutral	gut	sehr gut
o	o	o	o	o

Aufgabe 2: Farbwerte

Leuchtdichte

Welche Leuchtdichte wird untersucht?

o 19 cd/m²

o 255 cd/m²

Wurden alle Öffnungen erkannt?

	5 von 5	4 von 5	3 von 5	2 von 5	1 von 5
Red 900, 700, 500	o	o	o	o	o
Green 900, 700, 500	o	o	o	o	o
Pink 900, 700, 500	o	o	o	o	o
Yellow 900, 700, 500	o	o	o	o	o
Orange 900, 700, 500	o	o	o	o	o
Light Green 900, 700, 500	o	o	o	o	o
Deep Orange 900, 700, 500	o	o	o	o	o
Lime 900, 700, 500	o	o	o	o	o
Red 50, 200, 400	o	o	o	o	o
Green 50, 200, 400	o	o	o	o	o
Pink 50, 200, 400	o	o	o	o	o
Yellow 50, 200, 400	o	o	o	o	o
Orange 50, 200, 400	o	o	o	o	o
Light Green 50, 200, 400	o	o	o	o	o
Deep Orange 50, 200, 400	o	o	o	o	o
Lime 50, 200, 400	o	o	o	o	o
Red 100, 300, 500	o	o	o	o	o
Green 100, 300, 500	o	o	o	o	o
Pink 100, 300, 500	o	o	o	o	o
Yellow 100, 300, 500	o	o	o	o	o
Orange 100, 300, 500	o	o	o	o	o
Light Green 100, 300, 500	o	o	o	o	o
Deep Orange 100, 300, 500	o	o	o	o	o
Lime 100, 300, 500	o	o	o	o	o
Red 800, 600, 400	o	o	o	o	o
Green 800, 600, 400	o	o	o	o	o
Pink 800, 600, 400	o	o	o	o	o
Yellow 800, 600, 400	o	o	o	o	o
Orange 800, 600, 400	o	o	o	o	o
Light Green 800, 600, 400	o	o	o	o	o
Deep Orange 800, 600, 400	o	o	o	o	o
Lime 800, 600, 400	o	o	o	o	o

Wie wurde die Farbe wahrgenommen

Red 900, 700, 500	Red 50, 200, 400
Green 900, 700, 500	Green 50, 200, 400
Pink 900, 700, 500	Pink 50, 200, 400
Yellow 900, 700, 500	Yellow 50, 200, 400
Orange 900, 700, 500	Orange 50, 200, 400
Light Green 900, 700, 500	Light Green 50, 200, 400
Deep Orange 900, 700, 500	Deep Orange 50, 200, 400
Lime 900, 700, 500	Lime 50, 200, 400
Red 100, 300, 500	Red 800, 600, 400
Green 100, 300, 500	Green 800, 600, 400
Pink 100, 300, 500	Pink 800, 600, 400
Yellow 100, 300, 500	Yellow 800, 600, 400
Orange 100, 300, 500	Orange 800, 600, 400
Light Green 100, 300, 500	Light Green 800, 600, 400
Deep Orange 100, 300, 500	Deep Orange 800, 600, 400
Lime 100, 300, 500	Lime 800, 600, 400

Wie ist Ihr aktuelles allgemeines Wohlbefinden?

sehr schlecht	schlecht	neutral	gut	sehr gut
o	o	o	o	o

Fall sich Ihr Wohlbefinden während der Untersuchung verschlechtert hat, geben Sie bitte Gründe oder Auswirkungen an:

____

Hier ist Platz für Ihre Bemerkungen:

____

Vielen Dank, dass Sie sich für die Studie Zeit genommen und den Fragebogen ausgefüllt haben.

A 5. Ergebnisdarstellung: Wahrnehmung in AR-Systemen

N = 18	Leuchtdichte 19 cd/m²		Leuchtdichte 255 cd/m²	
	M	SD	M	SD
Red 50	1,00	0,00	1,44	1,33
Red 100	4,11	1,76	3,67	2,00
Red 200	5,00	0,00	4,56	1,33
Red 300	5,00	0,00	5,00	0,00
Red 400	5,00	0,00	4,78	0,67
Red 500	5,00	0,00	5,00	0,00
Red 600	5,00	0,00	5,00	0,00
Red 700	5,00	0,00	5,00	0,00
Red 800	5,00	0,00	5,00	0,00
Red 900	5,00	0,00	5,00	0,00
Green 50	1,44	1,33	1,44	1,33
Green 100	4,11	1,76	2,78	2,11
Green 200	5,00	0,00	4,11	1,76
Green 300	5,00	0,00	4,56	1,33
Green 400	5,00	0,00	4,78	0,67
Green 500	5,00	0,00	5,00	0,00
Green 600	5,00	0,00	5,00	0,00
Green 700	5,00	0,00	5,00	0,00
Green 800	5,00	0,00	5,00	0,00
Green 900	5,00	0,00	5,00	0,00
Pink 50	1,00	0,00	1,44	1,33
Pink 100	4,56	1,33	3,67	2,00
Pink 200	5,00	0,00	4,56	1,33
Pink 300	5,00	0,00	5,00	0,00
Pink 400	5,00	0,00	4,78	0,67
Pink 500	5,00	0,00	4,78	0,67
Pink 600	5,00	0,00	5,00	0,00
Pink 700	5,00	0,00	5,00	0,00
Pink 800	5,00	0,00	5,00	0,00

N = 18	Leuchtdichte 19 cd/m²		Leuchtdichte 255 cd/m²	
	M	SD	M	SD
Pink 900	5,00	0,00	5,00	0,00
Yellow 50	1,00	0,00	1,00	0,00
Yellow 100	4,11	1,76	2,78	2,11
Yellow 200	5,00	0,00	4,11	1,76
Yellow 300	5,00	0,00	5,00	0,00
Yellow 400	5,00	0,00	4,78	0,67
Yellow 500	5,00	0,00	4,78	0,67
Yellow 600	5,00	0,00	5,00	0,00
Yellow 700	5,00	0,00	5,00	0,00
Yellow 800	5,00	0,00	5,00	0,00
Yellow 900	5,00	0,00	5,00	0,00
Orange 50	1,00	0,00	1,44	1,33
Orange 100	2,78	2,11	1,89	1,76
Orange 200	5,00	0,00	4,11	1,76
Orange 300	5,00	0,00	4,56	1,33
Orange 400	5,00	0,00	4,78	0,67
Orange 500	5,00	0,00	4,78	0,67
Orange 600	5,00	0,00	5,00	0,00
Orange 700	5,00	0,00	5,00	0,00
Orange 800	5,00	0,00	5,00	0,00
Orange 900	5,00	0,00	5,00	0,00
Light Green 50	1,00	0,00	1,00	0,00
Light Green 100	1,89	1,76	1,89	1,76
Light Green 200	5,00	0,00	3,67	2,00
Light Green 300	5,00	0,00	4,56	1,33
Light Green 400	5,00	0,00	4,78	0,67
Light Green 500	5,00	0,00	4,56	0,88
Light Green 600	5,00	0,00	5,00	0,00
Light Green 700	5,00	0,00	4,56	1,33
Light Green 800	5,00	0,00	5,00	0,00
Light Green 900	5,00	0,00	5,00	0,00

N = 18	Leuchtdichte 19 cd/m²		Leuchtdichte 255 cd/m²	
	M	SD	M	SD
Deep Orange 50	1,00	0,00	1,44	1,33
Deep Orange 100	3,22	2,11	1,89	1,76
Deep Orange 200	4,56	1,33	4,11	1,76
Deep Orange 300	5,00	0,00	5,00	0,00
Deep Orange 400	5,00	0,00	5,00	0,00
Deep Orange 500	5,00	0,00	4,78	0,67
Deep Orange 600	5,00	0,00	5,00	0,00
Deep Orange 700	5,00	0,00	4,56	1,33
Deep Orange 800	5,00	0,00	5,00	0,00
Deep Orange 900	5,00	0,00	5,00	0,00
Lime 50	1,00	0,00	1,00	0,00
Lime 100	3,22	2,11	1,89	1,76
Lime 200	5,00	0,00	4,11	1,76
Lime 300	5,00	0,00	4,56	1,33
Lime 400	5,00	0,00	4,78	0,67
Lime 500	5,00	0,00	4,78	0,67
Lime 600	5,00	0,00	5,00	0,00
Lime 700	5,00	0,00	4,56	1,33
Lime 800	5,00	0,00	5,00	0,00
Lime 900	5,00	0,00	5,00	0,00

A 6. Beispiele bestehender Layout-Lösungen

Datenbrillen	Microsoft HoloLens 1	Daqri
Hauptmenü	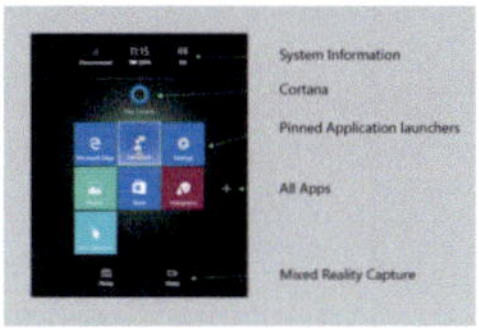 (Quelle: https://docs.microsoft.com/de-de/windows/mixed-reality/app-model, Abgerufen: 05.04.2020)	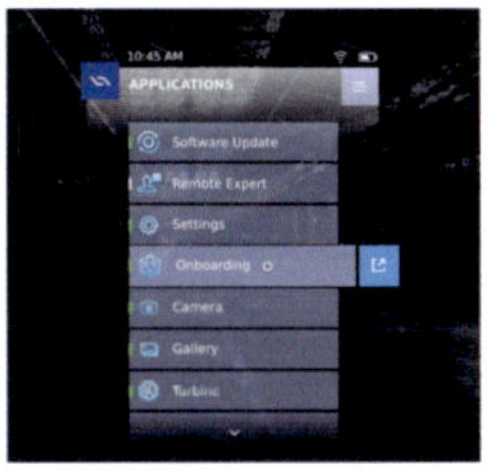 (Quelle: https://support.daqri.com/#!/content/vos-user-guide#browser, Abgerufen: 05.04.2020)
	 (Quelle: https://docs.microsoft.com/en-us/windows/mixed-reality/calibration, Abgerufen: 05.04.2020)	 (Quelle: https://support.daqri.com/#!/content/model-user-guide, Abgerufen: 05.04.2020)
	 (Quelle: https://www.it-production.com/allgemein/microsoft-hololens-im-industriellen-einsatz/, Abgerufen: 05.04.2020)	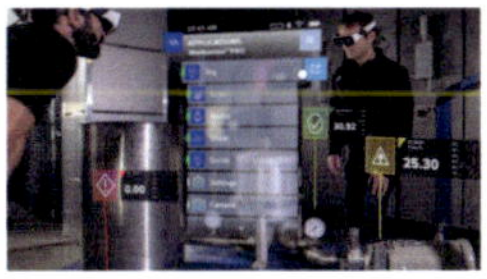 (Quelle: https://daqri.com/press/, Abgerufen: 05.04.2020)
Icon	 (Quelle: https://docs.microsoft.com/en-us/windows/mixed-reality/navigating-the-windows-mixed-reality-home, Abgerufen: 05.04.2020)	 (Quelle: https://3dprintingindustry.com/news/augemented-reality-startup-daqri-3d-prints-holograms-106165/, Abgerufen: 05.04.2020)

Datenbrillen	Microsoft HoloLens 1	Daqri
	 (Quelle: https://docs.microsoft.com/de-de/windows/mixed-reality/case-study-building-holosketch%2c-a-spatial-layout-and-ux-sketching-app-for-hololens, Abgerufen: 05.04.2020)	
Inhalt	 (Quelle: https://dynamics.microsoft.com/de-ch/mixed-reality/layout/, Abgerufen: 05.04.2020)	 (Quelle: https://3dprintingindustry.com/news/augemented-reality-startup-daqri-3d-prints-holograms-106165/, Abgerufen: 05.04.2020)
	 (Quelle: https://dynamics.microsoft.com/de-ch/mixed-reality/guides/, Abgerufen: 05.04.2020)	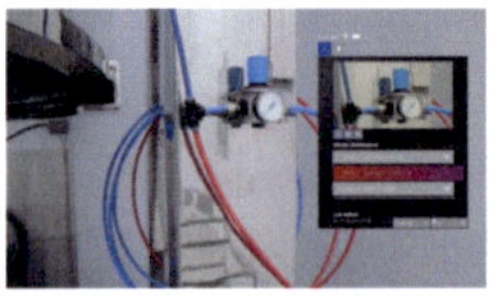 (Quelle: https://news.sap.com/2018/08/sap-daqri-solving-last-mile-digital-manufacturing/, Abgerufen: 05.04.2020)

Datenbrillen	Meta 2	Magic Leap One
Hauptmenü	 (Quelle: https://www.weforum.org/agenda/2017/08/dogfooding-or-why-this-start-ups-employees-have-to-wear-an-ar-headset/, Abgerufen: 05.04.2020)	 (Quelle: https://circuitstream.com/deploy-magic-leap-one-unity/, Abgerufen: 05.04.2020)
		 (Quelle: https://techcrunch.com/2018/07/27/magic-leap-unveils-what-its-mixed-reality-operating-system-will-look-like/?guccounter=1&guce_referrer_us=aHR0cHM6Ly93d3cuZ29vZ2xlLmNvbS8&guce_referrer_cs=nnl1PcKTmOyZL5ToPYTEaA, Abgerufen: 05.04.2020)
Icon		 (Quelle: https://www.slashgear.com/magic-leap-lumin-os-interface-is-thankfully-familiar-29539300/, Abgerufen: 05.04.2020)
Inhalt	 (Quelle: https://www.weforum.org/agenda/2017/08/dogfooding-or-why-this-start-ups-employees-have-to-wear-an-ar-headset/, Abgerufen: 05.04.2020)	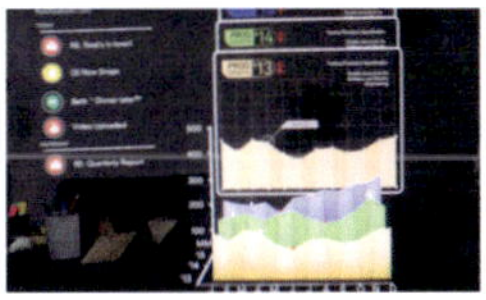 (Quelle: https://www.blippar.com/blog/2016/04/22/magic-leaps-impressive-new-demo-weekly-mashup-131, Abgerufen: 05.04.2020)
Inhalt	 (Quelle: https://www.businesswire.com/news/home/20170601005952/en/Meta-Introduces-AR-Workspace-Augmented-World-Expo, Abgerufen: 05.04.2020)	 (Quelle: https://www.slashgear.com/magic-leap-lumin-os-interface-is-thankfully-familiar-29539300/, Abgerufen: 05.04.2020)

Datenbrillen	Meta 2	Magic Leap One
		 (Quelle: https://www.slashgear.com/magic-leap-lumin-os-interface-is-thankfully-familiar-29539300/, Abgerufen: 05.04.2020)

A 7. Konzeption: Layout-User-Interface

Layoutvarianten

Aufgabe 1. Auswählen aus dem Hauptmenü

<table>
<tr><td>Nützlich-keits-Maß</td><td colspan="2">Unterstützung bei der Durchführung der Aufgabe</td><td colspan="2">DerDie ProbandIn schätzt die Unterstützung als positiv oder negativ ein.</td></tr>
<tr><td rowspan="3">Usability-Maß</td><td colspan="2">Effektivität</td><td colspan="2">Aufgabe ohne Hilfe erfüllt; Aufgabe mit Hilfe erfüllt; Aufgabe nicht erfüllt</td></tr>
<tr><td colspan="2">Effizienz</td><td colspan="2">DerDie ProbandIn löst die Testaufgabe in ca. 20 Sekunden.</td></tr>
<tr><td colspan="2">Zufriedenheit</td><td colspan="2">DerDie ProbandIn äußert sich verbal zur Zufriedenheit.</td></tr>
<tr><td>Untersu-chungsziel</td><td colspan="4">Mit welcher Form der Hauptmenüdarstellung wird das Ziel am schnellsten erreicht, wobei der Inhalt gleichbleibt.</td></tr>
<tr><td>Aufgabe</td><td colspan="4">Bitte wählen Sie den Hauptmenüpunkt „Werkzeug“ aus.</td></tr>
<tr><td rowspan="4">Varianten</td><td colspan="2">Gemeinsamkeiten</td><td colspan="2">Unterschiede</td></tr>
<tr><td colspan="2">Inhalt => Icon + Bezeichnung</td><td colspan="2" rowspan="2">Form
• Kachel
• Liste
• Kreis</td></tr>
<tr><td>• Model
• Information
• Galerie
• Postfach</td><td>• Werkzeug
• Hilfe
• Kontakte
• Einstellun-gen</td></tr>
<tr><td></td><td colspan="2"></td><td></td></tr>
</table>

Aufgabe 2. Vertiefen von Objektinformationen

<table>
<tr><td>Nützlich-keits-Maß</td><td colspan="2">Unterstützung bei der Durchführung der Aufgabe</td><td>DerDie ProbandIn schätzt die Unterstützung als positiv oder negativ ein.</td></tr>
<tr><td rowspan="3">Usability-Maß</td><td colspan="2">Effektivität</td><td>Position ohne Hilfe wahrgenommen; Position mit Hilfe wahrgenommen; Position nicht wahrgenommen</td></tr>
<tr><td colspan="2">Effizienz</td><td>DerDie ProbandIn löst die Testaufgabe in ca. 70 Sekunden.</td></tr>
<tr><td colspan="2">Zufriedenheit</td><td>DerDie ProbandIn äußert sich verbal zur Zufriedenheit.</td></tr>
<tr><td>Untersu-chungs-ziel</td><td colspan="3">Mit welcher Platzierung der Objektinformationen ist die Wahrnehmbarkeit am höchsten, wobei der Inhalt gleichbleibt.</td></tr>
<tr><td>Aufgabe</td><td colspan="3">Bitte wählen Sie den Informationspunkt „Model“ aus.</td></tr>
<tr><td rowspan="3">Varianten</td><td colspan="2">Gemeinsamkeiten</td><td>Unterschiede</td></tr>
<tr><td colspan="2">Inhalt
• Textfeld mit Objektinformationen</td><td>Form
• objektnah
• objektfern</td></tr>
<tr><td colspan="2">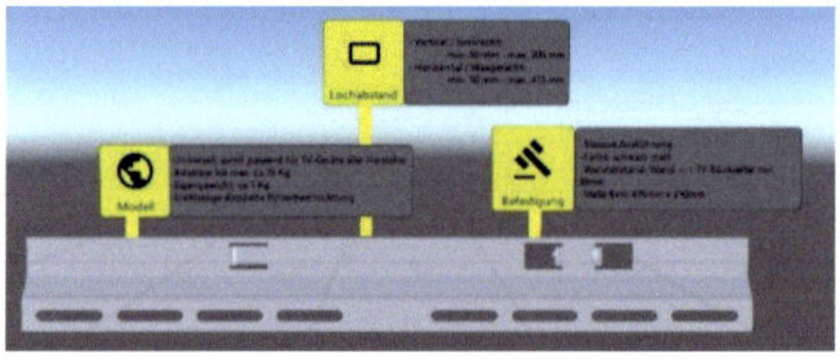</td><td>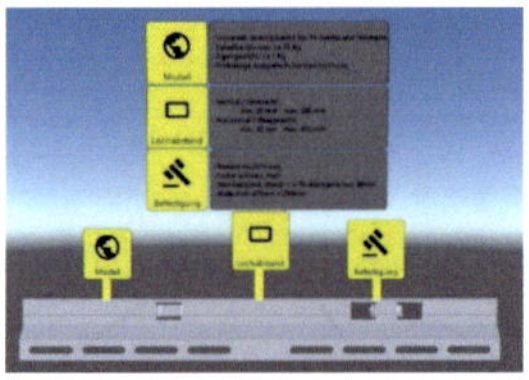</td></tr>
</table>

Aufgabe 3. Auswählen aus der Funktionsleiste

<table>
<tr><td>Nützlich-keits-Maß</td><td>Unterstützung bei der Durchführung der Aufgabe</td><td colspan="2">DerDie ProbandIn schätzt die Unterstützung als positiv oder negativ ein.</td></tr>
<tr><td rowspan="3">Usability-Maß</td><td>Effektivität</td><td colspan="2">Position ohne Hilfe wahrgenommen; Position mit Hilfe wahrgenommen; Position nicht wahrgenommen</td></tr>
<tr><td>Effizienz</td><td colspan="2">DerDie ProbandIn löst die Testaufgabe in ca. 15 Sekunden.</td></tr>
<tr><td>Zufriedenheit</td><td colspan="2">DerDie ProbandIn äußert sich verbal zur Zufriedenheit.</td></tr>
<tr><td>Untersu-chungsziel</td><td colspan="3">Mit welcher Platzierung der Funktionsleiste ist die Wahrnehmbarkeit am höchsten, wobei der Inhalt gleichbleibt.</td></tr>
<tr><td>Aufgabe</td><td colspan="3">Bitte wählen Sie die Aktion „Schließen“ aus.</td></tr>
<tr><td rowspan="3">Varianten</td><td colspan="2">Gemeinsamkeiten</td><td>Unterschiede</td></tr>
<tr><td colspan="2">Inhalt => Icon + Bezeichnung bei Mouse-Over
• Zurück
• Abbrechen
• Schließen
• Minimieren
• Maximieren</td><td>Form
• oben
• unten
• rechts
• links</td></tr>
<tr><td colspan="3">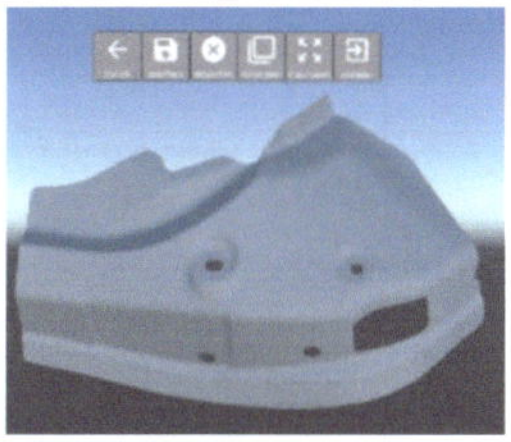 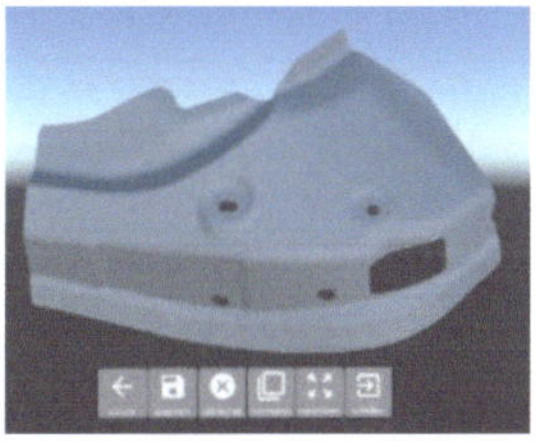 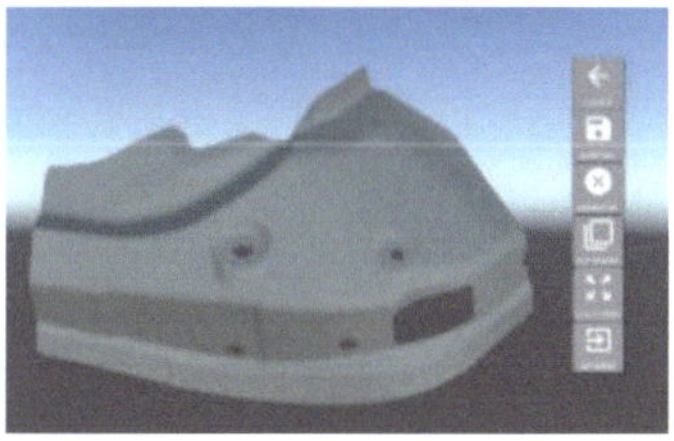 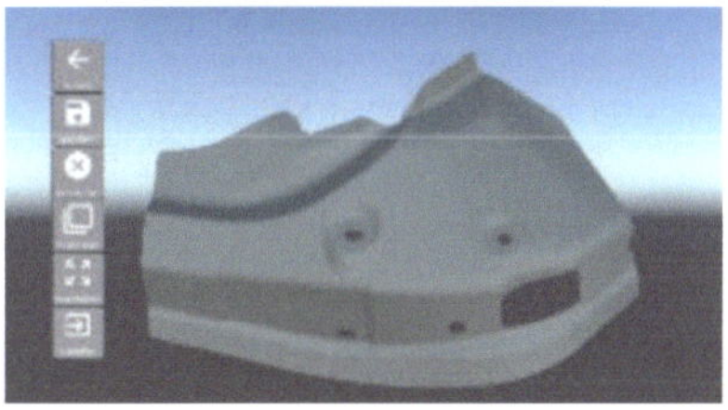</td></tr>
</table>

Aufgabe 4. Navigation in Dokumenten-Split Screen

Nützlich-keits-Maß	Unterstützung bei der Durchführung der Aufgabe	DerDie ProbandIn schätzt die Unterstützung als positiv oder negativ ein.
Usability-Maß	Effektivität	alle Schritte ohne Hilfe erledigt; Schritte mit Hilfe erledigt; Schritte nicht erledigt
	Effizienz	DerDie ProbandIn löst die Testaufgabe in ca. 105 Sekunden.
	Zufriedenheit	DerDie ProbandIn äußert sich nicht negativ zur Bedienung.
Untersu-chungsziel	Bei gleichem Inhalt, • mit welcher Navigation des Textes wird das Ziel am schnellsten erreicht? • mit welcher Navigation des Textes werden weniger Fehler gemacht?	
Aufgabe	Handlungsschritt 1: Bitte betrachten Sie sich die Informationen zur Fasspumpe. Handlungsschritt 2: Bitte suchen Sie sich den Abschnitt über die „Sicherheitshinweise für Pumpe und Motor“ heraus und betrachten Sie den vorliegenden Text. Handlungsschritt 3: Bitte suchen Sie sich den Abschnitt über den „vorhersehbaren Miss-brauch“ und betrachten Sie den vorliegenden Text.	
Varianten	Gemeinsamkeiten	Unterschiede
	Inhalt • Handlungsschritte mit Objektbezug	Form • Blättern • Scrollen
		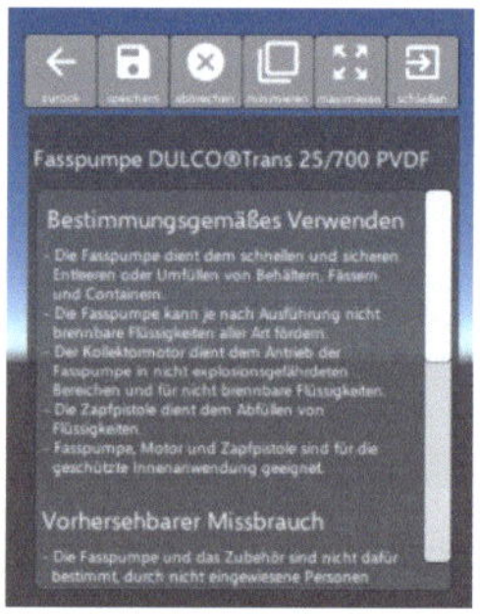

Aufgabe 5. Navigation in Dokumenten-Full Screen

<table>
<tr><td>Nützlich-keits-Maß</td><td>Unterstützung bei der Durchführung der Aufgabe</td><td>DerDie ProbandIn schätzt die Unterstützung als positiv oder negativ ein.</td></tr>
<tr><td rowspan="3">Usability-Maß</td><td>Effektivität</td><td>Suche ohne Hilfe erfolgreich; Suche mit Hilfe erfolgreich; Suche nicht erfolgreich</td></tr>
<tr><td>Effizienz</td><td>DerDie ProbandIn löst die Testaufgabe in ca. 105 Sekunden.</td></tr>
<tr><td>Zufriedenheit</td><td>DerDie ProbandIn äußert sich negativ zur Bedienung.</td></tr>
<tr><td>Untersu-chungsziel</td><td colspan="2">Mit welcher Navigation des Textes wird das Ziel am schnellsten erreicht, wobei der Inhalt gleichbleibt.</td></tr>
<tr><td>Aufgabe</td><td colspan="2">Handlungsschritt 1: Bitte betrachten Sie sich die Informationen zur Trommelbremse.
Handlungsschritt 2: Bitte suchen Sie sich den Abschnitt über die Bedienung der Notlöseeinrichtung heraus und betrachten Sie den vorliegenden Text.
Handlungsschritt 3: Bitte suchen Sie sich den Abschnitt über die Bedienung der Bremsanlage heraus und betrachten Sie den vorliegenden Text.</td></tr>
<tr><td rowspan="3">Varianten</td><td>Gemeinsamkeiten</td><td>Unterschiede</td></tr>
<tr><td>Inhalt
• Beschreibung einer Gebrauchsanweisung</td><td>Form
• Blättern
• Scrollen</td></tr>
<tr><td>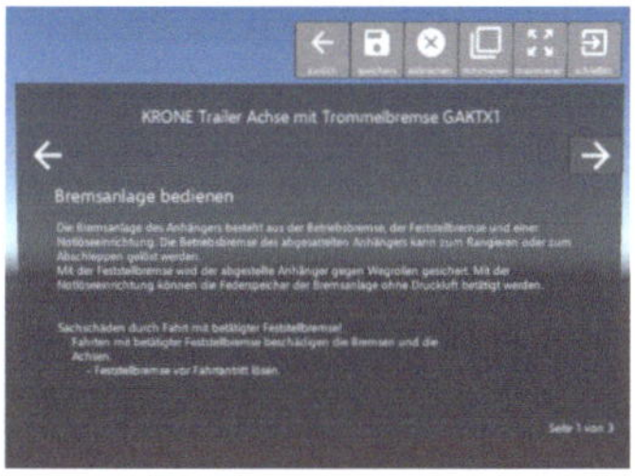
</td><td>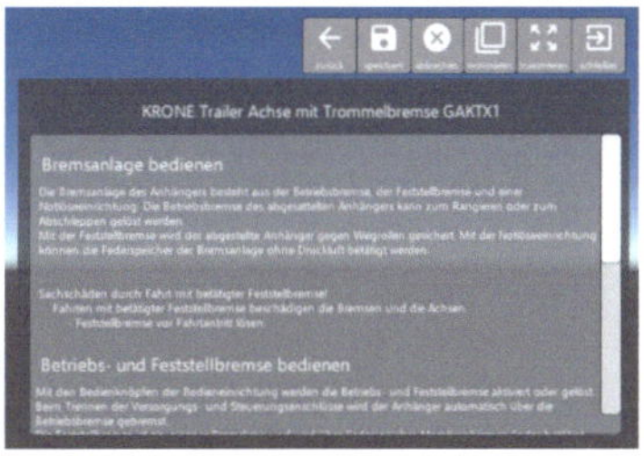
</td></tr>
</table>

Interaktionsvarianten

Aufgabe 6. Interaktion mit dem Hauptmenü

<table>
<tr><td>Nützlichkeits-Maß</td><td>Unterstützung bei der Durchführung der Aufgabe</td><td colspan="2">DerDie ProbandIn schätzt die Unterstützung als positiv oder negativ ein.</td></tr>
<tr><td rowspan="3">Usability-Maß</td><td>Effektivität</td><td colspan="2">Ansteuerung erfolgt ohne Hilfe; Ansteuerung erfolgt mit Hilfe; Ansteuerung erfolgt nicht</td></tr>
<tr><td>Effizienz</td><td colspan="2">Zeit für die Steuerung bleibt unter 15 Sekunden.</td></tr>
<tr><td>Zufriedenheit</td><td colspan="2">DerDie ProbandIn äußert sich positiv oder negativ über die Steuerung.</td></tr>
<tr><td>Untersuchungsziel</td><td colspan="3">Mit welcher Art der Interaktionsmöglichkeit wird das Ziel am schnellsten erreicht, wobei der Inhalt gleichbleibt.</td></tr>
<tr><td>Aufgabe</td><td colspan="3">Bitte wählen Sie den Hauptmenüpunkt „Postfach“ aus.</td></tr>
<tr><td rowspan="2">Varianten</td><td colspan="2">Gemeinsamkeiten</td><td>Unterschiede</td></tr>
<tr><td colspan="2">Inhalt
• Hauptmenü</td><td>Interaktion
• Geste
• Fokussierung</td></tr>
<tr><td rowspan="2">Unteraufgaben</td><td>6.1 Kachel</td><td>6.2 Liste</td><td>6.3 Kreis</td></tr>
<tr><td>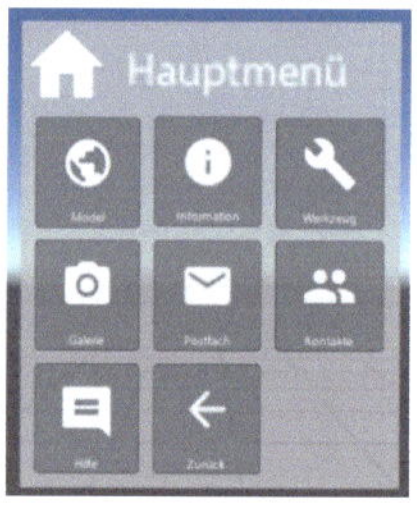
</td><td>
</td><td>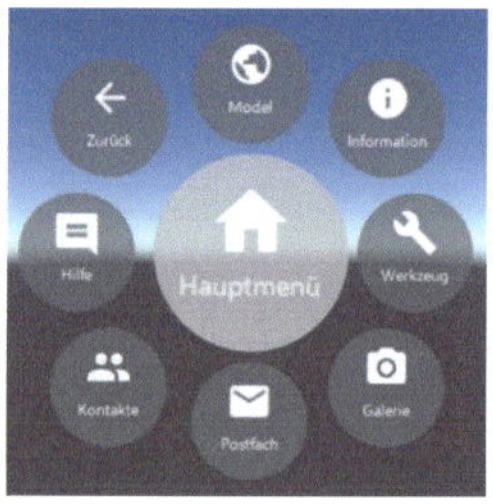
</td></tr>
</table>

Aufgabe 7. Interaktion mit den Objektinformationen

<table>
<tr><td rowspan="1">Nützlichkeits-Maß</td><td>Unterstützung bei der Durchführung der Aufgabe</td><td colspan="2">DerDie ProbandIn schätzt die Unterstützung als positiv oder negativ ein.</td></tr>
<tr><td rowspan="3">Usability-Maß</td><td>Effektivität</td><td colspan="2">Ansteuerung erfolgt ohne Hilfe; Ansteuerung erfolgt mit Hilfe; Ansteuerung erfolgt nicht</td></tr>
<tr><td>Effizienz</td><td colspan="2">Zeit für die Steuerung bleibt unter 15 Sekunden.</td></tr>
<tr><td>Zufriedenheit</td><td colspan="2">DerDie ProbandIn äußert sich positiv oder negativ über die Steuerung.</td></tr>
<tr><td>Untersuchungsziel</td><td colspan="3">Mit welcher Art der Interaktionsmöglichkeit wird das Ziel am schnellsten erreicht, wobei der Inhalt gleichbleibt.</td></tr>
<tr><td>Aufgabe</td><td colspan="3">Bitte wählen Sie den Informationspunkt „Lochabstand“ aus.</td></tr>
<tr><td rowspan="2">Varianten</td><td colspan="2">Gemeinsamkeiten</td><td>Unterschiede</td></tr>
<tr><td colspan="2">Inhalt
• Objektinformation</td><td>Interaktion
• Geste
• Fokussierung</td></tr>
<tr><td rowspan="2">Unteraufgaben</td><td>7.1 objektnah</td><td colspan="2">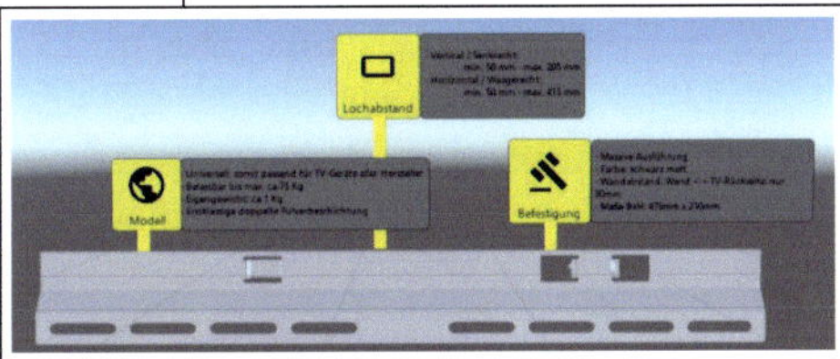</td></tr>
<tr><td>7.2 objektfern</td><td colspan="2">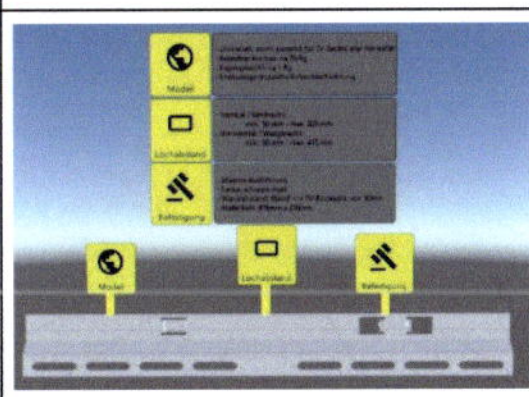</td></tr>
</table>

Aufgabe 8. Interaktion mit der Funktionsleiste

<table>
<tr><td>Nützlichkeits-Maß</td><td>Unterstützung bei der Durchführung der Aufgabe</td><td colspan="2">DerDie ProbandIn schätzt die Unterstützung als positiv oder negativ ein.</td></tr>
<tr><td rowspan="3">Usability-Maß</td><td>Effektivität</td><td colspan="2">Ansteuerung erfolgt ohne Hilfe; Ansteuerung erfolgt mit Hilfe; Ansteuerung erfolgt nicht</td></tr>
<tr><td>Effizienz</td><td colspan="2">Zeit für die Steuerung bleibt unter 10 Sekunden.</td></tr>
<tr><td>Zufriedenheit</td><td colspan="2">DerDie ProbandIn äußert sich positiv oder negativ über die Steuerung.</td></tr>
<tr><td>Untersuchungsziel</td><td colspan="3">Mit welcher Art der Interaktionsmöglichkeit wird das Ziel am schnellsten erreicht, wobei der Inhalt gleichbleibt.</td></tr>
<tr><td>Aufgabe</td><td colspan="3">Bitte wählen Sie die Aktion „Abbrechen“ aus.</td></tr>
<tr><td rowspan="2">Varianten</td><td colspan="2">Gemeinsamkeiten</td><td>Unterschiede</td></tr>
<tr><td colspan="2">Inhalt
• Funktionsleiste</td><td>Interaktion
• Geste
• Fokussierung</td></tr>
<tr><td rowspan="4">Unteraufgaben</td><td colspan="2">8.1 Funktionsleiste „oben“</td><td>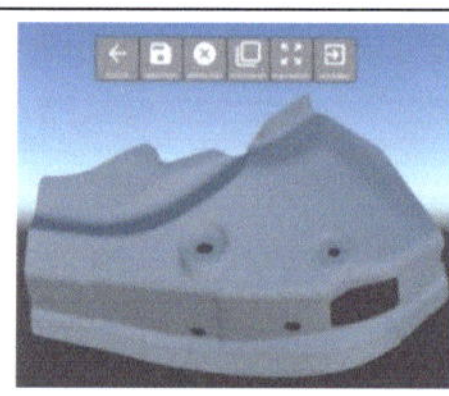</td></tr>
<tr><td colspan="2">8.2 Funktionsleiste „unten“</td><td>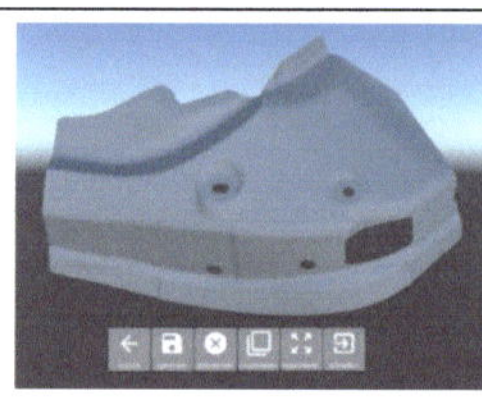</td></tr>
<tr><td colspan="2">8.3 Funktionsleiste „rechts“</td><td></td></tr>
<tr><td colspan="2">8.4 Funktionsleiste „links“</td><td></td></tr>
</table>

A 8. Fragebogen: Layout-User-Interface

Sehr geehrte Teilnehmerin,
sehr geehrter Teilnehmer,

Willkommen zu unserer Studie *Gestaltungsregeln für Augmented Reality Interfaces in der Industrie*.

Vielen Dank, dass Sie sich die Zeit nehmen, an der Untersuchung teilzunehmen.

Warum erheben und verarbeiten wir Ihre Daten?

Mit Ihren Antworten liefern Sie wichtige Informationen für das Forschungsprojekt "Assistenzsystem zur Qualitätsüberwachung" sowie für die Dissertation von Frau Regina Koreng. Die personenbezogenen Daten sowie Informationen werden unter Beachtung der datenschutzrechtlichen Vorgaben vertraulich behandelt und nach wissenschaftlichen Gesichtspunkten anonymisiert ausgewertet. Die Ergebnisse werden so veröffentlicht, dass ein Rückschluss auf Einzelpersonen nicht möglich ist. Ihre personenbezogenen Daten werden nicht an Dritte außerhalb der am Projekt beteiligten Institutionen weitergegeben.

Mit der Ausfüllung des Fragebogens willigen Sie in die Datenverarbeitung für das Projekt "AssiQ" und der Dissertation wie oben beschrieben ein. Die Teilnahme ist freiwillig und kann jederzeit widerrufen werden. Aus der Verweigerung der Einwilligung bzw. aus dem Widerruf entstehen Ihnen keine Nachteile.

Wie können Sie mich kontaktieren?

Regina Koreng, M. Sc.
wissenschaftliche Mitarbeiterin
Technische Universität Ilmenau
Fakultät für Elektrotechnik und Informationstechnik
Fachgebiet Medienproduktion

Telefon: 03677 69 – 1682
E-Mail: regina.koreng@tu-ilmenau.de

□ Ich stimme zu, dass meine personenbezogenen Daten gemäß den hier aufgeführten Angaben verarbeitet werden.

____

Datum, Unterschrift

Demografische Fragen

Bitte geben Sie Ihr Geschlecht an.

- o Männlich
- o Weiblich
- o Divers

Bitte geben Sie Ihre Altersgruppe an.

- o < 25
- o 25 - 34
- o 35 - 44
- o 45 - 54
- o > 54

Benötigen Sie eine Brille oder Kontaktlinsen?

- o Nein, ich brauche weder Brille noch Kontaktlinsen.
- o Ja, ich brauche eine Brille bzw. Kontaktlinsen. Nutze diese auch bei dem Test.
- o Ja, ich brauche eine Brille bzw. Kontaktlinsen. Nutze diese bei dem Test jedoch nicht.

Allgemeine Fragen

Bitte geben Sie Ihre berufliche Position an.

____

Erfahrungen mit Augmented Reality (AR, dt. Erweiterte Realität). Bitte beurteilen Sie die nachfolgenden Aussagen.

	Ja	Nein
Ich kann mir etwas unter AR vorstellen.	o	o
Ich habe bereits AR mit einer Datenbrille benutzt.	o	o
Ich habe bereits AR mit einer Smartphone / Tablet AR Anwendungen benutzt	o	o

Wie ist Ihr aktuelles allgemeines Wohlbefinden?

sehr schlecht	schlecht	neutral	gut	sehr gut
o	o	o	o	o

Die nachfolgenden Fragen beziehen sich auf die unterschiedlichen Darstellungsvarianten in der Datenbrille.

Bitte setzten Sie sich die Microsoft HoloLens auf. Der Prüfleiter / die Prüfleiterin hilft Ihnen gerne dabei.

Machen Sie sich anschließend mit der Bedienung und der Steuerung der Microsoft HoloLens vertraut.

In einer kurzen Einführung können Sie die Bedienung üben.

Starten Sie bitte mit dem Test.

Bedienung der Microsoft HoloLens

1. Startposition der Finger

2. Zeigefinger auf den Daumen tippen

Beispielhaft für den Fragebogenteil: Layoutvarianten

Aufgabe 1: Menüdarstellung

Bitte betrachten Sie die unterschiedlichen Varianten.

Suchen Sie sich in jeder Variante die Kategorie "Werkzeug".
Wenn Sie diesen Menüpunkt gefunden haben, gehen Sie bitte mit dem "Zurück"-Button zurück.

Sie haben gerade 3 verschiedene Varianten für die Darstellung eines Menüs gesehen.
Wie bewerten Sie die Darstellung der unterschiedlichen Menüs?

	sehr schlecht	schlecht	neutral	gut	sehr gut
Variante 1 - Menü als Kachel	o	o	o	o	o
Variante 2 - Menü als Liste	o	o	o	o	o
Variante 3 - Menü als Kreis	o	o	o	o	o

Haben Sie eine dieser Varianten bereits in Ihrem Arbeitsalltag verwendet? (allgemein, nicht nur AR)

	ja	nein
Variante 1 - Menü als Kachel	o	o
Variante 2 - Menü als Liste	o	o
Variante 3 - Menü als Kreis	o	o

Wie leicht ist es Ihnen gefallen den gesuchten Menüpunkt zu finden?

	sehr schwer	schwer	neutral	leicht	sehr leicht
Variante 1 - Menü als Kachel	o	o	o	o	o
Variante 2 - Menü als Liste	o	o	o	o	o
Variante 3 - Menü als Kreis	o	o	o	o	o

Welche dieser Darstellungsweisen würde Sie in Ihrem beruflichen Alltag bevorzugen?

	sehr unwahr-scheinlich	unwahrscheinlich	neutral	wahrscheinlich	sehr wahrscheinlich
Variante 1 - Menü als Kachel	o	o	o	o	o
Variante 2 - Menü als Liste	o	o	o	o	o
Variante 3 - Menü als Kreis	o	o	o	o	o

Beispielhaft für den Fragebogenteil: Interaktionsvarianten

Aufgabe 6: Interaktion mit dem Menü „Kachel"

Nachfolgend werden Ihnen jeweils 2 Möglichkeiten der Interaktion gegeben.
Variante 1.: Interaktion durch Klicken.
Variante 2.: Interaktion durch Fokussieren.
Bitte wählen Sie den Menüpunkt "Postfach" aus.

Sie haben gerade 2 verschiedene Varianten für die Interaktion gesehen.
Wie bewerten Sie die unterschiedlichen Interaktionsarten?

	sehr schlecht	schlecht	neutral	gut	sehr gut
Variante 1 - Interaktion durch Gesten	o	o	o	o	o
Variante 2 - Interaktion durch Fokussieren	o	o	o	o	o

Haben Sie eine dieser Varianten bereits in Ihrem Arbeitsalltag verwendet? (allgemein, nicht nur AR)

	ja	nein
Variante 1 - Interaktion durch Gesten	o	o
Variante 2 - Interaktion durch Fokussieren	o	o

Wie leicht ist es Ihnen gefallen den Button zu finden?

	sehr schwer	schwer	neutral	leicht	sehr leicht
Variante 1 - Interaktion durch Gesten	o	o	o	o	o
Variante 2 - Interaktion durch Fo-kussieren	o	o	o	o	o

Welche dieser Interaktionenmöglichkeiten würde Sie in Ihrem beruflichen Alltag bevorzugen?

	sehr unwahr-scheinlich	unwahrscheinlich	neutral	wahrscheinlich	sehr wahrscheinlich
Variante 1 - Interaktion durch Gesten	o	o	o	o	o
Variante 2 - Interaktion durch Fokussieren	o	o	o	o	o

Zum Abschluss der Untersuchung würde ich Ihnen gerne noch einige Fragen zur HoloLens stellen.

HoloLens

Wie angenehm empfanden Sie das Tragegefühl der HoloLens?

sehr schlecht	schlecht	neutral	gut	sehr gut
o	o	o	o	o

Wie würden Sie die Qualität der Darstellung mit der HoloLens allgemein bewerten?

sehr schlecht	schlecht	neutral	gut	sehr gut
o	o	o	o	o

Könnten Sie sich eine Nutzung in Ihrem Arbeitsalltag vorstellen?

ja	vielleicht	nein
o	o	o

Wie ist Ihr aktuelles allgemeines Wohlbefinden?

sehr schlecht	schlecht	neutral	gut	sehr gut
o	o	o	o	o

Fall sich Ihr Wohlbefinden während der Untersuchung verschlechtert hat, geben Sie bitte Gründe oder Auswirkungen an:

____

Hier ist Platz für Ihre Bemerkungen:

____

Vielen Dank, dass Sie sich für die Studie Zeit genommen und den Fragebogen ausgefüllt haben.